公关理论与实务培训用书

网络公关

主　编　陈一收

副主编　薛洪娟　黄珍华

参　编　黄晓慧　倪　洁　李玉燕

何　闽　简伟雄　徐晶晶

陈艺斌　许远萍

北京大学出版社
PEKING UNIVERSITY PRESS

图书在版编目(CIP)数据

网络公关/陈一收主编. —北京：北京大学出版社，2013.5
(公关理论与实务培训用书)
ISBN 978-7-301-22443-4

Ⅰ.①网…　Ⅱ.①陈…　Ⅲ.①互联网络－应用－公共关系学－教材
Ⅳ.①C912.3-39

中国版本图书馆 CIP 数据核字(2013)第 084126 号

书　　　名：网络公关
著作责任者：陈一收　主编
责 任 编 辑：周　伟
标 准 书 号：ISBN 978-7-301-22443-4/C・0898
出 版 发 行：北京大学出版社
地　　　址：北京市海淀区成府路 205 号　100871
网　　　址：http://www.pup.cn　　新浪官方微博：@北京大学出版社
电 子 信 箱：zpup@pup.cn
电　　　话：邮购部 62752015　发行部 62750672　编辑部 62754934
　　　　　　出版部 62754962
印　刷　者：三河市博文印刷厂
经　销　者：新华书店
　　　　　　720 毫米×1020 毫米　16 开本　15.75 印张　344 千字
　　　　　　2013 年 5 月第 1 版　2013 年 5 月第 1 次印刷
定　　　价：36.00 元

序

时值网络时代风行之际，正是公共关系借助网络大行天下之时。承蒙诸友的期盼和关注，我们团队的“公关理论与实务培训用书”第二期的成果——《网络公关》终于与各位读者见面了。匆忙之作，心中总算有了沉浸的一刻。不敢称之为“瓜熟蒂落”，因为还自忖着该书定会瑕玉并存。但是可见风生水起的公关发展在经国济世中的急需，在变幻社会中的无穷魅力。

回首从第一期系列丛书出版这般牛刀小试得到了各界的反响与好评，让我深感披星戴月地出书期间的辛劳实有回报，内心着实欣慰。不断促我自身，鞭策我孜孜以求地去继续探寻公共关系事业的是对公关的深切挚爱、广大读者的信任和我们团队的共襄其成。

繁星满天，万川映月，公共关系脱颖于纷繁的众多学科之中，而不断绽放其思想的灿烂光辉。无论是从人类的好奇心和求知欲的侧面，还是从人类社会实践需要的角度去探究其中蕴涵的哲理，感到所从事的学科生命力竟如此无比旺盛，前景可观。网络公关建立在传统公共关系理论和实践基础之上，借助互联网等数字化、交互式传播媒介和社会化媒体平台，针对网络公众以维护和改善公共关系主体形象，极大地丰富了公关的表达方式和传播内涵。

本书在体例上和风格上与第一期一脉相承，并一如既往地秉承为正公关之名，达到为学习者开阔视野、扩充知识、加深了解、释疑解惑的目的，使网络公关地正常运作能为社会生活的运转添加润滑剂，为我们中国的公共关系事业添砖加瓦。

基于前一期在团队、研究领域到体系范式的建构上的大胆尝试初见成效，我们由衷地深感欣喜。因此我们的团队继承总体上的分工合作、集思广益的方式，博采众家之长，吸纳最新科研成果，深入浅出，简明扼要，颇下工夫去分析案例得失，并提出自己的见解，以期择善而从使更多人受益。本书虽未能全面、完整地涵盖所有网络公关的众多领域分布图景，也无意于构架一个完整系统，但众多带普遍性、典型性的案例足以构成一道长廊，无数发人深思的启迪以期昭示网络公关的时代性和其公关原理的科学性。

漫漫历史长河中的公关思想何其深邃，以致我们何不取其一瓢饮？过去的历史是今天的序幕。在源远流长的世界文明史中，具有其深厚的公关理念。于是，在本书中，我们在延续原体例（开篇导例—史镜今鉴—三刻拍案—回味隽永）的基础上，特地增加了史镜今鉴的文字分量，如此浓墨重彩以求通过更丰富、更翔实的史料能达到博古通今之效。抚今追昔，我们有理由相信，现代网络公共关系和古史是“心有灵犀”的。纵览古今中外，历朝兴替，浸润着历史这面明镜对今天公共关系实践以深刻的启示。

本书寓专业性于可读性之中，并紧扣时代精神的脉搏，以公共关系科学原理为经纬，以独具一格的体例为线索，撷取古今中外的网络公关典型案例，条理清晰，探寻公共关系作用于理论与实际的轨迹，展示其风姿的多彩。书中所涉，多记前言往行，多述前贤往事，或为博古通今的心得，或现身说法的启示，于寻常中显神奇，容深奥于平易，力求使学习者举一反三，触类旁通。

生命之树常绿，而书本知识总是晦涩的。在公共关系科学的探寻之路上，知识最终回归实际的网络公关活动才是其生命力所系。我们时常怀揣对知识的惶恐和敬畏，期望学习者的不吝批评与指正，以匡我不逮，且亦将续为公关而勉力。

是为序。

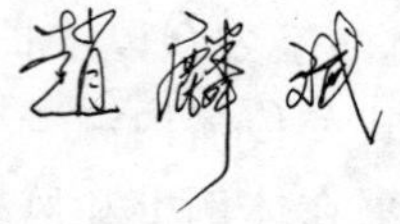

2012年2月于已得斋

目　　录

第一篇

架起彼此信任桥梁　彰显网络企业魅力

网络企业要想在社会公众中树立良好的形象，最为重要的是构建网络企业与公众相互信任的关系，让公众消除对网络企业所传递信息的怀疑，祛除网络企业侵犯公众自身利益的心理，顺其自然地接受网络企业给予公众的生活、工作和学习所带来的好处，从而塑造网络企业良好形象，提高其知名度和美誉度。

开篇导例

开篇之述：网络信任的导航者——易趣网

专业拍卖网站易趣网成立于1999年8月，注册资金2900万美元，定位于纯粹的个人竞标网站。2000年，易趣网开始向个人电子商务网站过渡。2004年7月，易趣网推出新品牌“亿贝易趣”(ebay易趣)。2005年ebay再次往ebay易趣拍卖网注资1亿美元。通过不断收购、重组和注资，截至2006年第一季度，ebay易趣的累计用户达2030万，是当时国内唯一可提供国际贸易机会的C2C网站。

易趣网的成功，很大程度上取决于其信任机制，这种信任机制记录了网上拍卖交易双方在过去拍卖交易行为中的历史信用情况，简称为信用度。易趣网要求所有交易者利用该网站进行拍卖交易前都必须首先注册成为会员。注册完成以后，交易者就成为注册用户，拥有一个初始的信用度，其值为零。易趣网的信用评价是用户在易趣网上成功交易后，交易对象互作评价的一个系统。如果你是买家，易趣网就要求你在出价前仔细查看卖家的信用记录。你可以通过其他买家对该卖家的评价内容来判断其是否诚实守信，货品是否货真价实等。如果你是卖家，良好的信用记录将帮助你得到更多买家的信任。买家在登录易趣网选择物品时，可以预先选择信用级别较高的卖家，通过卖家的信用记录了解其是一个怎样的交易对象。

在易趣网的物品拍卖过程中，买家可以浏览卖家对物品的详细描述及竞价，也可以详细了解卖家和所有买家的信用记录情况。拍卖交易完成后，易趣网会要求交易双方分别留下给对方的信用评价。对易趣网的买家或卖家来说，信用评价和信用度是其信誉的重要衡量指标，信用评价和总信用度一同保存在用户档案中。无论是买家还是卖家，其信用评价结果都可以归结为好、中和差，分别对应的信用评价值为1分、0分和－1分。

信用评价给出以后，交易人新的信用度等于原有信用度值加上本次交易所得的信用评价值。最后，交易人得到的最终信用度就等于他每次交易所得正回馈数量减去负回馈数量。根据每位注册用户信用度的数值大小，易趣网用10种不同的信用等级图标来表现用户达到一定数值的信用度后会有对应的信用等级图标出现(参见表1-1)。

表1-1　信用星级表

信用度等级图标	相应的信用度	信用度等级图标	相应的信用度
无图标	＜5		500～999
	5～19		1000～1999
	20～49		2000～2999
	50～99		3000～49999
	100～199		≥50000
	200～499		

注：如果某个注册用户的信用度≤－3，其用户名将被取消。网上所有注册用户的信用度和信用等级对外公开。①

开篇之论：构建网购信任体系，开辟无形网络公关

网络给公共关系领域带来了一场深刻的革命。随着市场经济的发展与需求，网络媒体在公共关系传播中的影响力不断增强，如何有效地利用网络媒体的传播力，塑造企业良好的形象，提升企业的市场知名度从而创造更多的商机，促进企业产品、服务的销售，这成为网络企业必须面对的一个重要问题，也是网络公关兴起的重要原因之一。

企业选择通过网上拍卖产品的原因主要是利益驱动。对于某些产品，拍卖可以提高产品的销售价格，从而获得比明码标价更高的收益。消费者选择这种方式购买主要是想获得性价比较高的产品，体验交易的乐趣，但其对网上拍卖最大的疑虑是网络信用不好。网上拍卖是借助在线服务的方式进行的，参与交易的买卖双方都无法与对方谋面，竞买人不能检查物品。网上拍卖由于隐蔽了交易人的真实身份，因此有可能弱化交易人的义务和责任，以至于网上欺诈行为时有发生。

易趣网的成功在于其构建了很好的拍卖信任体系，通过建立严密而

① 李岳等：《电子商务原理及应用》，北京．冶金工业出版社，2002年版，第179—185页。

公正的用户信用度和信用等级体系，不仅使买家可以浏览卖家对物品的详细描述及竞价，详细了解卖家和所有买家的信用记录情况，还可以帮助买卖双方更加真实地了解彼此，这种机制在一定程度上降低了买卖双方信息不对称问题，使买卖双方以及他们和易趣网之间建立起了一种相互信任感，减少了消费者所面临的逆向选择。它有效地降低了消费者网上购物的风险，提高了网民对网络交易的信任。易趣网充分利用网络建构消费者网络购物信任体系，促进其有效运作和健康发展，并提高自身社会的知名度和美誉度，从而赢得了公众的赞誉，这不得不说是一次成功的“无形”的网络公关。

本篇案例以易趣网构建消费者网络购物信任体系为契机，审视网络企业在公众中如何打造自身的声誉，抓住信任带来的机遇，开拓新的市场，从而赢得公众的赞誉。

史镜今鉴

“面包女王”腾空出世的秘诀——诚实无欺

美国女企业家凯瑟琳·T.克拉克只是一位普通的美国妇女，但在20世纪40—70年代的近30年里，她从走出厨房经销面包开始，竟把一个家庭式的小小面包店发展成为具有相当规模的现代化企业，年营业额也从2万～3万美元猛增至400万美元。她自己创立的面包公司名扬四海，成为人们赞不绝口的“面包女王”。

在凯瑟琳的内心深处，她深知要想在激烈的竞争中名列前茅，赢得消费者的信任，必然要具有过硬的产品和优质的服务。因此，她把产品质量当做自己的生命一般，要求手下员工人人把关，不能有丝毫马虎。为了取信于消费者，她在包装上注明烘制日期，标明成本与利润，使消费者知道面包的新鲜程度和定价准则，这些使她的面包店在消费者心中有了良好的信誉。每隔三天，她将烤好的新面包直接用车送到经销商店内，同时将未售出的3天前的面包全部拉回，还当众宣布：如果有人发现该店出售了3天前烘制的面包，当众奖励1000美元。这样既保证了经销商的利益，又使她在经销商中有了很高的信誉。当凯瑟琳的面包摊出现在街市上时，人们轰地一下都拥了过来。凯瑟琳的零货摊里的面包一时供不应求，一派兴旺景象。正是凯瑟琳以诚取信，不折不扣地实现自己的承诺，给她带来了事业上的成功。

真正将凯瑟琳生产和经营的面包推到了建店以来的最高峰的是此后发生的一件事。那是一年的秋天，美国加州遭到了大水灾，虽然粮食紧缺，面包很畅销，一度脱销。尽管如此，凯瑟琳依然坚持自己的原则不动摇，照样派人从各个销售点把超过3天的面包收回来。一次，运货员罗尼从几家偏远的商店收回了一批过期的面包。车行到半路，竟被饥饿的抢购者团团围住。这些饥民提出要购买车上的面包，但罗尼说什么也不肯卖，这引起了饥民们的愤怒，说什么也不让车走，于是双方发生争执，人也越聚越多。几个敏感的记者闻讯，纷纷前来探究缘由。罗尼无可奈何并解释说："不是我们不通情理，不愿意卖给他们。实在是我们公司有严格规定，严禁在任何情况下将过期面包卖出去，如果明知故犯，将被开除。我不能因违反公司规定而砸了自己的饭碗呀！"但饥民却并非几句话就能打动的。记者们听了，对罗尼忠于职守、严格按公司规定行事的做法十分赞赏，但他们又代表饥民劝说道："先生，现在是非常时期，你就灵活一下，把车上的面包卖给他们吧，总不能让人看着满车的面包忍饥挨饿吧？这样也太不近情理了吧。"罗尼面有难色地说："不是我不近情理，只是公司规定……"说到这里，他突然眼睛一亮，灵机一动，凑到记者耳边说："主动卖面包我是万万不同意的，但是如果他们强行上车去拿我是没有办法的。如果拿了面包，又留下了几个钱，也算是保住我的饭碗了。"罗尼说罢，狡黠地一笑。在场的人恍然大悟，大家一拥而上将车上的面包"强买"一空。罗尼假装阻拦，记者举起相机，拍下了这一动人的场面。几天后，凯瑟琳的面包公司信守许诺，宁可将过期面包收回也不违反原则的新闻见诸报端，成为轰动一时的新闻，在各报刊登载，引起了无数人的称道。

凯瑟琳的面包公司诚实无欺的原则在人们心中留下了难忘的印象，公司信誉鹊起，一发而不可挡。当经济转入正轨，生活恢复平静之后，各面包公司之间的竞争十分激烈，凯瑟琳经营的面包公司因为信誉好，大家十分信赖，营业额直线上升，在短短的半年时间里销量增加了五倍多，令其他公司望尘莫及。业务量扩大了，凯瑟琳的经营宗旨却始终不变，在经销商和消费者中间享有的信誉长久不衰。光是这一点就为她带来了滚滚财源。经过 10 年的努力,凯瑟琳的家庭小面包公司一跃而成为现代化的大企业。

凭借欺诈蒙骗,凭借虚情假意,可能会一时得到好处,占些便宜。但失去的将是人的最重要资本——诚信。只有依靠诚实和守信,才能获得别人的信任和支持。①

三刻拍案

拍案一　网络有利也有弊——防不胜防的网络诈骗

2011 年 1 月 5 日,江苏无锡市中级人民法院依法审理了一起通过签订合同诈骗货款的“骗子公司”合同诈骗案。

2009 年 2 月,陈永发假冒“班武正”的身份,在上海注册了上海宇鹭贸易有限公司,并假冒南京 A 公司的名义在互联网上发布虚假信息,出售化工产品。2009 年 11 月 19 日,张家港 B 公司与陈永发联系购买聚丙烯 35 吨。第二天,陈永发以上海宇鹭贸易有限公司是南京 A 公司子公司为由,欺骗张家港 B 公司通过传真与其签订了购销合同,约定以 33 万余元价格进行交易。当日,张家港 B 公司向上海宇鹭贸易有限公司账户汇入货款。随后,陈永发命人将诈骗款转移到多张银行卡,并将账户内的钱分批取走。

2009 年 12 月 24 日,陈永发以“陈明明”为法定代表人注册的无锡亮胜贸易有限公司,利用虚假信息通过传真骗取上海一家公司的信任并签订虚假的购销合同,骗取货款 255 万元。同样,陈永发通过他人采用相同

---

① 京华企业咨询公司:《经商智谋全书:经营智业》,北京.今日中国出版社,1996 年版,第 314—315 页。

手法将账户取现。

无锡市中级人民法院经审理后认为，被告人陈永发冒用他人名义注册成立公司，在互联网上发布虚假供货信息，诱骗其他的公司与其签订合同并支付货款，骗取货款共计 288 万余元，其行为已构成合同诈骗罪，被判处有期徒刑 12 年，剥夺政治权利 3 年，并处罚金 20 万元。[1]

点　评

网络的互动性使企业在网络公关中的主动性得以凸显，企业可以在网络上直接面向有实际或潜在利害关系或相互影响的目标公众及时发布信息，而不受篇幅、媒体空间与时间的限制，并且对公众的影响变得更加直接、迅速。正是网络交易的这种虚拟性和隐蔽性为许多不法分子提供了便利条件。那些不法分子利用虚构的事实迷惑公众，博取公众的信任，以达到他们的犯罪目的。这种投机取巧的行为会阻碍网络交易市场的发展。试想，如果公众对网络企业缺乏信任感，他们就不会在网上购物，甚至根本就不会到网站查询商品信息。国内外许多学者都认为，公众信任感是影响公众网上购买行为的一个重要因素，也是影响网络交易发展的一个重要因素。作为网络企业，只有赢得公众的信任感才有可能获得良好的经济收益，才有助于促进企业的运作和发展、提高企业的知名度和美誉度。否则，网络企业在网络环境中的生存和发展皆会受到不同程度的威胁。

拍案二　“东航凌燕”——微博里的空姐形象

中国东方航空（以下简称东航）利用新兴的社会化媒体，与新浪微博合作了“600 凌燕空姐织围脖”的经典网络公关案例。“凌燕”召集了最能代表东航形象的空姐，每位空姐的姓名前面加上“凌燕”二字。微博内容多是空姐在世界各地拍摄的风景照片、飞机上精致的食品展示、东航企业文化宣传展示以及机票优惠价格信息，甚至平时乘客看不到的飞机驾驶

---

① 路惹愚，范莉：《网骗贷款两百多万雇人分批转移赃款》，2011 年 1 月 11 日《扬子晚报》。

舱等新鲜信息。整体风格朴实且有亲和力，符合大多数人对航空服务业的理解和定位，让人觉得是在和空姐对话，而不是公司，东航的形象立刻变得鲜活起来。每天，“凌燕”团队都会在该微博发布各种主题的内容，展现东航乘务员的飞行、生活、心情。除了东航官方认证的微博外，数百名东航“凌燕”空姐集体注册了微博账号，使平时经常挨骂的航空公司以生动具有个性的形象出现在乘客面前；乘客遇到误机、丢手机等突发状况，空姐们一旦知晓都会主动进行沟通和帮助，提供365天24小时在身边的贴身航空服务，塑造了东航良好的口碑。春节时，“千里送药”——出行在新疆的母亲买不到药，为生病的孩子在微博上求助东航“凌燕”，东航员工联手在上海买药送药，把爱心传到新疆；“飞机上丢iPad，一小时内找到”——演员徐峥在飞机上丢失了iPad，一小时内找到。这些事例不仅证明了微博的强大，更证明了东航“凌燕”在网络平台上积极活跃，通过这样的方式与乘客们建立了更好的沟通，既发挥了服务行业的引领作用，又展现了“凌燕”乘务员的个性和风采。东航“凌燕”微博带给乘客和粉丝们的，不仅是一声问候、一种交流、一份真诚，更是人性化、个性化、时代化的体验。这个结果的背后清晰地显示了东航“凌燕”的过人之处。

点评

东航“凌燕”首先让东航拥有了一个不同于官网的标志性身份，其次加强了东航空姐的亲和力，最后非常切合地体现了东航空姐的形象。此外，也体现了东航空姐对粉丝群足够的尊重和用心。东航的“凌燕”计划最引人注目的地方，就在于一批实实在在的“凌燕”们的加入，空姐们自己的兴趣、见识、气质，可以自发性地扩展人脉，为其聚集更多的人气。而空姐们自己相互的关注、交流，可以慢慢形成一个稳固的网络，加固整个团体的凝聚力和吸引力。空姐的可爱之处，在于她们不只是在工作——如维护航空公司的形象，她们同时也在这里生活和交流，她们形成的社区是一个开放性的、界限模糊的存在。空姐的工作、生活、兴趣足够成为一个引人关注的空间。而空姐利用微博强大的传播力，可以在下了飞机后继续履行服务乘客的职责，如帮助乘客寻找遗失的物品、侧面了解乘客的需求或者利用飞行传递信息和物品，还可以在适当的时机让乘客更加了解空乘这个群体的酸甜苦辣，对服务的改进和提升提出建设性意见。以人性化传播手段、个性化体验方式和现代化的互动平台，为公众“亲密”接触空姐、接受服务提供一个便捷有效的通道，也为企业形象的树立提供了一个可供借鉴的范本，留下了精彩的一笔。通过网络手段塑造信任，塑造了人与人之间的信任、人与企业之间的信任、人与品牌之间的信任。[①]

拍案三 “不走寻常路”的美特斯·邦威

美特斯·邦威集团（以下简称美特斯·邦威）始建于1994年，是以生产销售休闲系列服饰为主导产品的民营企业。它在国内服装行业率先采取“虚拟经营”的业务模式，依靠品牌营销、设计、信息化和人才队伍建设在激烈的市场竞争中形成了自己的核心竞争力，获得了令世人瞩目的成就。如今的美特斯·邦威已是由生产商的ERP、集团内部的管理系统和专卖店的信息系统三个系统构成的“虚拟企业”，凭借其销售业绩成为中国休闲服饰行业的龙头企业之一。

它的成功来源于其“虚拟经营”及有效的信任管理。20世纪90年代初，该公司孤注一掷，放弃传统的前店后厂模式，选择“虚拟经营”，大胆地进行了生产组织形式创新，借助外部力量求发展，将企业所有的资金专注于品牌塑造和产品设计，把耗资最大的生产和销售环节全部外包。换言之，它是“借鸡生蛋、借网捕鱼”。

在信任体系管理上，美特斯·邦威首先严格选择合作伙伴，注重商业道德，建立伙伴间的初始信任。组建“虚拟企业”时美特斯·邦威要重点考察合作伙伴的核心能力、基础条件、商业道德与信用状况。美特斯·邦威对合作伙伴有严格的选择标准。质量是企业的生命，美特斯·邦威成立了质检部，严把质量关。质检部对候选企业的技术、生产供应能力、管理水平、产品质量等进行全面考察，选择其中最好的企业进行一段试合作期，最后确定它是否能成为长期合作企业。如今，美特斯·邦威已形成了与合作伙伴“共担风险，共同发展，双赢互动”的格局。其次，公平分配合作利益，公平对待合作伙伴，树立良好声誉，促进共识信任的形成。美特

---

① http://news.xinhuanet.com/air/2011－08/10/c_121840217.htm，有改动。

斯·邦威在管理上充分考虑其他合作伙伴，充分保证加盟者利益最大化。同时，美特斯·邦威在专卖店的经营中给予积极扶持，并为专卖店提供包括物流配送、信息咨询、员工培训在内的各种服务与管理，与加盟商共担风险、共同发展、实现双赢。最后，加强伙伴间信息交流与沟通，巩固共识信任关系。远在千里的代理商可以通过网络及时了解美特斯·邦威产品的库存情况和新品上市情况，有效地进行货源调配。此外，通过计算机信息网络，美特斯·邦威总部能更好地对各专卖店的价格等多方面进行控制，避免在进一步扩张后出现局面失控现象。美特斯·邦威庞大而先进的计算机网络系统促进了伙伴间的交流与沟通，增强了联盟响应市场的能力，提高了与合作伙伴的信任合作水平。

点　评

20世纪90年代以来，全球市场竞争环境发生了巨大变化，导致企业难以单凭自身的实力去实现市场机遇，而是需要整合外部资源来弥补自身能力的不足。网络企业正是顺应这一市场环境变化的需要脱颖而出的一种企业整合外部资源的重要组织模式。但网络企业的信任风险问题可能严重制约其进一步发展。

网络企业伙伴选择是建立网络企业最为重要的一步，它是网络企业能否建立可靠信任关系的关键因素。在进行伙伴选择时，网络企业必须权衡各种因素，对潜在伙伴进行全面考察及信任评审，从中做出最优化的选择。网络企业成功组建后，通过对合作伙伴的信任度进行评价，彼此之间建立了初步的信任感。将这种初步的信任提升为基于共识的信任，建立更加牢固的信任关系，最主要的是要建立能够促进相互信任的产生机制。网络企业成员共识信任的建立是网络企业成功运作的关键。然而，信任的付出总是有风险的，共识信任形成后，一旦被信方的行为不按施信者的意愿发生，则施信者就要承担信任失效的风险。因此，必须建立相应的信任保障机制，对成员间的信任关系进行管理，以控制、降低不确定性和风险，避免误信或信任过度带来的损失，维系并发展网络企业成员间的共识信任关系。①

① 冯禹丁：《美特斯·邦威的嫁接之路》，载《商务周刊》2006年第4期，第87页。

回味隽永

孔子云："自古皆有死，民无信不立。"诚实守信是为人处世之基，是修身养性之本。"诚"是对己，"信"是对人，既要"毋自欺"，又要"毋欺人"。在网络环境中，如果公众对网络企业缺乏信任感，他们根本就不会在网上购物，甚至不会到网站查询自己喜欢的商品信息。网络企业只有赢得公众的信任感，才有可能获得良好的经济收益。这表明了网络企业赢得公众的信任感对网上交易的发展非常关键，体现了网络信任的重要性。

网络信任是在特定的社会网络环境下，信任主体（主要是人或组织）与信任客体（人或组织）、信任环境之间相互作用的结果。为了维持网络交往中的信任关系，网络交往的各方就必须运用各自拥有的资源同其他交往对象进行交换。这种交换关系在一定程度上强化了信任关系，但信任关系的维持并不能仅仅依靠这种交换，同时还必须依赖网络组织或个人的行动以及这些行动所处的制度环境。一旦上述因素发生变化，网络信任关系也就不可避免地发生变化。以上案例均说明了在网络环境下信任体系构建的重要性。但是，在网络活动中由于网络的虚拟性和开放性使得这种信任体系的关键遭到了挑战。通过对以上案例的正反两方面的总结分析，我们获得了不少思考和启发。

第一，要充分认识网络信任公关的重要性。在网络交往行动中，个人或组织之间的交往大多建立在追求一定利益的基础上。我们同时也要认识到，在网络交往关系中，人（组织）与人（组织）之间交往关系的持续，如果没有物质利益的刺激，背后往往存在双方在心理上的需求。从一定程度上说，这种心理的需求也是人们之间交往所追求的目标。个人或组织要想在网络交往中获得更多利益，就必须充分认识构建网络信任公关的重要性，消除公众对网上交易的安全性和产品质量存在的疑虑，从而赢得公众的信任。

第二，培养公众对网络企业的信任感，需要提升网站服务质量，消除公众对网络安全性的质疑。作为网络企业，应着重于提升自身网站的服务质量，通过设置线上意见箱与问答集，将一般性问题与经常性问题的解答放置在网站上，从而提升公众满意度与忠诚度。网站服务质量对于有一定网上购物经验的公众来说尤其重要，因为对于具有网络购物经验的公众来说购物后的售后服务的质量与产品品质同等重要，如果网站的售后服务不周全，无法退货或是耗费多时才能完成换货，这对于消费者而言将是一个极为不好的消费体验。因此，在消费者决定是否持续信任某一购物网站时，其服务质量是一项重要参考指标。

第三，加强网络伦理、网络道德以及网络法律等规范体系的建设，防范网络信任出现危机。在网络伦理道德观念和网络法律等网络规范方面，由于网络行为的参与者的复杂性，网络行为也变得非常复杂，必须要有相应的规范体系来加以约束。网络空间是一个自由开放的场所，网络上经常会出现各种鱼龙混杂的信息，成为任何组织或个人自由、肆意地操控舆论的真空地带，造成了网络犯罪、网络欺诈等网络社会问题的泛滥。这些现象正是导致网络低信任度的重要原因。鉴于此，网络伦理和道德观念以及法律的完善也是发展网络信任关系必须考虑的一个制度性因素。

第二篇

合理利用网络资源　实现企业和消费者互动双赢

信任，是网络公关的重要基础。网络公关的本质是通过网络手段来塑造人与人、人与企业、人与品牌之间的信任。在网络成为当前主要传播媒介的今天，企业要想在网络环境下塑造自己的形象，赢得公众的信任，就必须审时度势，及时调整自身的公关策略。本篇案例通过探析当当网的网络购物信任体系，印证了在网络环境下，要合理利用网络资源，以信任为基础，遇到困难及时有效地与消费者进行沟通，以此得到民众的信任，提升企业品牌的美誉度与忠诚度，建立起公众长久信任的平台，最终实现企业和消费者互动双赢。

开篇导例

开篇之述：当当网的消费者网络购物信任体系之遐想

当当网最大的优势是充分利用网络建构消费者网络购物信任体系，促进其有效运作和健康发展，有效地降低消费者网上购物的风险，提高消费者对网络交易的信任，并提高其社会知名度和美誉度，从而赢得公众的赞誉。

当当网成功地营造了网上交易的诚信氛围，较好地解决了消费者网上信任问题，赢得了中国乃至世界广大消费者的好评和信任。当当网的经营经验中有如此一句话“信任源于实力”。当当网如何建立自己的网络购物信任体系，体现自己的“实力”，尽可能地降低消费者在其网站上购物的风险，提高消费者对其信任的程度，保证交易的安全和顺畅呢？具体可从直观信任体系和正式信任体系两个方面进行分析。

一、直观信任体系

消费者从网络商店购物以前，往往会通过自己的朋友或从网络上、媒体上了解关于该网络商店的一些间接参考信息，对网络商店的购物环境和互联网环境有一个直观的把握和了解，这里称为直观信任体系。当当网为了得到顾客的信任，向他们发布了较强的信任信号，顾客们一旦选中某些商品，便可以根据这些信任信号引发自己购买的冲动。

首先，当当网向顾客们展现自己的企业规模、企业声誉、企业服务平台等来降低消费者的交易风险，进而提高他们对自己的信任程度。

其次，当当网的网络技能也是吸引顾客信任的重要因素。当当网网站的性能较好，设置了较好的检索功能和分类功能，能协助消费者在短时间内找到合适的商品。网站响应速度快，系统可靠稳定，信息更新快速及时，便于消费者获取最新信息。

最后，当当网设置了有效的保障机制。

1. 交易保障

当当网采用完整性和一致性的控制机制，即使消费者在交易过程中出现了什么意外错误，系统会根据意外发生前后的信息对记录的订单进行核实，当当网的工作人员会及时和有问题的订单消费者进行联系。

2. 质量保障

当当网出售的商品是通过正规进货渠道采购的正版商品，享受质量保证，对有质量保证书的商品按照保证书的承诺执行，其他商品按国家有关规定执行。

3. 服务保障

在全国180个城市里，大量当地的快递公司为当当网的顾客提供"货到付款"、"上门退货"服务，同时还开辟了加急送、快递、普通邮递和特快专递等多种配送方式。此外，当当网提供了退换货承诺，承诺对所售商品提供"7天无条件退货，15天无条件换货，商品出现质量问题30天换货"的服务。当当网建立了强大的和令人放心的售后服务体系，这也大大降低了消费者在其网站上购物的风险，提高了消费者对它的信任程度。

二、正式信任体系

所谓正式信任体系，在这里是指法律环境和监控、核实等第三方主体，是直观信任体系的保障。当当网的正式信任体系主要有第三方认证和信赖支付体系两种。

1. 第三方认证

消费者是很难直接看到网络企业的可信程度的，如果一些有实力的第三方机构能给出一些准确的评定，对消除消费者的购物风险、增强信任是很有帮助的。当当网首先采用了VISA认证服务，并在网站上放置了VISA认证的印章。同时，当当网还采用了北京市工商行政管理局发布的经营性网站备案信息印章，消费者可以直接点击链接到管理部门相关网页查找详细信息。

2. 信赖支付体系

当当网提供全国19家银行的60多种银行卡在线支付(招商银行、工商银行、建设银行、上海浦东发展银行、民生银行等)；快钱网上支付、YeePay网上支付、首信网上支付、PayPal网上支付等方式。目前，当当网有货到付款、邮局付款、预存货款、银行电汇、储蓄卡付款、信用卡(VISA、Master、AE、JCB Card)、借记卡在线支付等多种付款方式，可以让消费者选择自己认为最为适合的支付方式。①

---

① 王关义，王海云等：《中国出版业管理科学化案例研究》，北京.经济管理出版社，2009年版，第127—136页。

开篇之论：建立信任体系，实现双赢

当当网网络公关活动最成功之处在于它的信任体系的建设。实际上，在整个社会信用体系不健全的时候，网站的各种“评价”、“保障”都是杯水车薪，解决不了C2C的大问题。当当网认识到网络这种无可避免的缺陷，因而建立了一系列信任体系来尽力弥补。这一系列信任体系不仅降低了消费者网上购物的风险，提高了网民对网络交易的信任，也在无形中给消费者建立一道安全防线，从而赢得消费者的信赖和青睐，提高了企业的形象和信誉。然而通过网络的交易终究是虚拟的，通过网络交易所获得的诚信也终究可靠性不高，而我们只有将电子交易虚拟的诚信评价转移到现实生活中，并通过现实生活中的诚信评价等级来影响虚拟的电子交易，才能从根本上解决网络交易中的诚信问题。鉴于网络交易的虚拟性和不真实性，当当网提供多种渠道，力求做到为消费者服务，使消费者放心，例如，提供货到付款等多种支付方式、无条件退货、低价促销、产品的详细介绍、提供订单信息查询、礼券赠送等。不仅如此，当当网还十分看重B2C市场，始终坚持诚信经营，将产品质量放在首位。其出售的产品均打出“假一罚一”的口号，发现有问题的产品，消费者不仅可以无条件退货，还能得到一份赔偿。更具有胆识的是，当当网为其销售的所有产品提供“7天无条件退货，15天无条件换货，商品出现质量问题30天换货”的服务。结合货到付款当当网真正做到了诚信经营，保障了消费者的利益。正是为消费者着想使当当网客户的满意度大大提高，拥有了一批稳定的消费群体。

史镜今鉴

肯德基“秒杀门”

2010年4月6日，肯德基推出名为“超值星期二”的三轮秒杀活动，希望借此提高肯德基在公众心中的知名度和美誉度，却以失败而告终。肯德基原计划于2010年4月6日10时、12时、15时，分三轮在淘宝上分别发布上校鸡块半价优惠券、全家桶半价优惠券、香辣/劲脆鸡腿堡半价优惠券各100张让大家来秒杀。

据网上言说，凭优惠券可享受购买上校鸡块、全家桶和香辣/劲脆鸡腿堡半价优惠，打印、复印均可使用。优惠券可在四月的四个星期二全天使用，64元的外带全家桶只需要32元。对于肯德基的消费者而言，这无疑是"天上掉下的一块大馅饼"，由此在全国范围内引起了热烈的反响。2010年4月6日上午，第一轮秒杀顺利进行，在极短时间内就有人持券前往餐厅购买该轮优惠的上校鸡块。然而，中午时分，第二轮和第三轮活动尚未开始时，已有数家餐厅报告称，一些消费者已拿到了计划于第二轮和第三轮活动发布的全家桶半价券和香辣/劲脆鸡腿堡半价券，一些员工因不了解情况以半价出售产品。鉴于此，肯德基于4月6日下午临时取消后两轮秒杀。

消费者拿着从网上辛苦秒杀回来的半价优惠券，突然被肯德基单方宣布无效。与此同时，肯德基官方声称，由于部分优惠券是假的，因此取消优惠兑现，后续活动举行时间尚待确定。此后在不少网站上，这三种半价优惠券及其所引发的问题成为热门话题。肯德基虽宣布会调查此事，并且会有后续活动，但消费者并不买账，认为是肯德基"忽悠"了大家，网友称肯德基这次陷入了"秒杀门"。[①]

肯德基推出秒杀活动无疑是顺应市场趋势的，希望在网络环境下，提高自身的知名度和信誉度，在公众中树立良好的企业形象。

在网上购物和消费越来越盛行、越来越火爆的今天，网上优惠券对于消费者而言，既是一种睿智的时尚，也是对消费品牌的认可。品牌也一定会在秒杀活动中得到最大程度的宣传，这种群体效应要比铺天盖地的广告更能博取人心。

从企业的宣传效果和活动策划模式上，肯德基并没有漏洞，他们把网络平台运用到了极致。然而，肯德基忽略了：对于消费者而言，不管优惠券有没有提前流失，结果都是一样的——在特定时间，指定食物半价出售；消费者可以下载，也可以复印，这意味着优惠券的数量是没有限制的，那么提早流出优惠券唯一的利益损失就是秒杀的时间加长了。因此，食物被购买的数量会根据秒杀时间的延长而增加，继而下去，可想而知，其中的利益损失不是一笔小数目。肯德基采取"果断"的方式，骤然停止了

---

① http://baike.baidu.com/view/3451701.htm。

后两轮秒杀活动，从而限制优惠券的使用，维护了企业的利益。但就其行为产生的后果而言，此做法虽然显示了企业的决断，却影响了肯德基的声誉和形象，甚至使许多消费者对其失去了信任。

撤销秒杀活动被众多消费者认为是“侵犯了他们的利益”，甚至让很多公众认为肯德基的秒杀活动是“欺骗”他们，进一步影响了公众对网络的信任。总而言之，在网络环境下，企业要想长久地生存和发展，务必要以信任为基础，赢得公众的信任，以此才能提升自身企业品牌的美誉度与忠诚度，最终提升自己在公众心中的形象。

三刻拍案

拍案一　责任担当的网络形象公关

据《广州日报》报道，2011 年 2 月 21 日阿里巴巴集团（以下简称阿里巴巴）旗下 B2B 子公司宣布，公司 CEO 卫哲、COO 李旭晖引咎辞职。原因是 2010 年公司在清理逾千名涉嫌欺诈的供应商的过程中，发现有近百名阿里巴巴销售人员默许或协助了供应商的欺诈行为。

俗话说“家丑不可外扬”，但阿里巴巴这种壮士断腕、铁腕整肃的行为是极其明智之举。美国前总统林肯曾说过“你可以在一时蒙骗所有人，也可以在长时间蒙骗一些人，但不可能在长时间蒙骗所有的人。”无论是个人还是企业都应该知道，如果你为了掩盖危机而说谎，你将为了圆这个谎而不得不再编造更多的谎言，最终一时的危机将演化成更大的危机。按照国人的传统心理，一旦企业被媒体、网友或消费者曝光负面新闻和消息，首先想到的总是采取一切手段极力进行危机公关来掩盖问题，企图保护企业自身的经济利益。结果往往由于漠视公众和消费者的利益，损失反而更大，危害更严重，甚至丧失大量的市场份额，乃至破产倒闭。虽然阿里巴巴自曝家丑难免引发自身的形象危机，甚至冲击也已建立起来的消费者信任心理(阿里巴巴的股价在两天内就下跌了11.81%),但自己主动暴露出问题,并给予完善的解决,不但有利于避免今后再出现类似的危机,还会让自己获得道义上的先机。对于企业的长远发展来说,部分高管的"辞职造成的震动甚至阵痛是必要的、健康的。"阿里巴巴不仅没有漠视反而积极采取措施,一方面对欺诈客户事件进行清查,清理了2000多个涉嫌欺诈的账户;另一方面对被欺诈的客户进行查证,查实之后进行了赔偿。而当阿里巴巴发现还有自己的团队为了业绩纵容这种欺诈行为时,阿里巴巴更是抢在媒体公布之前就披露了事实,两位高管也引咎辞职。事实也证明,阿里巴巴自曝家丑,以高管引咎辞职的激烈方式处理诚信危机,是对企业道德和社会责任的一种担当,也是一种最佳的选择。

在国际上,重视企业的道德和责任越来越成为一种潮流。是否能承担道义上的责任,是否在促进这个社会变好已成为社会评价企业最优先的指标。苹果公司近期就公布了对供货商在不道德用工方面的调查,耐克公司甚至公布了一向被视为商业机密的700个供货商的具体情况。而阿里巴巴作为一个立足于全球中小企业的网络公司,如果不能做到正当、诚实,不能对自己的错误有所担当,也必然会遭遇到更大的危机。

虽然也有人质疑马云这么做不过是做出一种姿态。但即使是一种姿态,也表明了马云对价值观的坚持。事发后马云在一封给员工的电子邮件中说,"我们决不想把公司变成一家仅仅是赚钱的机器",因为"这个世界需要的是一家更加开放、更加透明、更加分享、更加责任,也更为全球化的公司。"

漠视公众利益甚至绑架公众利益成为部分国内企业面对危机时的本能反应。在网络时代,对待危机采取掩耳盗铃的方式,不但不利于解决自身的危机,也不利于企业长远的发展。阿里巴巴,给国内众多的国企和民企,上了很好的一课。[①]

点评

基于诚信订立契约是各种市场行为的基础。市场经济是一种信用

① http://www.chinadaily.com.cn/micro-reading/dzh/2011-02-24/content_1845407.html。

经济，对市场主体而言，失去诚信，就失去了一种重要的社会资本。失去了诚信，企业就失去了生存和发展的基础。2008年的“三鹿门”事件就是典型例证。在电子商务领域，面临虚拟的购物过程，诚信更可谓企业的核心竞争力。如果企业以丧失诚信为代价来追求利润的最大化，那么无异于搬起石头砸自己的脚。

拍案二　平安是福，安全如金——福特祝福寄语征集活动

福特汽车公司(以下简称福特公司)是全球第二大汽车制造商，如今汽车市场竞争激烈，各大品牌均有与福特福克斯同档的产品，产品性能和价格差异也比较小。福特公司如何脱颖而出，率先提高市场占有率，2011年5月1日福特中国公司借助福特福克斯祝福寄语征集活动成功制造了福特品牌网络口碑，传播企业形象，此次活动通过与用户深度沟通，进一步扩大了福特品牌知名度，提升品牌形象，增强用户信任度。

首先，借助网络汽车社区、俱乐部在车友之间搭建了沟通平台，同时也给福特品牌口碑信息传播创造了机会。福特公司利用车友热衷于分享的习惯，在网站大肆宣传各种活动，如平安祝福征集活动，提高车友的关注度，从而提高福特品牌网络口碑。

其次，推荐大量精彩博文。直接参与的博客作品416篇，百万级以上博客占104篇，实现博客作品浏览4 196 484次，网友有效评论7688条，覆盖博客网站40家。在各大主流博客网站相关频道、各类博客圈子首页以及在各大型博客圈子重点推荐阅读的次数累计超过380次。博客以不同的消费者身份，以不同的创意表现手法，内容上多角度设计，制造企业良性口碑，深度教育用户。其博客人群广泛，不仅包括专业汽车博客分析、家庭用户、小资人群、驴友博客等，还利用漫画等形式图文并茂地宣传企业形象。吸引规模博客人群的关注，激发车友的积极响应，也进一步激发更为广泛的传播源，使福特品牌知名度也随着活动的传播而迅速扩大。

再次，结合网络社区。通过在各大主流社区发布主题1000帖，实现点击1 662 900次，回复帖累计32 922帖，覆盖社区25家。各社区置顶推荐阅读、置顶加精的次数累计超过218次。

最后，有效利用搜索引擎，将不同主题的精彩博文置顶，进而增加点击率。①

点　评

福特公司是世界上早期收获网络公关利益的企业之一。早在21世纪初，福特欧洲公司就通过在B2C、B2B、BE2领域开展Web计划，使公司不仅成功度过财政危机，而且获得前所未有的10亿美元利润。事物是普遍联系的，只要有社会的存在，就有一定的社会形态，有形态就必然有其基本的结构。从这意义上看社会，社会就是一个由各种因素互相联系着的网络。福特公司开展各种活动实质上是在争取来自公众的理解与支持，通过各种形式树立企业诚信的形象并加以宣传，力图处理好自己与公众的社会关系，为自己创造更好的生存和发展的社会空间环境。福特公司的发展与公司的职工、消费者、代销商以及社会的利益是联系在一起的，福特公司此次活动通过配合福特年终平安祝福活动的征集，以博客加社区的传播模式，促进了网友关于福特品牌正面信息的沟通，实际上展示了企业的实力，树立了富于开拓进取的、为人类社会福利尽心尽力的企业形象，无形中起到了提升企业声誉和形象、推动品牌的作用。

拍案三　AUCNET网络信任战略的实施

日本AUCNET株式会社（以下简称AUCNET）作为日本最大的二手车网上拍卖企业和第一家视频拍卖公司，在日本乃至世界的二手车拍卖市场取得了很大的成功，而这个成功很大一部分原因在于该企业的网络信任战略的正确实施。

一、系统信任

二手车的质量差异比较大，可以说是一个车一个质量。另外，由于AUCNET的拍卖是通过卫星和互联网来进行的，AUCNET只能提供静

① http://wenku.baidu.com/view/7edf0a51f01dc281e53af002.html。

止的画面，参与者不能亲眼看到拍卖的车辆。为此，AUCNET 建立了一套非常严格的车辆的分级、评价和检查程序，使顾客充分信任产品的质量。

1. 独特的汽车检测系统 AIS

AUCNET 在 1997 年建立了检验服务有限公司，该公司负责培养检验员、建立检验标准和精炼相关的技术，其目标是提高二手车检验的质量。他们开发了 AIS(Automobile Inspection System，汽车检测系统)，并利用所开发的 Auc-Eye 来提高检测的精确度。二手车的卖主在进行电子拍卖之前必须请 AUCNET 自己的技师对汽车进行检验，然后进行分级。AIS 将汽车的质量分为 10 个等级，如果一辆二手车的得分低于 4 分，则 AUCNET 就会拒绝拍卖。经过 20 年的努力，AIS 的检验标准已被同行广泛接受并提供给了日本著名汽车制造商(丰田、本田、尼桑和马自达等)属下的二手车经销商。许多二手车经销商已经在他们所展示的二手车上出示 AIS 的检验证书。这个事实说明，AIS 已经成为一个公众信任的第三方检验认证。

2. 拍卖交易系统

AUCNET 独特的通信网络来自卫星和地上电缆，它们的主机能与全日本 7000 家二手车经销商联系，实时地收到来自日本各个角落的经销商所发出的拍卖投标信号。在拍卖过程中，清晰的图像以及专用终端的便利使拍卖者有身临拍卖场的感觉。这种技术保证了交易的公正性和便利性，它是拍卖过程中必不可少的因素。

二、制度信任

任何技术性手段最终都要由人来实施。尽管先进的技术条件是 AUCNET 成功的必要条件，但该公司在制度和规则方面的创新保证了交易过程中的产品质量，从而使消费者相信了营销商对质量的承诺。

1. 检验制度

在确定了检验标准之后，检验员的检验工作就显得特别重要。AUCNET 虽然提供了所拍卖汽车的详细信息，但是二手车的卖主必须请 AUCNET 自己的技师对汽车进行检验，然后进行分级，这样才能实现最终的交易。检验员是实现检验制度的关键角色。AUCNET 对每个检验员的敬业精神和技术水平都有严格的要求。

2. 电子合同

每个参加 AUCNET 交易的经销商都必须和它签订电子合同，该合同规定了参与人的责任和结算款项等具体内容，并且还详细规定了电子合同的实施过程。例如，合同规定如果卖家通过 AUCNET 成功地卖出了汽车，那么他必须在交易的当天或第二天将汽车交给买家，否则，他将被处以高额的罚款（并将罚款最终交给买车的人），甚至被驱逐出市场。反过来，如果买家取消了电子交易或者延迟付款，他同样会被处以罚款。因为 AUCNET 在日本具有很高的声誉，所以扣除会员的使用权是一项非常严厉的惩罚。[①]

点 评

相对于传统商务模式而言，电子商务的优势是节省时间、操作方便和便于搜索，但网络虚拟性所带来的劣势则是企业和客户建立信任关系比较困难。尽管我们不能说 AUCNET 的做法是完美的，但是它对于网络信任体系的建立却有着很多可资借鉴的意义。首先，AUCNET 运用先进的技术为产品的质量定位，并且是相应的权威验证，使消费者获得较为真实的信息，从而信任产品的质量。在任何时代产品质量都是获得消费者信任的前提条件，该企业抓住了这个核心点，最大限度地直观化产品质量信息，弥补网络虚拟性的缺憾。其次，相应的检验和惩罚制度更为交易提供了后续的保障，让消费者更加放心。

回味隽永

“诚”意味着忠诚、诚实，“信”意味着信誉、承诺。在“虚拟与开放”环

① 潘勇：《电子商务市场中信任战略的建立与实施——基于案例的分析》，载《商业经济与管理》2007 年第 2 期，第 24—27 页。

境运行的网络中,网络信任是不可回避的问题。网络缺乏安全保障,如今已成为举世之忧。网络信任,不仅对网络的发展至关重要,是网络安全和网络健康的支柱,还是消费者的“定心丸”,只有网络安全了,消费者才能放心地进行交易,才能为企业创造更多的利益。根据以上案例,网络信任的建设,可以从以下几个方面着手。

第一,提高网络通信特别是网络交易的质量。大力提高通信技术,降低成本,加强网络安全,保证网络畅通。这将有利于用户的增加,有利于用户对网络的信任,有利于用户更安全地参与网络交易和网络活动。例如,肯德基的“秒杀门”,试想如果不是因为大量假冒优惠券的出现和优惠券的流失,肯德基不会因为巨大的利益损失而“果断”停止秒杀活动,从而使自己陷于“秒杀门”之中。

第二,既然网络的虚拟性是一个无法避免的事实,那么企业就应该针对其缺陷制订有效的解决方案。正如当当网建立的一系列信任体系就是其他企业可以效仿的成功模式。运用多种方式、多种渠道、多种途径使消费者放心购买、主动交易。不管是第三方支付体系,还是货到付款方式,抑或是“7 天无条件退货,15 天无条件换货,商品出现质量问题 30 天换货”的服务理念,单就如此严密和齐全的销售模式就能使消费者放一百个心,更不用说商品的质量。

第三篇

发挥网络优势　开展企业诚信公关

信息时代要求企业用信息技术来强化企业的管理、生产和经营，于是在现代网络技术下诞生了新的企业类型——网络企业。与传统企业相比，网络环境下企业的管理模式发生了根本性的变革。因为与传统媒体相比，网络具有24小时不间断在线服务的独特优势，所以网络企业也要时时关注企业的相关信息，及时地应对公关危机，充分发挥网络在企业与网民之间的桥梁作用，塑造企业诚信的公关形象。

开篇导例

开篇之述：雅虎中国网站为抗“非典”献力

2003年，全国面临“非典”(SARS)的威胁，作为全球第一门户搜索网站的雅虎，充分利用自身的品牌优势，积极服务于抗击“非典”。从5月13日全国网络文明工程组委会在雅虎中国网站向网络界发出“发挥网络优势，共抗‘非典’倡议书”开始，雅虎中国网站就已走在了抗击“非典”的第一线，开展了一个将企业利益和社会利益很好结合的全新发展模式，并制造了一块可以双赢的良性运营空间。

首先，雅虎中国网站在网上发起“抗‘非典’签名献爱心”活动后，又发起“抗‘非典’签名送祝福”活动。作为新兴的网络媒体，雅虎中国网站是中国新闻传播的窗口，也是沟通群众、联系群众的极其有利的平台。雅虎中国网站充分应用互联网不受时空限制和网络信息流动迅速的特性，在第一时间开辟了“珍爱生命、抗击非典”专题报道，积极宣传和弘扬团结一心、众志成城的抗非典精神，并以动态更新的方式及时正面地普及防治“非典”的科学知识、传播科学方法，宣传防治“非典”的科学态度、科学精神，很大程度上起到了提高全社会的防疫、防病能力。

其次，雅虎中国网站热诚邀请每一位关注“非典”和奋战在抗非典前线的医务工作者朋友，在网页上签名并留下送给医疗人员的话语或是通过手机编辑短信“ZFxxxx(x为祝福内容)”发送至“91918”来参与这次活动。雅虎中国网站推出的“非典防治新闻”短信订制也为用户及时了解与“非典”相关的新闻和预防知识，为用户提供正确信息的了解渠道。雅虎中国网站通过各种网络平台，收集广大用户的爱心和关怀，表达对奋战在抗击“非典”一线的广大医务工作者的敬意，并鼓励“非典”患者与病魔斗争到底。同时，雅虎中国网站还积极联合平面媒体，整合资源，共同发起

“抗‘非典’签名送祝福”活动。短时间内活动就得到 155 343 个签名支持，收到来自网上和手机短信的祝福留言 88 145 条，并且此数字还一直在增加。在推出“留言送祝福”活动之后短短一天时间，就收到近 2500 份留言。雅虎中国网站还在网站和《北京晨报》上即时发布参与签名和留言活动的进展情况，同时甄选发布优秀的留言。雅虎中国网站希望联合网站用户和社会民众的力量，聚集广泛的社会支持向战斗在抗病第一线的医务工作者致敬，激励“非典”患者与疾病抗争。在抗击“非典”这场没有硝烟的战斗中，信心、鼓励给战斗在一线的广大医务工作者及“非典”患者以极大的鼓励，坚定了他们抗击病魔渡过难关的信心。①

开篇之论：发挥网络优势　塑造企业形象

高速发展的信息技术不仅拉近了人们的距离，而且改变了以报纸、电视等传统媒体为载体的传播方式。网络正发挥着越来越大的作用，使得信息来源越来越多元化，消息传播的辐射范围也越来越广。从 2003 年 2 月开始，全国多个省市陆续发生“非典”疫情，这场突如其来的“非典”疫情对企业而言是一个巨大冲击和考验，同时也是一个有高度社会责任感和使命感的企业树立形象的绝佳机遇。在很多企业只看到危机时，雅虎中国网站却能够从中发现机遇并果断采取应对措施。

首先，雅虎中国网站在网上发起“抗‘非典’签名献爱心”活动后，又发起“抗‘非典’签名送祝福”活动。

其次，通过各种网络平台，收集广大用户的爱心和关怀，表达对奋战在抗击“非典”一线的广大医务工作者的敬意，并鼓励“非典”患者与病魔斗争到底。这次雅虎中国网站积极投入到抗击“非典”中，实现了社会利益和企业利益的双赢，一方面通过公益活动宣传，发扬中国“团结一致，众志成城，万众一心”的抗灾精神；另一方面又维护和扩大了企业和用户的关系，在民众心中树立了具有高度社会责任感的企业形象。

雅虎中国网站充分利用网络资源，在积极地实现着自己对社会的责任和义务的同时，热情地将对社会、对公众的关注付诸有声有色的实际行动，通过网络这一先进技术和平台将爱和关怀贯彻到抗击“非典”的第一

---

① http://home.donews.com/donews/article/4/46416.html。

线，有效地将企业利益和社会利益结合在一起，传播人性，传播公益的思想，塑造良好的网络企业形象，获得广大网民的好评，从而使其对雅虎中国网站更加信任。

史镜今鉴

诚信是一个企业乃至一个人的根本。对于企业来说，诚信是一种财富。诚招天下客，誉从信中来。讲诚信者可以赢得市场，声名远扬，从而获取更多的经济效益和社会效益。

纵观历史，可以发现有许多将诚信看成做人的最基本原则的精彩案例。

守信的司各特

瓦尔特·司各特是早期英国著名的小说家。他很贫穷，他的朋友见他生活很困难，就帮他办了一家出版印刷公司，可是他不善于经营，不久就倒闭破产了。这使原本就很贫穷的作家又背上了6万美元的债务包袱，可谓“雪上加霜”。当朋友们商量出钱帮他还债的时候，司各特拒绝了。他说：“不，凭我自己这双手我能还清债务。我可以失去任何东西，但唯一不能失去的就是信用。”为了还清他的债务，他更加努力地工作，学会了许多以前不会干的活，但人累得又黑又瘦。当时的很多家报纸都报道了他的企业倒闭的消息，有的文章充满了同情和遗憾。他把这些文章统统扔到火炉里，他在心里对自己说：“瓦尔特·司各特不需要怜悯和同情，他有宝贵的信用和战胜生活的勇气。”有一天，他的一个债主看了司各特写的小说后，专程跑来对他说：“司各特先生，我知道您很讲信用，但是您更是一个很有才华的作家，您应该把时间更多地花在写作上。因此，我决定免除您的债务，您欠我的那一部分钱就不用还了。”司各特说：“非常感谢您，但是我不能接受您的帮助，我不能做没有信用的人。”他认为，尽管前方是一条艰难而黑暗的路，却感到光荣，为了保全信誉，他可能困苦而死，却死得光荣。由于繁重的劳动，司各特曾经病倒过。在病中，他经常对自己说："我欠别人的债还没还清呢，我一定要好起来，等我赚了钱，还了债，然后再光荣而安详地死。"这种信念使司各特很快从病中康复了过来。两年后他靠自己的劳动还清了债务。[①]

"诚者，天地之道也，思诚者，人之道也。"诚信不仅是为人处世的基本准则，也是企业生存和发展的永恒的动力。失去了诚信，企业将会面临生存危机。晋商的发展壮大并成为古今中外美谈的原因就是"诚信"二字。古今中外，不讲信用的企业和企业家虽然可能得逞于一时，但他们都不能长期辉煌。只有牢固建立在诚信的基础上，坚持诚信经营，企业才能长盛不衰，永远立于不败之地。

三刻拍案

拍案一　某省移动滥发垃圾短信　泄露用户个人信息事件

某省一些移动分公司不仅发送垃圾短信，还向一些广告公司出售用户的个人信息。该公司以营利为目的，大量发送商业广告短信的行为属严重违规事件。中国移动通信集团公司(以下简称中国移动)以及国家工业和信息化部的有关负责人表示将对事件展开调查。中国移动明确表态，将严厉打击垃圾短信和进一步严格保护客户信息，要求各省分公司立即清查垃圾短信问题和客户信息违规问题，在全国全网范围内开展深度自查自纠行动，封堵一切可能的漏洞，切实保护消费者权益。事后，针对垃圾短信问题，中国移动要求各省分公司提高短信群发报批、审批级别，严格短信群发管理，同时加强对垃圾短信举报的处理，专人专岗进行 7×

① http://baike.baidu.com/view/375245.htm。

24小时举报处理，保证处理和回复客户及时率，对举报至“10086999”的，保证该企业今后无法向该客户发送短信。针对客户信息安全问题，中国移动要求各省分公司，一方面，严格控制客户信息访问权限，确保任何使用客户信息的过程都有记录可查；另一方面，严查系统可能存在的漏洞，确保系统安全。此外，中国移动以“便捷服务，满意100”活动为契机，在全国范围展开新一轮有关所有客户服务工作，尤其是客户关注的热点问题的大清查，封堵一切漏洞，确保消费者权益不受损害。

点评

在网络时代，一个不起眼的小消息都有可能被无限放大。随着网络技术的进步和网民数量的迅速增长，网民以势如破竹之势掀起了一阵又一阵舆论监督的旋风。某省一些移动分公司为了一时的私利通过发送垃圾短信，并向一些广告公司售卖用户的私人信息，违反了以诚信为本的企业道德，激怒了社会公众，严重损害了中国移动在人们心中的形象，引发了网络舆论危机。幸好，中国移动及时采取补救措施，加大清查垃圾信息的力度，加强对客户信息访问权限的控制，确保消费者权益不受损害，重塑了企业的诚信形象。后期在广大网民的监督和舆论下，中国移动以“便捷服务，满意100”活动为契机，再次塑造企业的良好形象，增强了人们的信任度。[①]

拍案二　个人身份信息泄露　网银安全遭遇威胁

近年来，随着网上银行迅速发展，网银业务呈现出超越传统柜面业务的迅猛发展趋势。据《证券时报》记者提供的最新数据显示，截至2012年第三季度末，中国网银用户达到4.89亿，这一数据相当于美国总人口的1.58倍。而就2012年全年的网上银行累计交易金额已突破900万亿元，相当于2011年我国国内生产总值(GDP)的17倍。

例如，2006年8月，山东吴先生的网银被盗损失7752元。2007年1

① http://www.enet.com.cn/article/2009/0330/A2009 0330452407.shtml。

月，福建的蔡先生网银被盗损失 21 万元。2008 年 11 月，四川的敬女士网银被盗损失 7651 元……被盗案件几乎都让每一位受害者损失惨重，这不禁让广大网银用户对网银的安全性提出质疑。央视“3·15”晚会曝光了一种被称为“肉鸡”的电脑，提醒公众高度关注网银安全。黑客通过木马病毒，能完全掌握网银信息。62.9％的消费者表示虽然会使用网银，但不会关注安全因素。据相关报道，80％以上的电脑都曾经或者正在成为“肉鸡”。金山毒霸云安全中心发布病毒预警，广大互联网用户特别是网银用户需警惕“IK 网银盗号器”。该网银盗号木马通过邮件传播，专门盗取网银用户的账号与密码。经过反病毒工程师的进一步分析，“IK 网银盗号器”背后的黑客服务器信息浮出水面。当时，很多家银行的网银在该木马的监控范围内，很多人担心网银是否真的安全。[①]

2004 年，中国金融认证中心（CFCA）联合各商业银行发起的“放心安全用网银联合宣传年”，举办了行业交流会、地方活动、电子银行调查、电子银行安全专项联动等一系列活动，并进行了广泛的媒体宣传，有力推动了电子银行事业的发展。同时，在此过程中，“放心安全用网银联合宣传年”涉及的业务领域也从网上银行拓展到包括手机银行、电子支付等在内的全电子银行领域。2011 年，“放心安全用网银联合宣传年”活动，不仅使宣传的内容进一步具体、丰富起来，也实现了形式的进一步创新和突破，开始利用中国电子银行网以及微博等新媒体，深入开展各项推广活动，通过更为先进的传播技术手段让更多网民直观地了解、参与和体验电子银行的安全便捷；同时还继续强化与主管部门的联动机制，进一步加大研究和宣传力度，推动行业沟通互联，共同促进我国电子支付事业深入人心。

点　评

网上银行系统是银行业务服务的延伸，客户可以通过互联网方便地办理商业银行核心业务，完成各种非现金交易。和传统银行相比，网银具有快捷便利、即时性强、互动性强等优点。互联网是一个开放的网络，银行交易服务器是网上的公开站点，网上银行系统也使银行内部网

① http://www.enet.com.cn/article/2009/0409/A20090409457367.shtml。

向互联网敞开了大门。最近几年的网银被盗案件一次又一次触动着人们脆弱而又紧张的神经，因此成为近几年的热门话题。中国工商银行、中国农业银行、中国建设银行、交通银行等国内10多家银行联合举行的"放心安全用网银联合宣传年"大型公益性宣传活动，就是为了提高大众对网银安全性的认知程度，提高公众规范、正确使用网银的知识。

2011年"放心安全用网银联合宣传年"更立体、更多维、更有广度的网络公关手段有力地推进电子银行业务的发展，使广大网民真正有了"网银随心、安全由我"的感受，取得了良好的成效，成为电子支付领域、公众教育不可缺少的重要活动。这个活动举行六年，极大提高了公众使用网银的安全意识，也切实推动了网银业务的发展，在业界取得了良好的反映。

拍案三　卡巴斯基"误杀门"

一贯号称在欧美的杀毒产品评测中"误报率极低"或"误报率为零"的卡巴斯基杀毒软件，半年之内却发生22次重大的误杀事件。误杀事件被曝光之后，瑞星公司批评卡巴斯基公司并没有认真对待自身的产品质量问题，而是继续打着"一切为了用户安全"的旗号，我行我素、野蛮地错杀各种中国用户广泛使用的正常的商业软件产品，严重影响了国内用户对电脑和软件的使用。为了避免用户、公众受到不准确信息的干扰，切实保障用户的网络安全，卡巴斯基公司只在官网上发表声明，对瑞星公司的批评态度回应冷淡。此时反而出现了大量网民自发地为卡巴斯基公司说话。这与卡巴斯基公司长年累积的品牌美誉度有很大关系，因为在一部分用户心中已经牢牢树立了卡巴斯基公司可靠的信念。这样一来，一旦这些用户发现在网络上出现与自己的判断不同的言论时必然会在网上表达不同意见。①

---

① http://bjyouth.ynet.com/article.jsp? oid=20718022。

点　评

由于网络的进入门槛低、覆盖面广、时效性和互动性都明显强于传统媒体，因此网络为进行舆论监督开辟了一个更为宽阔的空间。更为重要的是，网络的匿名性为人们自由地发表言论、进行监督提供了可能。人们不再受制于现实社会中的各种错综复杂的“关系网”，可以随意地发表自己的见闻和看法。文章或帖子一旦在网络上传播开来，便迅速汇聚成强大的“网络声音”。网络企业更应该充分利用网络资源的优势，在更广的范围内宣传自己，树立自己的信誉和形象。

回味隽永

当下，网络已经成为人们获取信息的主要通道，网络的快捷化、个性化、互动性、信息共享化和资源无限性等传播优势使其影响力不断增强。如何利用好这些资源，塑造企业良好的形象，打造品牌的知名度与美誉度以及有效预防及应对网络公关危机，这是企业发展面临的机遇和挑战。网络时代的企业公关需要有效地利用网络的即时传播和互动作用，整合资源和传播，关注细节，塑造企业诚信的公关形象。

公关形象是企业前行的动力，快捷化、互动性和信息共享化是网络的特性，在当今网络广泛普及的信息共享时代，企业应该时刻关注互联网动向并利用网络公关促进企业和公众的沟通，处理企业面临的各类网络危机，以更好更快地宣传企业品牌，提高产品销量。网络企业可以从以下几点树立诚信的公关形象。

第一，重视网络诚信建设。诚信是企业一笔巨大的无形资产，不仅是企业的立业之本、发展之道，更是企业的第一生命，是企业生存和发展永恒的动力。虽然网络的虚拟性无可避免，但是在网络世界失去了诚信，企业也必将衰亡。优秀的企业应该有长远的眼光，坚守诚信第一理念，树立诚信意识，与消费者“坦诚相对”。

第二，充分利用网络平台，举办网上新闻发布会，举行网上公关活动。例如，雅虎中国网站充分发挥网络资源信息传播快、宣传面广等优势，参与公益活动的宣传，制造了一个互利双赢的良性运营空间，进一步塑造了自身的信誉度和美誉度，赢得广大网民的支持。

第三，面对企业危机，变被动为主动，快速地进行反应，用事实说话，有效利用企业的网站，举行媒体沟通会或者运作一些高质量的有影响力的正面报道而不是试图掩饰。

第四，防患于未然，建立品牌美誉度。企业应该有忧患意识，当危机出现后，更能有的放矢，将不利影响减到最小。

通过以上案例的分析，企业管理者吸收网络企业的经验与失败的教训，从而帮助网络企业树立诚信的形象，提高企业对网络公关危机的认识及应对能力。

第四篇

网络形象造势　开启品牌之窗

互联网深刻地改变着人们的生活方式和消费习惯，它渗透到各个阶层，也正在成为全民化的平台。品牌是企业和消费者一起创造的价值体，而互联网是其实现品牌扩展的载体和手段。网络时代，企业应当懂得将互联网作为载体，积极开展公关活动，与网民进行多种形式的互动，敏感地抓住大众神经，借网民的喜爱之“势”不断推广其品牌形象。

开篇导例

开篇之述:"e"行动,宝洁公司塑造良好形象

2009年,宝洁(中国)公司(以下简称宝洁)启动"联系+发展"中文网站,所有的消费者都可以提出针对产品的创新方案,这一举措让消费者可以直接提出产品创意,宝洁也可以获得来自消费者的最真实的符合其自身需求的创新。无论是企业还是研究机构,或者普通消费者,只要拥有一项适合宝洁的创新产品、技术、商业模式、商标、包装及设计,或者正在寻找获得许可使用宝洁的商标、技术等其他创新产品的机会,登录这个中文网站,很可能找到与宝洁合作的商机,从而将共同的生意做到世界各地,创造更大的经济效益。

"联系+发展"部门还对网站的界面进行了优化,网站操作功能更加便捷,可以让登录用户在第一时间了解宝洁"联系+发展"部门的最新动态。页面新添加了"帮助中心"和"留言板"功能,这两大新增功能针对用户以及与宝洁合作方面的问题,提供最为快捷的帮助。

2009年,宝洁在网上开设了专卖店,以"e生活家"的店铺名亮相淘宝商城,网店内上架的百余种宝洁商品,几乎涵盖了旗下知名日用品品牌,低折扣、会员制等是这个专卖店的一大特色。[①]

开篇之论:网络公关——塑造品牌形象的利剑

在上述案例中,宝洁启动"联系+发展"中文网站,其实是在网络公关中企业形象造势的成功运用。何谓造势,造即营造,打造;那么何谓势呢?《孙子兵法》曰:"激水之疾,至于漂石者,势也。"湍急的流水,飞快地奔

① http://eladies.sina.com.cn/nx/2009/0326/1825845334.shtml。

流，以致能冲走巨石，这就是势的力量。简言之，势指的是声势、时势、趋势等能促成某件事成功的各种外部条件。在此处，宝洁造的是声势，即通过网站与网民互动从而打响品牌，从而促成良好的社会声势。

在网络化大背景下，宝洁设置中文网站，鼓励消费者提出针对产品的创新方案，并提供了相应的奖励，这无疑强化了公众共同参与企业品牌建设的热情，也使得公众在参与品牌建设中慢慢地了解宝洁，甚至"爱"上宝洁。另外，宝洁和淘宝商城的亲密合作，考虑的不仅仅是销售额上的直接获益，更认为淘宝商城能够提供一种新的模式，能提供线下销售给不了的全方位回馈，壮大自己的网络声势。毋庸置疑，宝洁成功地利用了网络的即时性、广泛性和互动性，引起冲击消费者心理的强大轰动效应，从而实现了品牌良好形象的推广和传播。

随着网络技术的发展，许多企业趁势而上充分利用多种形式的网络技术，与大众展开丰富而具有深度的品牌互动活动，在主题、形式、平台及扩散等方面不断突破、不断创新，吸引大众的眼球，建立和维护与公众的良好关系……这些，其实都是企业网络形象造势活动，是"e时代"的企业网络公关活动的一种策略。因此，企业网络形象造势是指企业在事实的基础上，运用网络技术美化自我，营造良好的企业声势并向公众传递企业品牌的美好形象，从而提高竞争力的活动。这是网络公关的一门科学和艺术，企业需要积极、巧妙而又慎重地开展这一活动。

史镜今鉴

"全互动"网络直播——诺基亚再获好评

诺基亚公司（以下简称诺基亚）在推出首款触控音乐手机5800 XpressMusic的时候，策划举办了一次名为"诺基亚玩乐派对"的全互动网络直播演唱会。网友不仅可以通过前期网络投票，选出了自己心仪的玩乐明星，更能借助互联网自由掌控并参与了这场玩乐派对，与演出现场和音乐人进行实时互动，充分感受到全球互联网历史上首次“全互动”网络直播演唱会带来的巅峰体验。网友通过网络投票选出自己喜欢的音乐人和表演曲目，在优酷直播整场全互动网络直播演唱会中，所有的曲目均由网友票选决定，现场4组镜头供网友自由切换观赏角度，并与演出现场及两岸音乐人进行实时互动。网友可以通过网络为歌手们的精彩演出送上虚拟的鲜花、掌声或吻，而真实的鲜花和掌声也会通过现场送给歌手，还可以与歌手们在线聊天，通过短信和在线投票选出返场演出的歌手，更有机会在线与舞台上的歌手视频对话。诺基亚选择国内领先的视频网站之一——优酷作为此次青年音乐盛事的合作伙伴，整合新媒体、新技术、新营销，令“诺基亚玩乐派对”全互动网络直播演唱会成为当时最大规模的演唱会。数百万青年音乐爱好者通过优酷直播参与了这场史无前例的全互动网络直播演唱会，众多音乐人进行了精彩演出，并与广大网友通过优酷视频互动。当晚，优酷直播演唱会盛况空前，为期3个小时的演唱会期间，网友参与人数不断攀升，屡创新高。①

随着互联网的不断发展，一个企业要使自己长期处于有利地位，要使自己的产品得到大众的认可，质量取胜实为重中之重，因为只有这样才能赢得好的口碑。对于一款新产品，前期宣传也极其重要。特别是在互联网时代应充分利用这一特殊的传播媒介，重视网络公共关系，加强与大众的互动，对产品进行宣传，不断为其形象造势。诺基亚洞悉新一代年轻人的互联网行为习惯和玩乐态度，将“主动”、“参与”、“沟通”的“网络社会化”精神进行到底，别出心裁地策划了“诺基亚玩乐派对”，充分利用网络这一平台，颠覆了传统演唱会和网络直播中观众只能被动观看的规则，增强了大众之间的互动性，增加了网民的话语权，而这场别具匠心的“全互动”形式的网络直播演唱会，也将5800XpressMusic这个新产品深深地印在参与的消费者心中，使诺基亚品牌形象不断蔓延与巩固。

① http://dealer.yesky.com/digital/305/8836805.shtml。

三刻拍案

拍案一　贝因美——“妈妈 520”

2009 年 5 月 4 日，贝因美推出的“妈妈 520，贝因美为您传情达意”母亲节网络公益主题活动温暖起航。活动期间，网友只需登录活动网站编辑祝福短信，向妈妈大声说出自己的爱，贝因美即刻为公众提供免费短信传情达意。继而主办方将抽取 520 位得到祝福的幸运妈妈，于 5 月 10 日母亲节当天递上一束充满浓浓爱意的康乃馨并且捎上贝因美对全天下所有母亲最美好的祝福。在平台的选择上，贝因美官方网站建立 MINISITE 平台；同时也通过门户网站人气最旺的新浪亲子频道、腾讯女性频道以及垂直类网站宝宝树开展活动。数据表明，活动第一天，有 12 045 人向妈妈大声说出了爱；第二天高达 54 220 人，与此同时参与人数保持持续攀升状态。借由祝福的蝴蝶效应，短短几日内就辐射到数百万的人群，一时间掀起了一股母亲节感恩热潮。活动推出 2 天便有近 10 万人参加，作为奶粉生产厂商的贝因美准确地传达了“生命因爱而生，世界因爱而美”的品牌理念。[①]

点　评

新型的互动传播得到众多企业的追逐与青睐，要使企业在网络化浪潮中独树一帜，不断传播企业的品牌形象，重要的是企业要在浩瀚的互联网平台上找到精准的传播平台，要善于借助大事件进行传播，在传

① http://blog.163.com/li-qiangui2008/blog/static/386007992009461011077 9/。

播主题、互动形式明确的情况下，对各种互联网形式进行综合比较，以期达到传播效果的最大化。在品牌创建之初，贝因美围绕着生养教育提出了爱婴、育婴、亲母三大理念，其中的“亲母工程”正是倡导了“关爱母亲，成就母爱”的“亲母”理念，并一直向社会倡导“生育之情，养育之恩，教育之德，永世不忘”。贝因美更不遗余力地倡导大“爱”的品牌精神，将“爱”的精神发扬光大，并时时刻刻传播着“母爱”。贝因美此次推出的“妈妈520，贝因美为您传情达意”母亲节网络公益活动，将精准的传播平台与品牌理念结合得淋漓尽致。借着“母亲节”这一特殊重要的节日，贝因美建立 MINISITE 平台。同时，通过人气最旺的新浪亲子频道、腾讯女性频道以及垂直类网站宝宝树开展活动，不仅传播母爱的理念和倡导以爱的行动回馈社会，而且重要的是不断强化和推广其“生命因爱而生，世界因爱而美”的品牌理念和品牌形象，成功地实现了通过网络进行形象造势的目标，使这一品牌深入人心。

拍案二 《因为·爱》——巨大的品牌形象效应

2009 年 1 月，浙江卫视和新浪网联手推出了反映 80 后爱情的节目《因为·爱》，并且对该节目的宣传推广力度超过了对一般节目的宣传推广力度。新浪网成立了专门页面，首页移动位置以及女性频道首页固定位置出现《因为·爱》的广告及视频专区链接，网友可以点播栏目、回应讨论、参与活动。而且新浪网还开通了网络讨论专版，每次设定话题正反方，并在每期节目中以游走字幕的方式直接反馈在节目中。网友还可以讨论决定该剧的内容、故事走向，这个节目甚至还将触角伸到了线下：北京中关村、上海南京西路和杭州利星广场，数万名男女参与了主题活动；还以节目内容与剧照为主体，推出同名图书；在 2 月 14 日情人节推出“爱要大声说出来”活动，在杭州、北京、上海三地电视网络双媒体进行直播。除此之外，《因为·爱》还展开了“恋爱领秀”、“相聚桃花岛”和“创意婚典”三场活动，充分重视活动带来的宣传效果和营销附加值。《因为·爱》由娃哈哈集团有限公司(以下简称娃哈哈)“营养快线”赞助，新浪网投入网络推广资源，浙江卫视投入节目的制作和自身传播资源，通过线上线下同步播出的形式，网络直播推动了电视台收视率的提升，迅速地向关注《因为·爱》的年轻消费者自然地传递了企业时尚健康的品牌。①

点　评

在互联网高速发展的时代，消费者逐渐从单纯的信息接收者变成了信息的生产者，网络视频则是双向的沟通。网络视频不仅可以让网友主动传播，甚至还可以与电视形成互补，让其传播效果最大化，电视和互联网首次联袂打造的《因为·爱》是电视与网络整合内容与营销资源、实现融合的成功尝试，《因为·爱》联动网络推出话题PK、故事征集、剧情讨论、视频播客、演员博客、电子小说等形式，进一步发挥了网络互动和集聚人气的优势，使得传统电视时代的“被动的观众”成为电视与网络联动时代的“主动的观众”，成为内容生产与内容传播兼容时代的“主动的用户”。它将广告的品牌、电视媒体与互联网媒体的深度合作、消费者线上线下的广泛参与结合为一体，很好地协调了网络公共关系，不仅以低成本赢得了数百万的观众，而且让电视节目的收视率明显上升。这次的合作是传统媒体与新媒体一次较为深度的合作，内容涉及融合、活动、推广、营利等方方面面。《因为·爱》传播的不仅是电视节目，而且更是他们自己的品牌。同时，这种灵活有效的传播形式对于娃哈哈、新浪网、浙江卫视而言，都产生了巨大的品牌形象效应。

拍案三　中粮集团“游戏之旅”的植入性广告

2009年，中粮集团有限公司（以下简称中粮集团）将旗下的果汁品牌“悦活”植入到了“开心网”的种地游戏中，使中粮集团的知名度迅速攀升，这是因为游戏玩家不仅停留于虚拟的游戏中，通过随机抽奖系统，他们还可以将实体的“悦活”果汁通过线下配送体系送到朋友手中。而在北京的各大商超，“悦活”产品的展示也与网上遥相呼应，在互联网打造出“悦活”

① http://www.mba163.com/glwk/qygl/201005/102641.html。

品牌在白领中的认知度并形成时尚之后，中粮集团才开始利用传统的广播、电视等媒体进行更大范围的传播，而其引爆点却来自网络。2010年，中粮集团原创开发的首款网络互动游戏于1月上线，将旗下的主打粮油产品植入游戏之中，将每一款产品从最初的田间种植到工厂加工、仓储、运输，乃至最终到餐桌的一条产业链的完整过程融入其中。这款游戏充分利用了MSN平台同时融入了社交游戏的元素，这款基于MSN平台的网络互动游戏中，玩的全都是中粮集团旗下产品，从玉米油到大米，从葡萄酒到巧克力、方便面，玩家可以选择水稻、玉米、葡萄、小麦、可可中的任一作物从种子培育开始，经过种植、仓储、运输等环节，最终生产出大米、玉米油等终端产品，玩家除了自己玩之外，还可以邀请同事朋友参加，接受邀请并且能够完成全部游戏环节的人越多，玩家获得的奖品也就越丰厚。[①]

点　评

随着网络化的不断推进，越来越多的企业充分认识到这一点：通过丰富多彩的网络互动形式，以一种娱乐方式，将自己的产品信息植入网络，成功地塑造自己的品牌形象。2009年，以开心网为代表的社交网站顿时成为流行，而在网上“偷菜”的游戏也在短时间内席卷广大的中国网民。中粮集团抓住这一契机，将旗下的果汁品牌“悦活”植入到了“开心网”的种地游戏中，不断提高了其产品的知名度，实现了品牌的扩散与蔓延，较好地实现了“随风潜入夜，润物细无声”的良好效果。2010年，中粮集团开发了首款网络互动游戏，以寓教于乐的方式传递中粮品牌理念和产品信息，成功地借助网络这一特殊而重要的传播媒介，最大程度地实现了网民交叉扩散的影响，不断推广中粮集团的品牌，更为重要的是借助互联网这一平台中粮集团成功地实现了其形象造势。

① http://b2b.toocle.com/detail—5129201.html。

回味隽永

企业在市场竞争的商战中，只有占据优势，才可先声夺人。一个刚开张的新企业、一种刚上市的新产品，其知名度较低，企业需要以“势”为其鸣锣开道；在竞争异常激烈的网络新时代，“酒香”也怕巷子深。因此，一个实力雄厚的知名企业，一种人尽皆知的名牌产品，虽然已有不小的“势”，但仍需继续造势，以巩固市场，提高品牌形象。

在互联网时代，大众的时间、空间和注意力都是碎片化的，单纯依靠传统的媒体很难影响到他们，大众的注意力转向新媒体，同时互联网也不断向各个消费者群体渗透，消费者的话语权在互联网上被扩大，来自任何一个角落的消费者都可能对企业的产品和服务提出自己的看法。他们不喜欢单向性、强制式地接收媒体的信息传播，他们希望自己在体验中主动感受，希望与企业进行互动，并希望他们的意见或建议得到充分重视，可以说消费者已经逐渐从单纯的信息接收者变成了信息的生产者。因此，传统的宣传灌输型的企业形象造势模式已经无法满足新时代的需求。在消费者参与创造价值的时代，企业不仅要让消费者主动参与其中，共同实现企业的造势行动，而且更需要主动地与消费者进行对话，并且要实时地关注消费者的意见或建议，实时地倾听和满足消费者的需求，时刻为企业积累良好的声势。

企业应该充分利用网络这一媒介打造品牌声势，利用互联网为引爆平台，进行立体化传播，巧妙利用传播杠杆，辐射到所有的媒体传播介质上来。因此，企业应寻求在产品的主题、互动形式、平台及扩散等方面有突破性的创新。在主题设计方面，企业需要更多地关注网民，锁定受众的心理，激发网络线上线下的共鸣，达到企业希望传递的信息和大众感兴趣的话题之间的平衡点；在互动形式上要紧跟网络趋势，把握当前最热门的话题和互动技术，借势上位，增强活动设计的向心力和汇聚力；在平台的选择上，高曝光、大量导入、易用性都是最关键的要求。敏锐地抓住大众神经，让更多的网友参与产品或活动的设计、执行甚至传播，从而收集消费者的智慧创意，并提供相应的激励政策维持参与者的兴趣。这可以拉近品牌与消费者的距离，无形中让消费者成为企业声势的创造者，从而自然地巩固品牌在消费者心中的良好形象。

第五篇

网络公关助推政府良好形象的建立

互联网已成为思想文化信息的集散地和社会舆论的放大器,我们要充分认识以互联网为代表的新媒体的社会影响力。政府应该高度重视互联网，充分利用互联网的高科技表达手段塑造政府形象，最为关键的是要注重网络公共关系，运用网络公关助推政府良好形象的建立。加强与公众之间的沟通与交流使互联网成为政府与公众沟通的快速信息通道，通过网站或利用网络传播的方式处理好网络公共关系，主动加强网上政府形象传播，巩固和提升政府形象。

开篇导例

开篇之述：国家领导人通过人民网强国论坛同网友在线交流

在《人民日报》创刊60周年之际，中共中央总书记、国家主席、中央军委主席胡锦涛6月20日到人民日报社考察。其间，胡锦涛总书记还专门到人民网，并通过强国论坛同网友们在线交流，在广大网民中引起强烈反响。面对网友的热问，总书记的回答让网友们激动和深思："虽然我平时的工作比较忙，不可能每天都上网，但我还是抽时间尽量上网。我特别要讲的是，人民网强国论坛是我经常上网必选的网站之一。""平时我上网，一是想看一看国内外新闻，二是想从网上了解网民朋友们关心些什么问题、有些什么看法，三是希望从网上了解网民朋友们对党和国家工作有些什么意见和建议。""网友们提出的一些建议、意见，我们是非常关注的。我们强调以人为本、执政为民。因此，做事情、做决策，都需要广泛听取人民群众的意见，集中人民群众的智慧。通过互联网来了解民情、汇聚民智，也是一个重要的渠道。"虽然因为时间紧迫，胡锦涛总书记只回答了几个问题，但我们从中可以看出，中央领导不仅从战略高度上非常重视互联网的发展和应用，而且非常注重利用网络公共关系打造政府良好形象。

有网民将这次交流称为亿万中国网民的"最幸福网事"。有网民说，没想到胡总书记这样平易近人，让网友们心里热乎乎的，这种平民化的作风让人感动，总书记的形象更显高大。同时，总书记亲自与网民交流，起到了极大的示范作用，有力地推动了中央及地方领导干部上网了解民情、听取民声、体察民意、汇聚民智。越来越多的领导干部开始主动借助网络征询民意、与网民在线交流、开设博客、开通省(市)长电子信箱、回复网民留言。一股"触网"、用网新风正在各地党政系统蔚然兴起，领导干部上网已成为中国政坛一个新气象。同时，总书记亲自与网民交流，极大地鼓舞了网民参政议政的热情。他们在网上建言献策，直抒己见，有网民说，以前只是泛泛地讨论问题，现在总书记这么重视网络，我们一定要用好网络这块阵地积极参政议政。胡锦涛总书记做客强国论坛所取得的社会效果，充分体现了中央领导对网络公共关系的重视，塑造了良好的政府形象。随着网络化的不断推进，互联网已成为各种社会思潮、各种利益诉求的集散地，是政府观察和了解现实社会状况的一个重要窗口。使用互联网、发展互联网，通过互联网来改进工作、促进发展、繁荣文化、涵养生活，是时代发展、社会进步的必然要求，是政府处理与民众之间关系，维护和提升政府形象的重要平台和途径。此次，胡锦涛总书记做客强国论坛，充分体现了中央领导对互联网的重视，善于通过互联网这一渠道，加强政府与民众之间的沟通与联系，加强政府形象传播的正向积累。[①]

开篇之论：重视网络公共关系，打造政府良好形象

一个高效务实的政府，必须是一个政策能够无障碍下达、民情能够无阻力上传的政府。网络传媒既是实现政策下达、民情上传、领导高层与最基层民众对接的“一个重要的渠道”，也是塑造良好政府形象的重要平台。因此，在网络新时代，政府要学会灵活运用网络传媒，适时开展网络公关。网络公关是指政府为了争取公众对政府工作的理解和支持，在公众中塑造良好形象，通过运用互联网这种传播和沟通的手段来处理和协调与公众之间的关系，以便更好地管理社会公共事务。胡锦涛总书记此次以一种实在、具体的方式表达了他“关注网络”、“通过网络了解社情民意、汇聚民智、愿与网民良性互动”的意愿，在国人面前展现了一个重视网络舆论、切实为民办实事、亲民尊民的政府形象。同时，胡锦涛总书记亲自与网民交流，起到了极大的示范作用，有力地推动了中央及地方领导干部上网了解民情、听取民声、体察民意、汇聚民智，也极大地鼓舞了网民参政议政的热情，为民主政府形象的塑造奠定了坚实的基础。因此，这是一次成功的网络公关实践。

塑造良好的政府形象，建立政府与公众之间信任、协调的关系，要准确运用网络公关，广开言路，鼓励公众参与、监督、评估政府活动；重视网络公关的重要作用，更加方便、快捷、高效地开展政府公关活动。

---

① http://pic.people.com.cn/GB/7408313.html。

史镜今鉴

电子政务已经成为行政管理改革的主要方向。政府网站是展示政府形象的窗口、解决民众问题的渠道，建立政府网站，注重网络公共关系，不仅是网络时代的要求，还是服务民众的需要。打造全新政府网站，协调好网络公共关系，完善电子政务过程，建立通畅的信息渠道，有利于塑造良好的政府形象。

澳大利亚之互动意识

澳大利亚政府网站的互动栏目为 HaveYourSay，其下又分为 PublicConsultations（公众咨询）、Blogs（博客）、BrightIdeas（好点子）三个子栏目。"公众咨询"的主要作用是在政府制定与大众紧密相关的政策、发展项目时，利用网络直接、广泛地与公众进行交流。"博客"展示的是澳大利亚总理的官方博客网站，总理在此不定期地撰写文章，并引导公众参与讨论。这些文章既有紧贴民生政策的话题，如边远地区的医疗保健体系建设，也有紧扣时代主题、着眼于全人类的宏观话题，如气候变化等。话题讨论会有一定的时间期限，而总理并不会对网民的留言进行回复或评论，因此未形成真正意义上的交流。总理官网还开辟有一个互动栏目——PM′sWebChat（与总理网上聊天）。在此，总理会不定期地与 20 位网民代表针对博客的某个主题进行互动交流。20 位参与者都必须是总理博客的注册者，并且已对当期话题提出了比较有见解的意见。被选择的参与者会收到总理官网的邀请电子邮件，回复确认后即可在约定的时间参与网上讨论交流，形成了很好的互动氛围。"好点子"是澳大利亚政府网站让公民提出新想法、新观点的地方，也是一个线上线下紧密联系的栏目。该栏目以组织大型论坛的方式进行：公众先在线上对某具体主题提出自己的想法；然后官方再根据网上的参与度组织线下的交流，其线下论坛规模相当庞大。澳大利亚政府通过政府网站与公众的互动是相当广泛的，从政府总理到各个部门的负责人均参与到了这些活动中。另外，互动也不是只局限在网络上，而是有机地把网络和现实世界联系在一起，有时网络的作用是为现实活动提供一个交流平台，有时现实活动又为网络交流提供具体应对。无疑，这种线上线下有机结合的运作方式，有利于充分调动公众积极主动地参与国家政治活动。而公众的充分参与，又有利于政府收集到足够的意见、信息进而为政府决策服务。澳大利亚政府充分运用网络，为政府与民众间的沟通与交流提供了一个良好的平台，特别需要强调的是澳大利亚政府重视网络公共关系，这也是使得政府与公众之间形成良性的互动，塑造了政府的“亲民形象”的重要筹码。①

三刻拍案

现代社会是一个网络信息化的社会，信息服务成为社会服务不可或缺的一种方式。当今社会，网络成为人们日常生活中不可或缺的一部分，随着“网络问政”之风渐盛，越来越多的事件通过网络被曝光、被推进、被解决，各类政府部门应该充分利用互联网“听民声、察民情、纳民言”，真正解决公众的实际困难或困惑，塑造良好的政府形象。

拍案一 “最敬业”的县政府网站

2011 年 3 月 1 日，有网友发帖称陕西省合阳县政府网站民众网上咨询投诉板块回复率 100%，被誉为“最敬业”县政府网站，引起网民疯狂“围观”。据某天涯网友叙述，他偶然登录陕西省合阳县政府网站后惊讶地发现，位于陕西省关中平原东部的一个贫困县，民众网上咨询投诉板块的回复率居然达 100%。“提问人员用语偏激者有之，工作人员也虚怀若谷，一并回复，相比好多省会城市的咨询投诉板块一整页一整页的超时问

① http://wenku.baidu.com/view/87047084bceb19e8b8f6bad1.html。

题，该县可真是让人眼前一亮。”该帖一经发出，迅速激起许多网友的兴趣，纷纷前往合阳县政府网站“围观”，导致网站一度瘫痪。陕西省合阳县政府网站于 2009 年 4 月组建，一共有 8 名工作人员，均为大专以上学历，实行 8 小时工作制。对于网民们所关注的咨询投诉板块回复率 100%的问题，他们采取的是“分级负责、归口管理”的模式，凡民众投诉所涉及的职能部门，均需在 5 个工作日里予以回复，8 名工作人员除了“一上班就看网友的提问”以外，还要“盯着”全县 80 个部门，对回复不及时的“拿着问题单上门催办”，回复不合格的要求“重新回复”。分析合阳县政府网站的这些回复，最敬业之处体现在：其一为回复率高达 100%；其二为详细，以 2010 年 11 月 29 日一条咨询某小区物业电费标准是否合理的问题为例，该县物价局的答复意见多达数千字，其中详细计算了该小区的电费构成和收取标准，价格甚至精确到了小数点后 4 位；其三为及时，在咨询投诉栏目中，第一条有关食盐价格投诉的提交时间是 2010 年 9 月 1 日上午 10 时 54 分，当天下午 2 时 15 分政府办就转发了物价局的答复，而且还是“组织专人对市场复查之后”。从这些敬业的回复主体看，虽然提供具体意见的回复人是相关的政府部门，但对外答复的分别为政府办县长专线科、信访局和政府办。换句话说，是多部门的联动和重视才有了最敬业的回复。①

点　评

互联网的广泛运用使当今社会正在进入一个“全民表达”的时代，尤其是一批关注公共事件和公共价值的新意见群体在网络上的出现，标志着公众参与公共事务的积极性不断提高。在上述案例中，网友登录过多导致网站瘫痪，这事儿如果发生在娱乐网站看似正常，而现在却在政府网站被“复制”的确有些稀奇，网友们纷至沓来，带来的理解、支持和肯定才是最宝贵的。相对于许多地方花巨资来提升政府形象，合阳县政府至少是以自己真诚的工作态度，充分利用互联网，赢得了大众

① http://news.ifeng.com/gundong/detail_2011_03/07/5012588_0.shtml 整理。

对其的认可,从而树立了良好的政府形象。表面来看,该网站引来“围观”是因为对网友的提问回复及时、回复率高,这是当地政府踏实的工作方式和态度的体现。同时,这也是当地政府充分利用网络这一平台处理好网络公共关系,提升自身形象的良好案例。他们利用互联网这一媒介,秉持高度的为民意识,正确处理政府与民众间的关系,对各类问题及时做出实质性回复。然而,不可否认,目前一些政府网站有名无实、长期睡眠不更新,对群众提问置之不理或者回复流于形式、没有实际内容。在上述案例中,网民疯狂“围观”合阳县政府网站,既是网友对合阳县政府网站的褒奖,也是对其他政府网站的提醒,希望这种提醒能够在政府网站中形成涟漪效应。

拍案二　行政服务中心网站的“文不对题”

2010 年 9 月 14 日,一篇题为《××行政服务中心回答群众问题驴唇不对马嘴》的新闻引起了广大网友的热议,同时也引发网友对一些政府部门网站中“在线咨询”栏目发展现状的担忧。网友咨询:“想办理准生证明……”网站答复:“您好,南水北调工程不属于我负责,请咨询南水北调办公室。”网友咨询:“30 岁能办退休吗?”网站答复:“根据户籍政策……可以准予迁入。”“同志你好,我想在××市附近养牛,请问该找哪个部门?”网站答复:“请携法院判决或离婚证及协议书以及双方户口本,到民政部办理。”××行政服务中心网站的“在线咨询”栏目出现了很多文不对题,答非所问的答复。这一现象被名为“猫眼找茬”的网友截屏并发布到网上后,引起广大网友的热议。网友们普遍表示,对一些政府部门“在线咨询”类栏目的可信度及工作人员的工作态度产生了怀疑。针对此事,××行政服务中心技术科的回应是:“之所以出现答非所问的现象,是因为内部代码出现问题,并非人为原因。”同时表示,此后不会再出现类似情况,已经督促软件公司修改并完善了该款软件。不少网民在接受采访时表示,这样的沟通平台,不过是聋子的耳朵——摆设而已。[①]

① http://wyreport.hebnews.cn/2010-09/14/content_682306.htm。

点 评

网络已经成为政府倾听民声、了解民意的重要渠道，一些政府网站本着良好的工作态度，秉持为人民服务的宗旨，树立了良好的政府形象，然而，也有一些网站与群众沟通的平台处于“荒废”状态。许多的政府官方网站都建有“××长信箱”、“在线咨询”、“政民互动”、“投诉举报”等与群众沟通互动的栏目，但这类栏目大多还停留在初级阶段，并没有充分发挥作用。考查一个网站的好坏、有用与否或受公众欢迎程度的高低，关键看政府互动的质量——有无回复，是否立即回复，即最重要的是回复质量，这是检验政府网站运营能力的试金石。政府网站的主要作用是解决问题。互动交流对公众最为重要，那是因为线下往往获取不到有效帮助，因此他们往往寻求网站上的有效回复。近年来，不断增多的网民正在成为政府服务对象的主流，政府网站的社会化程度逐渐加深，社会公众也更多地参与到问政中来。所以，要塑造良好的政府形象，需要政府要员充分利用网络这一平台，重视网络公共关系，身体力行，服务民众，真正地为群众解答疑问。

拍案三 “平安北京”之官民互动

北京的一些政府部门纷纷开设官方微博，2010 年 7 月 29 日开了微博先河的北京警方开通了自己的官方微博——“平安北京”。该微博自开通以来备受社会关注并获得了社会的认可，粉丝总数突破 100 万。自 2011 年 8 月 1 日开始，北京市公安局“平安北京”微博、视频播客和博客在新浪网、搜狐网、网易网、酷六网正式上线。这意味着北京警方迈出了“网络公关”的第一步。其中，最值得关注的当属微博上保留了许多网友留下的尖锐的投诉、批评内容，还有一些上访者留下的控诉其他部门的文字或链接。“平安北京”微博针对网络热点话题快速跟进，及时报道、发布权威信息。例如，回应方舟子遇袭案件、直播营救登山被困者、发布外国人被枪击致死真相等，引起网友热议，受到舆论好评。“平安北京”是集博客、微博和播客三位于一体、交叉互补的网络公共关系平台，此种模式在中国公安系统尚属首例。“平安北京”新浪微博如其当初开通时的承诺，将"最新警方资讯，最快防范提示，警察的新鲜事儿，您最想了解的服务举措"织进"警察围脖"里。"平安北京"微博针对一些网友的质疑与批评，除恶意攻击、谩骂和违反法律法规的评论之外，不删除网友的批评，并且秉持"有则改之，无则加勉"的理念，对网友的质疑和批评进行理性回应。同时，微博还注重语言的交流与用词，使用网络流行语、京味儿十足的字眼儿，拉近了警察与网友的距离。如何适应新媒体时代的变化，提升网络舆论引导能力，已成为当今政府官员面对的新课题。①

点 评

在信息网络时代，"政府上网"如雨后春笋，刚开始，政府多是简单地公布新出台的政策措施，公开便民服务的办事程序和具体举措。而今，许多的政府机构和官员进驻微博，尝试利用网络，进行官民互动。官方与民众利用微博进行沟通和交流的方式正被社会广泛接受，微博正从诞生时的小众圈子迈向主流社会。"平安北京"的上线启示人们，政府应该充分利用网络这一平台，要以坦诚的情感和态度，与媒体、普通群众和困难群体进行真诚、公开和及时的信息交流和沟通，重视网络公共关系，直面批评、善待批评，加强对社会公平、正义、公信度的宣传，塑造良好的政府形象。

回味隽永

互联网不仅成为政府要员的一种"在线生活"方式，而且成为其了解

① http://www.chinacourt.org/html/article/201104/15/448068.shtml。

民情、听取民声、体察民意、汇聚民智的一个重要渠道。网友的意见和建议、看法和心声，不仅能够实现横向的交流与沟通，还能够实现纵向的交往与互动，这是网络民主政治的一种积极实践。另外，在网络时代，影响政府形象的因素也变得更为复杂。网络的开放和高效使得民众获取信息和传播信息更加便捷。对于各级政府来说，网络已经成为形象树立、与民沟通的重要途径。网络的正确运用，要有针对性的策略作为指导，而如果只是一味地、盲目生硬地套用，则会成为不利于政府形象打造的绊脚石。

充分利用网络这一平台，打造良好的形象，对于各级政府来说无疑是个新课题。政府应在日常工作中探索出新的思路，促使政府网站在功能上"转型升级"，让政府网站能做成政府与公众之间的快速信息通道，提升政府网站的公信力，以提升政府的行政效率，使之成为地方政府最大的民心工程与形象工程。同时，还要不断完善网络传播方式，创新政府问政渠道。最重要的是政府要员需充分利用网络这一平台，重视网络公共关系，以真诚的态度，做到有问必答，与公众进行良好的信息交流，加强多部门的合作与联动，给予公众最真实最诚恳的回复，提高回复的质量，与公众建立良好的沟通关系，避免出现公众参与出现"受而不理、有问无答或是答非所问"的现象，以提升政府的形象。同时，政府要员还需以坦诚的态度接受批评、直面批评、善待批评，以实际行动来维护形象，加强与公众的交流与沟通，打造政府的良好形象。

第六篇

创形象　塑魅力之魂

随着网络化的不断推进，互联网渗透到各个阶层，正在成为全民化的平台。利用互联网为平台，与网友进行多种形式的互动，正确处理网络公共关系，不仅对于一些大型活动的宣传而言具有重要的意义，而且有利于塑造相关组织的良好形象，提高其知名度。

开篇导例

开篇之述：第 26 届大运会之网上火炬虚拟传递

2011 年 5 月 10 日上午 10 时 30 分，第 26 届世界大学生夏季运动会(以下简称大运会)网上虚拟火炬传递启动。据网络传递主办方介绍，所有的腾讯网用户都可以自由选择三种身份参与：第一种是注册“腾讯朋友”，并报名成为线上传递火炬手；第二种是成为大运会拉拉队；第三种是以旁观者身份加入，观看线上火炬传递活动。据介绍，网友注册“腾讯朋友”以后，可登录火炬传递官方活动页面填写实名信息报名，然后选择支持高校、发表大运会火炬手宣言，系统会自动点亮网友的火炬图标，这样“大运会虚拟火炬手”即产生。从 5 月 10 日开始到 8 月 12 日大运会开幕不到 100 天的时间里，虚拟火炬将在全国近 700 所高校传递，所有火炬手以网民注册点击的顺序由系统公平生成。此外，每名虚拟火炬手都将上传一句对大运会的宣言，带有火炬手照片、姓名和宣言的个性页面可以由网友在更多的网络交际群进行传播，从而实现真正意义上“全网络传递”。同时，网上的传递也让火炬传递突破了时空的限制，只要有时间，无论在哪个城市，网友只要打开电脑就可以参与传递。负责平台设计的腾讯空间产品部总经理郑志昊介绍说，虚拟火炬传递平台还根据年轻人的兴趣进行设计，既有农场可以“摘菜”，又可以在“虚拟传递”中获得大运会的 T 恤衫、比赛门票，让虚拟与现实互动、融合。大运会执行局大型活动策划部副部长袁承咏对此表示，大运会虚拟火炬传递活动有四大重要意义。第一，节约。据测算，火炬传递活动最少有 20 万人参加，20 万名火炬手需要 20 万支火炬，每支 2500 元，20 万支就是 5 个亿。这还不算沿途的景观布置、火炬手服装等。第二，突破时空限制，扩大覆盖面。全国 2000 多所高校都能参与。第三，符合大运会的特点，符合青年人的特点，符合时代的特点。第四，为政府管理虚拟社会，探索新路子，摸索新经验。①

开篇之论：打造网络平台，塑造良好形象

第26届大运会的火炬实体传递只设北京大学、深圳大学和广州大学城3站，而网络“虚拟传递”成为火炬传递的主角。火炬熊熊燃烧在电脑屏幕上，随着鼠标轻点，它被成千上万的网民“手手相传”，传达第26届大运会的别样精彩。作为一项创举，它见证了一场体育盛典，也见证了中国互联网产业的飞速发展和中国网民拥抱世界、分享快乐的热情与胸怀。大运会火炬虚拟传递是一次“超时空的链接”，展现了主办方和有关部门对互联网的重视和理解，也表明网络力量已经成为相关组织单位推动社会事业发展的重要平台之一。互联网上的大运会火炬传递是神圣而庄重的，火炬虚拟传递将通过“实名制”营造一份责任感，从而给网友带来一次特殊的网络责任和使命感的体验。深圳大运会火炬传递采用了线上线下相结合的形式，这次传递能成为一次洗礼，让更多网友在分享欢乐的同时，感受自身应当承担的使命与责任。“盛会俭办”展现中国互联网时代新理念，以青年和大学生最熟悉和最容易接受的网络为平台，用虚拟和现实相结合的方式传递火炬成为大运会传递的崭新思路。火炬虚拟传递，在大运会历史上是第一次，经费减少90%、规模扩大数十倍——创意带来的青春、时尚和互动交流成为实现节约又精彩的关键所在。通过互联网，让更多的人参与到世界大运会中，在最大程度上宣传了此次大运会，利用网络进行造势。同时，也为此次大运会的相关单位组织塑造了良好的形象。

史镜今鉴

随着互联网的不断发展，越来越多的组织都充分利用这一平台展开

① http://sports.qq.com/a/20110509/000792.htm。

一系列的活动，这不仅宣传了大型活动，鼓励了社会大众的参与积极性，而且还为其塑造了良好的形象。

昆士兰旅游局的全球网络招聘

澳大利亚大堡礁久负盛名，但随着海洋升温及游客增多，大堡礁的珊瑚虫一度濒临灭绝，经过一段时间的休养生息，大堡礁的生态环境得到了恢复，知名度却已大不如从前。尤其是拥有“大堡礁之星”美誉的哈密尔顿岛，由于受到金融危机冲击，旅客量大减。于是，昆士兰旅游局策划了一次网络营销活动来推广其旅游业。为了宣传澳大利亚大堡礁，推动当地旅游业的发展，澳大利亚昆士兰旅游局希望向全球宣传推广大堡礁。因此，昆士兰旅游局决定通过互联网向全球招聘大堡礁岛屿看护员。2009 年 1 月 9 日，昆士兰旅游局网站发布招聘通告，并为此专门搭建了一个名为“世上最好的工作”的招聘网站，网站提供了多个国家语言版本。2009 年 1 月 12 日，昆士兰旅游局开始在 15 个国家的主流媒体上投放招聘广告，正式拉开活动序幕。广告策略以非比寻常、人人向往的工作为名，抓住全球媒体的兴趣。昆士兰旅游局先通过传统的公关渠道大肆宣传，然后利用随之而来的口碑效应和社会媒体的高度关注真正吸引消费者，最终起到宣传推广度假胜地——大堡礁的目的。活动由 5 个关键阶段组成，分别是发布期、职位申请期、筛选和票选期、候选人挑选期和雇用期。活动第一炮于 2009 年 1 月 12 日在英国打响，英国所有国家级日报争相报道，同时对昆士兰旅游局驻英国理事的电视采访也即日出现在 GMTV、BBC News、BBC1、CNN、Channel 5 News 等英国主要电视台，而电台采访也覆盖全国及地区电台。除电视媒体上的覆盖外，公关运动的另一道催化剂便是线上讨论组、公告栏、博客与网站以及来自成百上千的网站和文章对该活动的报道。这过程为该活动的网站产生数以千计的超级链接，提高了网站回访率，达到了互动和分享内容的作用。由于“岛管”的工作是写博，全球的博主也主动留意起来。数千名应聘者利用社交网络平台推介自己，其实也在无形中推动了活动的线上营销进程。应聘视频上传到网站后，也会同步发布到 YouTube，而 Facebook 则是观察受众反应和关注的绝佳途径，Twitter 也成为提供迅速回应的沟通工具。全球媒体的神经被成功刺激，网撒开了，接下来便是将好感转化成预订的收网阶段了。围绕着“世界上最好的工作”概念进行一系列的整合战略营销攻势，以昆士兰旅游局的航线和旅游合作伙伴为载体，接力迅速展开。截至澳大利亚昆士兰当地时间 2 月 23 日上午 9 时 59 分,“世界上最好的工作”全球招聘活动报名正式截止。昆士兰旅游局提供的数据显示,截至当地时间 23 日上午 9 时 59 分,“世界上最好的工作”共吸引来自全球 200 个国家和地区的近 3.5 万人竞聘,包括 11 565 名美国人、2791 名加拿大人、2262 名英国人和 2064 名澳大利亚人,来自中国的申请者就有 503 位。澳大利亚昆士兰旅游局于 2009 年年初在全球进行的“世界上最好的工作”的网络招聘活动,短短数月时间,便给昆士兰带来了超过 1 亿澳元的公关价值。①

昆士兰旅游局网站面向全球发布招聘大堡礁岛屿看护员的通告,并为此专门搭建了一个名为“世界上最好的工作”的招聘网站,还为该网站提供了多个国家语言版本;昆士兰旅游局采用多元化的互动式传播。除了传统的平面、电波媒体外,互联网媒体被一次又一次利用,先用传统平面广告以及广播频道发布,然后充分利用社会媒体的力量发热膨胀。“世界上最好的工作”所有关键环节都在网上展开,昆士兰旅游局从一开始就建立了专门的招聘网站,通过环环相扣的情节设计推动活动的进展,不断产生新闻热点,达到震撼身心的效果;昆士兰旅游局在全球各个办公室的员工则纷纷登录各自国家的网络论坛、社区发帖,让消息在网友中病毒式扩散。此次活动的参赛规则是全世界任何人都可以通过官方网站报名,申请者必须制作一个英文求职视频,介绍自己为何是该职位的最佳人选,内容不可多于 60 秒,并将视频和一份需简单填写的申请表上传至活动官方网站。这几乎没有门槛,但又以自娱自乐的方式吸引了许多人的参与。活动官方网站的合作伙伴是 Youtude,借助 Youtude 在全球的巨大影响,活动本身又得到了进一步的口碑和传播。另外,主办方充分利用了网络的交互性使活动的影响力不断延伸。为了进行充分的网络造势,主办方设计了经网络投票决出“外卡选手”环节,入选 50 强的选手会不断拉票,而关注活动的人会为心仪的选手投票。在投票过程中,投票者要先输入邮箱地址,然后查收一封来自昆士兰旅游局的确认邮件,确认后再行使投票权。在通过确认的过程中,参与投票的网民都会好好浏览一下这个做得很漂亮,实质上是旅游网站的照片网站,大堡礁的旖旎风光、万种风情马上就会让人心旷神怡,让人立刻产生神往之意。更重要的是,投票者的邮箱未来会不定期收到来自大堡礁的问候,进一步挖掘了澳大利亚旅游的潜在客户价值。凭借互联网这一平台,昆士兰旅游局抓住了大众敏感

① http://china.toocle.com/cbna/item/2010-01-12/4954 925.html。

的神经，很好地处理了网络公关关系，不断为其旅游资源造势，提升了它的知名度，对其在全球良好形象的宣传具有重要的意义。

三刻拍案

拍案一　旅游知识网络大赛　赚足大众眼球

2010 年 4 月 13 日正式启动了青少年海南国际旅游岛旅游知识网络大赛活动。此次大赛旨在策划设计知识性、趣味性强的网络知识问卷，激起青少年学习国际旅游岛旅游知识的兴趣和热情，提升国际旅游岛建设的知名度和美誉度，引领青少年能更好地为海南国际旅游岛建设献计献策。全球青少年可登录大赛网站进行在线答题，赢取免费岛内游、入住星级酒店、旅游景点门票等丰厚奖励。居住岛内的答题胜出者还有机会报名参评海南国际旅游岛“网络旅游形象大使”去国内外开展旅游宣传。

据了解，此次大赛主题是活力青春、智慧海南。活动时间是 2010 年 4 月 13 日至 6 月 13 日，赛期 2 个月。大赛依托海南在线、南海网开设青少年海南国际旅游岛旅游知识网络大赛主题网页，公布比赛规则、操作程序等赛事信息。参赛者登录大赛主页在线答题，大赛组织机构分不同情况每天随机抽取一定数量的获奖者，并根据参赛者登记的个人信息寄送奖品或通知其参加相关活动。大赛还设置了网络旅游形象大使 10 名，只要年龄为 14～35 岁，熟悉海南岛、热爱海南岛，连续通过 3 站答题的成功晋级者，语言表达能力和个人形象较好的海南居民都可以报名参加“网络旅游形象大使”选拔，获胜者将以“网络旅游形象大使”的身份参加国内外旅游促销活动。从 4 月 13 日活动开始，截至 5 月 13 日，短短 1 个月的时间，访问量已超过 290 万，旅游知识网络大赛的有效参赛人数已经近 5000 人。“网络旅游形象大使”的报名也在如火如荼地进行，人数近千。团省委会通过视频选拔出“网络旅游形象大使”10 名，以海南国际旅游岛网络旅游形象大使的身份，在国内外开展旅游宣传。网友在积极答题的同时也提出了很多个人意见，网友王女士说道："整顿旅游市场，提高岛民素质；保护生态环境，还原绿水青山；加强宣传力度，提升城市品位。"7月5日晚8时，"荣华杯"海南国际旅游岛网络旅游形象大使总决赛在海口经济学院新大礼堂隆重上演。至此，青少年海南国际旅游岛旅游知识网络大赛各项活动圆满结束。[①]

点 评

青少年海南国际旅游岛旅游知识网络大赛以网络为平台，面向全球青少年开展内容丰富、形式新颖的网络大赛。自4月13日启动以来，在为期2个月的赛期里，大赛受到广大网友的广泛关注和普遍欢迎。截至6月13日，南海网、海南在线两家大赛专题网页总访问量高达500万。共有来自全国各地的258名青少年网友通过在线回答有关海南国际旅游岛相关政策、海南省情、景点知识、文明礼仪、出游常识等问题，以自己的智慧赢得了来海南观光旅游的幸运大奖。此次活动借用互联网这一平台，正确处理与大众之间的关系，利用网络进行造势，吸引了大众的眼球，宣传了海南的形象，提高了海南作为旅游胜地的知名度，是网络进行公关的成功案例。

拍案二 故宫微博，平民化舞台

故宫微博于2011年1月1日开通，据统计，故宫微博开通的第一天粉丝就达到20万，粉丝日增长量最高时达到40万，相当于故宫11天的游客数量。2010年故宫共接待游客1277万人次，故宫微博开通1个月以来，粉丝已经超过162万，粉丝数已经超过2010全年接待量的1/10，人气比很多中国当红的娱乐明星都高。

"男，天秤座，家住北京市东城区。"——这是故宫在腾讯微博首页上的自我介绍。这个微博实际上是由一个两男一女组成的团队在管理，他们都

---

① http://news.qq.com/a/20100514/001406.htm。

是故宫博物院办公室负责公共信息方面的工作人员，热爱网络是他们的共同特征。从神武门进入故宫博物院，西侧50米的一处院落便是博主的办公场所。从流光溢彩的历代文物到故宫墙角的流浪猫，故宫微博无所不包。元宵节，它提醒大家在故宫附近少放孔明灯。2月14日，它推出象征美满姻缘的明代藏品“子刚”款青玉合卺杯，并强调“情人节特供”。“子刚”款青玉合卺杯为双筒相连式，是明代文物。古时“合卺”多指婚姻之事，合卺杯也为大婚所用，寓意成双成对。红底描金囍字碗是清代文物，同治时期生产的“囍”字瓷器是同治皇帝的大婚用器，以餐具为主。故宫微博推出此碗，祝愿有情人终成眷属。对于故宫微博推出的情人节特供藏品，网友们反响热烈，粉丝们的评价是：“宫哥太给力了。”“宫哥好萌。”故宫不仅有微博，还有QQ空间、豆瓣小组和淘宝官方旗舰店。淘宝网店的商品包括卡通皇宫人物造型的T恤、鼠标垫、帆布包，非常受年轻人的欢迎，销量极好。故宫微博和“故宫淘宝”微博联动，一系列造型可爱的帝王玩偶让人跌破眼镜，“这真的是故宫出品吗？太时髦了。”国家博物馆微博名下有这样一段话，代表了博物馆人的共识：“这里不是庄严肃穆高高在上的庙堂，而是老百姓享受文化的休闲场所。”很多人认为故宫高高在上，实际上微博回复的语气时而淡定，时而幽默，网友们更是亲切地将故宫称为“故故”或“宫哥”。[①]

点评

故宫充分利用各种新媒体，打造沟通和交流的平台，以平民的姿态与游客互动，把历史知识和服务信息以最快的速度让百姓知道，拉近了游客和故宫之间的距离。微博非常“给力”，在很多人的印象里，故宫一向都是古老、神秘的感觉，这样的认知在公众和故宫之间竖起了一堵墙，但是微博为我们推倒了这堵墙。故宫以平民的姿态与网民互动，在140字限制的对话框中，用平实幽默而非晦涩学术的语言为粉丝答疑解惑，意味着古老的文明与现代网络擦出了美妙的火花。故宫通过微博这个小小的载体，不仅进一步提升了自身的知名度和魅力，还吸引了很多“宅”在家中的年轻人走出家门，走进历史古迹，增进他们对中华文明的认同和理解。

① http://www.chinanews.com/gn/2011/01-29/2820410.shtml。

拍案三　打造网络公益资助平台，将爱心进行到底

2010年，武汉市福彩中心联袂汉网、市慈善总会，推出“福彩与你同行”之“慈善网络行”活动。这是继“每周有爱福满江城”活动后，福彩公益金设立的又一全新公益资助项目。据武汉市福彩中心介绍，“慈善网络行”是“福彩与你同行”系列公益资助活动的新项目，目的是为了充分发挥福彩公益金的作用，更好地为武汉市困难群体服务。近年来，福利彩票的发展得到了社会各界的大力支持，筹集福彩公益金，发展社会公益事业，成为大多数彩民的共识。武汉市近年来的福彩销售额不断上升，福彩公益金也多次资助社区困难家庭、低保边缘户、大病致贫、社会孤残儿童等，“福彩与你同行”系列公益资助无不彰显着彩民的爱心。自2010年以来，“福彩与你同行”系列公益资助活动陆续启动。其中，“每周有爱福满江城”资助项目，每周一万元，资助社会上需要帮助的人，受到了社会群众的热烈欢迎和各界的好评。从慰问福利院孤寡老人到资助社区残疾家庭；从资助救助站流浪儿童到援助勇斗歹徒英雄袁凡家庭，“每周有爱福满江城”发挥了积极的作用。“慈善网络行”原则上也将继续以周为期，开展资助活动，将福利彩票“扶老、助残、救孤、济困、赈灾”的宗旨落实到实处。一方面社会上有需要帮助的困难群体，他们由于种种原因生活遇到自身一时难以克服的困难。同时，随着社会不断发展，越来越多的人愿意帮助困难群体渡过难关，而互联网正好具有整合多种信息资源的功能，许多人也多次呼吁建立更多的网上公众救助的平台。为此，福彩公益金斥资20万元，设立“慈善网络行”公益资助项目，旨在通过汉网公共互联网，充分利用网络的强大推动力，打造网络公益资助平台。[①]

点　评

福利彩票的发展得到了社会各界的大力支持，筹集福彩公益金，发展社会公益事业，成为大多数彩民的共识。武汉市近年来的福彩销售额不断上升，福彩公益金也多次资助社区困难家庭、低保边缘户、大病

① http://www.cnhubei.com/news/todaynews/hw/whwbszb/201009/t1406201.shtml。

致贫、社会孤残儿童等，"福彩与你同行"系列公益资助无不彰显着彩民的爱心。互联网信息交换及时，网络渠道让资助更及时，"慈善网络行"也让公益资助更为及时有效，通过慈善网络行公益项目，激发市民的爱心，汇聚社会爱心人士共同参与，让更多的困难人得到帮助，将爱心进行到底。此次"慈善网络行"活动，充分利用网络这一平台进行造势，打造网络公益资助平台，让更多的人参与其中，给予困难群众帮助，同时也更大程度地提升了福彩的形象。

回味隽永

架设网络平台，与大众进行多种形式的互动，促进社会各界人士的交流与沟通，这似乎成为新时期网络公关的共同发展态势。社会大众每天会接触到电视、报纸、网络、户外广告等诸多媒体，浩如烟海的信息可能让他们眼花缭乱。作为信息传播者，如何去竞争社会大众的时间，引发他们的兴趣，使他们对信息更加关注呢？又如何让社会大众积极参与其中呢？特别是在这网络化不断推进的时代，怎样才能实现网络造势并提升自身的形象？其关键就在于通过网络这一平台进行有效的创新，如内容创新、沟通方式的创新、品牌体验的创新等，抓住传播的核心点，制造出能引起公众关注与共鸣的关键点，注意线上线下的有效结合，快速"感染"目标受众，使受众在不知不觉的状态下"中招"，扩大其受众程度，增强其影响，以有效吸引社会各界人士，同时慑服社会大众，让社会大众主动投入时间参与其中，使他们获得良好身心的体验，最终潜移默化地将该组织或活动的价值点植入他们的心中。利用互联网为平台，与社会大众进行多种形式的互动，不仅对于一些大型活动的宣传而言具有重要的意义，而且对于塑造相关组织的良好形象、提高其知名度与美誉度具有深远的影响。

第七篇

足不出户购物　完美体验公关

网络营销是20世纪末开始出现的一种新的市场营销模式，是企业的营销活动与现代信息通信技术相结合的产物。这种营销模式的典型特点是方便、快捷，任何人只要拥有一台电脑和一根网线便可以充分享受到购物的乐趣。随着电子商务的发展，越来越多的传统企业也相继开设了网店，网店的开设不仅方便了消费者，也达到了宣传企业的目的。网络营销公关是企业利用互联网这一媒介，进行一系列的公关宣传活动，从而提高企业产品销售量的一种形式。网上开设直营店，免去了消费者频繁出去逛街购物的麻烦，给顾客提供了很多便利，使顾客享受到了完美的购物体验。同时，在线营销不仅可以大量地节省企业的成本，而且可以使企业利用互联网的优势节省许多的公关宣传费用，企业可以利用各种媒介，引导互联网上的用户主动为自己进行宣传。因此，网上营销也成为不少企业营销公关的一种主要形式。

开篇导例

开篇之述：凡客诚品拉开网络公关新模式

凡客诚品(VANCL)于2007年10月由原卓越网创始人陈年先生创立，它的商业模式是自有服装品牌的网上销售。凡客诚品的主营商品包括男装、女装、童装、鞋、配饰、家居六大类。凡客诚品成立之初主要是通过低价策略，在网上销售价格低廉、款式简单、有气质的T恤、男式衬衫和帆布鞋，随着市场与知名度的不断扩大，凡客诚品的销售种类也不断扩大，逐步形成了目前的六大类商品。凡客诚品的最大特点是提供顾客试穿的体验式营销，其卖出的每一件商品都由专人负责送货上门，并允许顾客当场试穿，若试穿不满意则可以免费退货。这种做法克服了网络营销服装类商品的最大缺点，即顾客在购买时看不到商品的实物，只能通过图片和文字说明来感知商品，而且无法试穿，无法看到上身的效果。通过这种做法，凡客诚品始终保持着50%以上的二次购买率，培养了一批高忠诚度的顾客。

2010年7月，凡客诚品找到青年作家韩寒、演员王珞丹出演其代言人，创造出了以“爱……不爱……是……不是……我是……”为基本叙述方式的剖白式广告，名人的参与和财经媒体的效应放大，在互联网上引发了一场名为“凡客体”的传播热潮。“凡客体”的广泛传播同样也使凡客诚品的知名度有了大大的提高，迅速扩大了其市场占有率。2011年，凡客诚品已是中国互联网上的服装领军品牌。最新的艾瑞调查报告显示，凡客诚品已跻身于中国网上B2C领域收入规模的前4位。其所取得的成绩，不但被视为电子商务行业的一个创新，更被传统服装业称为奇迹。凡客诚品首先走出电子商务企业的思维定式，回归到服装品牌的定位，按照时尚品牌的方式，塑造强势品牌。自创立以来，凡客诚品依靠良好的产品和个性化的服务，建立了企业的口碑；在让消费者对凡客诚品的产品建立信任之后，它开始了时尚品牌塑造的进程，借助传统服装的品牌塑造路径，打造凡客诚品的品牌知名度和美誉度。[①]

开篇之论：体验式营销，打开网络公关新篇章

凡客诚品从创立之初的名不见经传，到现在被年轻人所熟知，只用了不到四年的时间。如此短暂的时间却获得了巨大的成功，凡客诚品获得成功的关键原因是利用网络这个资源平台做好顾客的心理公关。

首先，凡客诚品采用低价策略进行强势网络公关。由于凡客诚品是一个网络直销企业，大幅度降低了凡客诚品的成本，使自身的产品具有价格优势。低价策略是产品营销和心理公关的最有效方式，通过销售低价而又有品质保证的商品，凡客诚品逐渐在顾客群体中建立了自己的品牌优势。

其次，凡客诚品采用用户至上的体验式营销，培养了一批高忠诚度的客户。体验式营销是网络公关的关键，通过将心比心地想客户之所想，提供顾客之所需。凡客诚品正是抓住了这一点，大打亲情牌，首创了“顾客当场试穿，不满意退货”的营销方式，克服了网络营销的缺点，给顾客完美的购物体验，从而成功地推广了企业的商品。

再次，凡客诚品采用量入为出的广告投放方式，有效地控制成本。凡客诚品成立之初，其广告基本投放在搜狐网、人人网等门户网站，而且采用按销售分成的方式向各网站付费，这种方式有效控制了成本，保证了低价策略的顺利实施。

最后，凡客诚品开创了“品牌营销”这一全新的运营模式。在凡客诚品网站上销售的均是凡客这一品牌的商品，它有着专门的设计团队，可以有效地保证产品的质量和款式，而不会像有些购物网站里的商品质量参差不齐，使消费者购买起来多有顾虑。

---

① http://baike.baidu.com/view/1488529.htm。

史镜今鉴

凡客诚品的成功虽然有着其自身的原因，但是也有着许多网络营销企业的共同特点。

戴尔公司——一切以顾客为中心的心理公关

著名的戴尔公司的崛起，在全球商业界掀起了一场真正的革命。这场革命就是要真正按照顾客的要求来设计和制造产品，并在尽可能短的时间内送到顾客手上，戴尔公司的网站借鉴了戴尔已有的直销业务模式，将产品直接销售给最终用户，只有在获取订单之后才生产，以保持最小的库存量。不仅如此，戴尔公司还扩展了这种直销模式，将自己的市场调研分析、销售、订货系统及服务和支持能力链接到顾客自身所处的互联网络中。通过这种方式，戴尔公司获得了巨大的成功。在 1995 年，戴尔公司建立了戴尔在线网站，网站致力于规划和实施公司的网络营销计划。对这一市场机会的把握使戴尔公司 1/4 的收入来自于戴尔在线网站。同时，该网站为戴尔公司节约了大量的成本，公司花费在顾客服务方面的电话时间大量减少，大大节约了公司的营销费用。戴尔在线网站的营销目的是最大限度地满足顾客的需要，使公司能更快捷、更高效地运转，产生更大的效益。戴尔公司能够根据顾客特定的需求进行量身定做，真正做到“以顾客为中心”，在为顾客提供更好的服务的同时，戴尔公司也获得了更多的利润。[①]

戴尔公司的成功除了其领导者有着准确把握市场机会的能力及创新的理念之外，还跟它的“一切以顾客为中心”的企业文化和公关理念是分不开的。但是最终能成就戴尔的还是互联网这个媒介，通过网上直销，大大节约了戴尔公司的成本，为顾客定制个性化的电脑，随时了解顾客的需

---

① http://www.cmarn.org/ArticleShow.asp?ArticleID=272。

求又使戴尔公司有了良好的口碑。而这正是网络营销的公关价值所在，通过网络，给顾客提供便利、个性的服务，从而扩大企业的知名度，提高产品销量。

三刻拍案

拍案一　DHC——体验为重，化妆品销售的“戴尔模式”

日本DHC（中文译作蝶翠诗）的化妆业务始于1983年，其所有的产品均以通信贩卖的形式进行销售，产品品牌在全球影响甚广。在各种媒体频繁露面的DHC或许会让大家有些好奇，因为人们很少在商场化妆品专柜或商业街的专卖店里看到DHC的产品。其实，DHC采取的是一种被称为“通信销售”的独特销售模式。

DHC的经营理念是“质量相同，价格最低；价格相同，质量最高。决不生产劣于其他品牌的产品。”DHC更愿意将自己的销售模式归结为化妆品里面的“戴尔模式”——戴尔模式被人们谈论最多的是定制生产和直接销售。与戴尔公司相似的是，DHC的模式是“通信销售”——DHC采用以网络销售、电话销售、目录销售为主的运行模式，将产品直接到达消费者的手中，节省了中间许多不必要的环节，把更多的实惠带给购买DHC产品的消费者。

为了使自己的化妆品系列产品能够迅速深入目标受众，DHC启动了立体式的传播。DHC充分利用电视广告、网络营销（社区、网络论坛、博客、QQ群）等宣传方式，迅速让中国的消费者了解这一品牌。同时，DHC提供体验式的消费，通过免费试用等方式让消费者体验DHC产品的高品质。这一人性化的服务在使顾客更为青睐DHC的同时也为DHC的营销创造了机会。DHC在自己的网站为会员和非会员提供了操作非常简易的电子商务平台，消费者可以通过网站输入自己的用户名和密码，选择自己需要的产品代码和数量，轻松进行购物；800免费电话的开通，使消费者不仅可以咨询美容信息和产品信息，还可以电话下订单购物。在北京、上海等十几个城市，DHC实行速递配送，货到付款；同时，DHC还开通了邮购服务，消费者可以在邮局通过邮购获得自己需要的产品。[①]

点　评

DHC化妆品的成功充分展现了网络公关的重要性。从以上案例中我们可以看出，DHC之所以能获得如此大的成功，以下几个方面是值得我们学习的。

第一，独创的“通信销售”模式。在化妆品企业虽然也有企业采用直销模式，但都是通过一对一的线下销售，这种做法需要雇用大量的销售员，大大增加了企业的成本。在DHC的“通信销售”模式中，顾客可以从手中的目录图片和网页上的商品图片来感知商品，进而通过电话或网络来购买产品。这种做法不但使企业大大降低了成本，而且也使顾客能够足不出户享受到购物的便利性。这也正是网络营销公关的最大优势。

第二，体验式的消费。DHC的这种体验式的消费和凡客诚品的体验式营销不同，但却有着异曲同工之妙。DHC的体验式消费使任何顾客都可以通过DHC的官方网站或者发送手机短信到指定号码来免费索取DHC的基础护肤六件套，为企业起到了很好的宣传作用，达到了营销和公关相结合的目的，也使顾客能够在购买商品之前可以先试用，从另一个侧面反映出该企业的产品质量过硬，给顾客留下了很好的印象，进而达到宣传企业的效果。这种以网络的形式进行的公关活动，不仅增强了企业的知名度和美誉度，而且也促进了企业的销量，不失为网络公关的典范。

第三，趣味性营销公关。DHC以处处为顾客着想为原则，在顾客购买了商品的同时，向顾客免费赠送《橄榄俱乐部》杂志一本，利用美肌教室教授一些美容与护肤的好办法，而且每月都在更新，并定期向会员寄出宣传手册，使DHC的消费者队伍不断壮大。同时，在杂志里还添加了DHC爱用者真情留言版，方便使用DHC产品的顾客与其他顾客

① http://baike.baidu.com/view/412997.htm。

分享使用产品后的效果，这种做法又进一步拉近了顾客和企业之间的距离，给顾客美好的体验。这种时时刻刻抓住顾客心理的公关方法无疑为产品的销量提高做出了巨大的贡献。

拍案二　麦肯特的网络营销——为客户提供有价值的信息

麦肯特企业顾问有限公司(以下简称麦肯特)是一家全国知名的管理咨询公司。该公司先后在北京、上海、深圳、广州等全国众多大中城市多次成功举办了营销、销售、领导力方面的专题研讨会或大型论坛，受到中央电视台、《中国经营报》等多家媒体及众多国内外知名企业的关注。

与大多数传统企业一样，麦肯特采用自建网站的方式来实现网络营销。但是，与大多数传统企业网站不一样的是，麦肯特的网站不是一个展示公司、产品、品牌等信息的传统企业网站，而是一个营销与管理的综合网站，即中国营销传播网。网站以传播国内、国际经典营销理念、最新营销动态为己任，致力于打造服务于“5000 万中国营销人”的网络平台。网站整合了国内外一流的营销资源，开设了“营销文库、营销动态、营销社区、营销知识库、培训和咨询信息”等多项相对独立、相互依托、动态交流的频道，从而形成了一个国内领先的营销类权威网站。网站为中国传统企业和营销专业人士提供展示才华、充分交流、平等竞争、创造商机的互动平台，也提供专业的培训、咨询、最新的行业市场动态及新闻、权威的行业市场数据、市场报告和完整系统的营销理论等大量的有益信息。网络建站后不久就引起企业和专业营销人员的关注和认同，在短时间内就迅速集聚人气，平均访问量已超过 150 万页/天，注册用户也以每天数千的速度增加。[①]

点　评

麦肯特建立全国知名的“中国营销传播网”，成为全国最具影响力的营销与管理的综合网站，是一种非常成功的网络公关。

① http://www.youshang.com/content/2010/08/03/32982.html。

首先，麦肯特认识到营销与公关的本质是交换价值。但是，麦肯特的网站并不是向访问者展示公司的产品信息，而是向顾客提供有价值的信息，使顾客能够自愿注册成为会员，主动访问该公司的网页，从而提高了公司的知名度和传播力。

其次，在网站上建立多个板块，有营销文库、营销动态、营销社区、营销知识库培训和咨询信息等频道，为营销专业人才提供学习知识、相互交流的平台，扩大了企业网站的信息量。由于有许多专业营销人士的参与，又使麦肯特的"中国营销传播网"更具权威性和专业性。这种为顾客提供专业的交流平台的做法是该企业网络公关取得成功的关键所在。

最后，该网站也免费提供专业的培训、咨询、最新的行业市场动态及新闻、权威的行业市场数据、市场报告和完整系统的营销理论等大量的有益信息。这种做法使该网站的访问者可以了解到最权威、最全面的专业信息，从而增强了企业的影响力，促进了企业的产品销售。

拍案三　维多利亚的秘密——线上线下的完美组合

美国最畅销的内衣品牌——维多利亚的秘密是隶属于美国 Limited-Brand 公司，于 1963 年在俄亥俄州哥伦布成立，它从一个品牌服装的专业零售商发展成为集内衣、美容和个人护理等多条产品线，年销售额达 90 亿美元的零售帝国，与其线上线下的完美营销方式是分不开的。

维多利亚的秘密的每个门店的收银台前都摆放着其产品的销售产品目录册子，这个小册子需要顾客花费 3.2 美金才能拥有它。每本小册子上都印有大量的优惠打折券，刺激用户上网购买。维多利亚的秘密网站上主要有八类产品，其策略是和地面店实现差异化销售，即网上不仅销售一些地面店的产品线，而且也销售大量网络专属产品，如服装、鞋子等。在维多利亚的秘密网站的主页，主要是促销产品，每一款产品的页面都有类似产品以及搭配产品，使各产品线都能在网上进行有机整合。每一个品牌序列中都会有多达 30 种的颜色款式供选择和搭配。

从 1998 年推出网站到 2010 年，维多利亚的秘密的电子商务走过了 12 年的历程。这 12 年的发展也使它的目录销售和在线零售的业务额已经占到其销售额的 30%。同时，维多利亚的秘密认为，10%的顾客将产生 50%的销售额，他们是更为重要的顾客，对此，公司对这类客户有大量的优惠、促销以及 VIP 政策，以维系购买忠诚度。凭借出色的营销、精细化的运营，维多利亚的秘密的 B2C 业务突飞猛进。[①]

点　评

维多利亚的秘密之所以能取得如此大的成功主要归功于其线上线下营销的完美组合。

首先，该公司一方面抓住内衣类商品销售的主要特点，即顾客亲身的体验非常重要，坚持用心经营实体店；另一方面又抓住了网络营销的便利性，大力开发其在线零售业务，最终使其成为全美最畅销的内衣品牌。

其次，维多利亚的秘密采取网络销售和实体店销售的商品差异化的策略，使网络销售不仅有实体店里的商品，而且又有着其专属的商品，有效地避免了网络销售抢夺实体店客户的问题，达到了线上线下的完美结合。

最后，维多利亚的秘密还有一个很大的特点，是在实体店摆放销售产品目录册子，小册子里有大量的优惠打折券。这样又可以把实体店的顾客吸引到网上销售的平台，从而扩大了企业的产品销量，而这也正是企业网络公关的主要方式，即在销售时宣传，吸引顾客下次继续购买本公司的商品。

回味隽永

纵观以上几个案例，可以深切地感受到在线网络营销和公关的便捷

① http://baike.baidu.com/view/14205.htm。

之处与优势所在。企业在利用网络营销时,不仅要做好企业的产品,而且要利用各种公关手段,对企业进行宣传、造势,只有将线上营销与企业公关结合起来,企业才能取得大的成功。

第一,充分利用网络的便捷性,开展以顾客为中心的公关式营销,给顾客以完美的购物体验。不管是传统企业的营销还是网络企业的营销,一切以顾客为中心都是最重要的理念。正是这种理念成就了戴尔公司和DHC。戴尔公司的网上定制服务使顾客感受到了自己的重要性,这一做法不仅是企业的一种营销理念,而且是企业的一种公关手段,通过这种手段,使戴尔公司成为全美最大的电脑直销公司。DHC通过网络营销让顾客免费领取试用装的做法,同样使顾客获得了完美的购物体验,这种做法也成为很有效的公关方式,培养了一批具有高忠诚度的客户。

第二,向顾客提供有价值的信息。这是网络营销的本质,通过向顾客提供有用的信息,使企业的网站成为目标顾客的信息查询网站,使企业的一些经营理念能够被目标顾客所熟知,从而使企业的产品也能深入到目标顾客的心中,进而引导顾客自然而然地购买本企业的产品。关于这一点,麦肯特向我们完美地展示了它的效果。这种做法使企业的公关活动能够深入到目标顾客的日常生活中,使顾客能够主动地接收企业的信息,这种不花一分钱为企业做广告的方式堪称网络公关的精髓。

第三,广泛运用心理公关,打动顾客。从以上成功的案例中不难看出,企业的营销成功离不开其心理公关的运用。不管是凡客诚品的体验式营销还是DHC化妆品的免费索取试用装,又或者是戴尔公司的定制服务,都紧紧抓住了顾客的心理,提供顾客需要的个性化的服务,使顾客享受到了美好的购物体验。这一心理公关的运用才是企业进行网络营销取胜的关键,只有抓住了关键顾客的心理,企业的网络营销才能够获得长久的成功。

第四,准确的市场地位和完备的物流配送系统也非常重要。准确的市场地位,可以让我们抓住主要的客户,保证企业的销售量。完备的物流配送系统,可以使顾客真切地体会到"足不出户购物,物美价廉体验"的美好感受,从而爱上网络购物。而给顾客以美好的购物体验又是企业网络公关的一个重要的理念,只有做到了这一点,网络公关才能获得成功。

第八篇

网络公关中的事件营销和口碑营销

网络公关也称线上公关或e公关，它是利用互联网这一高科技手段营造企业的形象，从而促进企业的经营目标达成的一种活动形式。企业的网络公关活动多是为企业的经营目标服务的，因而网络公关是网络营销的重要组成部分。在企业的网络营销中运用最多的两种公关形式是网络事件营销和网络口碑营销。网络事件营销是指企业通过策划、组织及利用具有新闻价值、名人效应和社会影响的人物或者事件，引起媒体、消费者和社会团体的关注，使其在网络上广为传播，以提高企业或产品的知名度、美誉度，树立良好的品牌形象，并最终促成产品或服务的销售的手段和方式。网络口碑营销又称病毒式营销，是指企业通过亲戚、朋友以互联网为媒介的交流将自己的产品的信息或者品牌传播开来的一种营销模式。

开篇导例

开篇之述:“封杀王老吉”事件

2008年5月18日,中央电视台一号演播大厅,“爱的奉献”抗震救灾大型募捐活动现场,加多宝集团副总经理阳爱星代表公司向四川灾区捐款1亿元,顿时成为人们关注的焦点。伴随“此时此刻,我想加多宝和王老吉的每一位职员和我一样,虔诚地为灾区人民祈福,希望他们能够早日离苦得乐”这句捐赠感言,王老吉的生产商广东加多宝集团一夜成名。当晚百度贴吧即出现大量询问帖,从百度搜索统计,“王老吉”的搜索量在5月18日之后直线上升。

5月19日,网友“狂飙吧蜗牛”在天涯社区“天涯互助——汶川地震”发表标题为《让王老吉从中国的货架上消失!封杀它!》的帖子:“王老吉,你够狠!捐1个亿,胆敢是王石的50倍!为了整治这个嚣张的企业,买光超市的王老吉!上一罐买一罐!不买的就不要顶这个帖子啦!”这个“正话反说”的“封杀王老吉”倡议发出后,迅速成为最热门帖,很多网友刚看到标题后本来是要进去愤怒驳斥的,但看到具体内容后却都会心一笑并热情回帖,紧接着,帖子几乎传遍国内所有的社区网站与论坛。3个小时内百度贴吧中关于王老吉的发帖超过14万。

5月20日,以网友集体“封杀”王老吉为标题的新闻出现在了各大网络媒体的首页位置。社会公益产生的口碑效应在网络上迅速蔓延,许多网友第一时间搜索加多宝相关信息,加多宝网站随即被刷爆。不少网友跟帖说:“王老吉,你真棒,我支持你。”还有网友开始自发为王老吉策划广告词,流传最广的一句就是,“要捐就捐一个亿,要喝就喝王老吉”。网友们打开QQ,也会发现QQ群里不时弹出“以后要喝就喝王老吉”“为灾区捐款一亿”“民营企业第一位”“这样的品牌不支持都不行”等信息。天涯虚拟社区、奇虎、百度贴吧等网络论坛的发帖都集中在5月23日18点之前开始。

网络舆论的影响力同样延伸到了现实生活中。王老吉开始出现在很多原来并没有覆盖到的销售渠道上。很快,“爱心”马上在市场上有了反应,王老吉在一些地方卖断货。王老吉上海徐汇区大卖场负责人介绍,“正常情况下,3个卖场一天王老吉的总销量为30~50箱(一箱24罐),1亿元捐款之后,这3个卖场的销量,已经翻了一番,现在感觉供货有点吃紧,还出现了许多团购王老吉的企业,经常一次性就买几十箱。”

网络上数量惊人的讨论、转载和点击量,引起传统媒体的关注和跟进报道。但逐渐也有人怀疑给王老吉及加多宝集团带来广泛美誉的“封杀”事件并非是网友无心之举,而是由网络推手幕后“人为操作的”。一场有关网络营销的争论开始浮出水面。曾推广成功羊胎素、OPC、PRP等知名产品的著名企业网络推手阿任透露,王老吉的网络热潮是一群网络推手团队运作的结果,而这一网络推手团队正是长期与王老吉合作的某网络营销团队。曾组织过热点《赤壁》炒作的某公司总监张先生也表示,“网友的自发行为一般很难持续始终。但凡能成为网络热门话题,引起广泛议论的,多半都是有策划和包装的。”

开篇之论:借央视赈灾晚会造势,成就网络事件营销公关

在上述王老吉的案例中,暂且撇开其他方面的问题不谈,只关注这个营销事件本身,不得不说这是一个非常成功的网络事件营销案例。通过这一事件的公关宣传,不仅使王老吉的销量获得了大幅度的提升,也帮助王老吉树立了良好的品牌形象。同时,也培养了一批具有高忠诚度的顾客。那么,这一经典的营销公关案例成功的关键又是什么呢?

第一,巧妙借央视赈灾晚会之势。2008年的汶川地震对我国的影响很大,从灾难发生的那一刻起,关于地震的消息就成了各大媒体的中心事件。2008年5月18日,中央电视台举行的赈灾晚会更是成了全国收视率最高的节目,牵动着亿万百姓的心。加多宝集团向汶川灾区捐款1个亿的行为,充分体现了该企业的社会责任感,在广大消费者心中树立了良好的品牌形象,也为此次公关活动的成功奠定了基础。

第二,雇用专业网络推手团队,对事件进行精心策划。对网络事件的

精心策划，充分显示出此次公关活动的即时性及专业性。《让王老吉从中国的货架上消失！封杀它！》的帖子出现在央视赈灾晚会播出后的第二天，可谓是时机把握得非常到位，很快地吸引了网民的注意力。同时，专业的网络团队对这一帖子在各大网络社区进行了宣传、转载，从而继续扩大这一事件的影响，并引发网民的参与热潮，使王老吉的知名度得到了大幅度的提高。

第三，帖子标题的正话反说。《让王老吉从中国的货架上消失！封杀它！》这一标题乍看像是一个批评的帖子，实则是对加多宝集团的捐款行为进行赞扬。这一正话反说的帖子容易吸引网民的注意力，从而赚得大量点击率，引起广泛的关注。网民对这一网络事件的关注度上升，其传播力度也会相应增大，使此次公关活动的影响范围进一步扩大，为此次公关活动的成功增加了砝码。

第四，抓住了网络事件与企业的相关性。仔细观察，不难看出，帖子的内容和前一天赈灾晚会的加多宝集团捐款一个亿紧密相连。以王老吉捐款一个亿为切入点，对其进行大肆渲染，同时央视赈灾晚会不仅是聚焦事件也是公益事件，完全符合网络事件营销切入点的特征。以专业的策划，无声的渗透方式，使消费者不仅记住了捐款事件，而且也记住了王老吉公司，为此次公关活动画上了完美的句号。

史镜今鉴

从上述王老吉的案例中可以看出，网络事件营销所取得的公关成果是巨大的，通过利用互联网这一低成本、广覆盖的媒介，使企业的网络营销公关越来越便捷，而其取得的成绩也不容小觑。随着时代的发展，网络事件营销的公关魅力被越来越多的企业所熟知，不管是中国的企业还是外国的企业都或多或少地将网络事件营销应用到了企业的公关活动中，从而提高了企业的知名度与美誉度。

Burger King的“听话的小鸡”视频互动游戏——网络口碑营销的典范

Burger King在美国是仅次于麦当劳的快餐连锁店，该公司认为过去的市场推广有严重问题，于是在2005年年初撤销了原来的著名4A广告代理商，并出人意料地把价值高达3.6亿美元的广告代理合同转给了一家名不见经传的小公司——Crispin Porter＋Bogusky，期望他们能摆脱俗套。

于是，Burger King在2005年的4月7日推出了首创的视频互动线上游戏——“听话的小鸡”，以此来推广新的鸡块快餐。这一回完全摒弃了所有传统的电视广告狂轰滥炸的方式，而是依靠互动、主动引发的网络口碑传播。在概念上Burger King用“Have it your way”（我选我味），用自选口味打击麦当劳的机械定制。

“听话的小鸡”这个互动广告极为简单，一个页面，有一个视频窗口站立着一个人形小鸡，下面有一个输入栏，供参与者输入英文单词。当参与者输入一个单词时，视频窗口里的小鸡会按照参与者输入的单词的意思做出相对应的动作，比如参与者输入“Jump”（跳），小鸡会马上挥动翅膀原地跳起，然后恢复到初始的画面；又如，参与者输入“Run”（跑），小鸡就会扬起翅膀在屋子里疯跑一气；而当参与者输入的单词小鸡无法用肢体语言表达的时候，小鸡就会做出表示不解的动作，还有就是当参与者长时间没有动作的时候，小鸡就会做出擦汗的动作以示抗议。

这是一个完全会按照参与者的命令去执行的小鸡，跟Burger King的定位“Have it your way”（我选我味）配合得天衣无缝，通过一种互动游戏式的体验传递出来。

Burger King不会在这个页面中让参与者接触到它的促销信息，但是在搜索栏下面，Burger King提供了四个按钮，其中一个按钮是“Photo”（照片），也就是收藏了一些小鸡的照片，类似拍摄花絮。一个按钮是“Chicken′s mask”（小鸡的面具），这个按钮提供了一个可以制作成小鸡面具的图像，参与者可以把这个图像打印然后沿虚线剪下，制作出与这个小鸡一样的面具。还有一个按钮是“Tell a friend”（告诉一个朋友），参与者可以发邮件给把这个网址告知给朋友，最后一个按钮才是可以直接链接到Burger King网站的按钮。

此视频起初只是让20多位人员把网址通知各自的朋友圈，接下来令人意想不到的奇迹发生了。网址启动后一周内达到了1500万～2000万次点击，平均每次访问逗留时间长达6分钟。这次掀起的热潮连创作者也大表诧异，形容说："情况简直完全失控！"有乐此不疲的网友更索性把网站书签记录到PDA中，随时在街上无线上网探望小鸡。而很多访问了这个网站的网友也顺便会点击下面几个按钮，直接进入Burger King的网站，浏览到最新的鸡块汉堡快餐促销信息。

相比起传统的电视广告干扰式的传播，"听话的小鸡"通过网络的口口相传得到了最深入的传播，接触过这个网站的网友都会主动地把网址复制并通过电子邮件或者是网络即时通信工具发送给朋友，干扰式的广告很容易就被受众过滤掉，然而这个几乎没有花媒介费用的广告运动却得到了巨大的成功，受众非但没有过滤掉它，甚至还乐此不疲地主动成为了传播的其中一个环节。

Burger King通过这个成功的网络口碑营销事件，让自己的新产品鸡块汉堡快餐获得了巨大的成功，据调查，至少有1/10曾经浏览过这个网站的网友都去享用了Burger King的鸡块快餐，这是一个实实在在地通过网络口碑营销实现促销的创新传播案例。①

Burger King这一网络口碑营销无疑是非常成功的，为营销公关打开了一个新的思路，通过制作趣味性较强的视频，引导网友自发地对其进行传播，进而去关注企业的相关促销信息。这种做法克服了仅仅依靠广告的重复出现向消费者传达企业的品牌形象，使消费者被动接受，容易引起其反感的缺点。同时，这种趣味性的互动视频使消费者能够主动获取企业的促销信息，使企业的品牌形象潜移默化地渗入到消费者的头脑中。总之，Burger King的这一成功公关活动有以下几个方面是值得借鉴的。

首先，牢牢抓住了公关活动的精髓，将此次活动与企业的营销理念紧密联系在一起。Burger King的营销理念是"Have it your way"(我选我味)，视频游戏中的人形小鸡就是根据每个参与者的不同命令做出不同的动作，这一点恰好与该企业的营销理念契合。

其次，润物细无声的公关手段，Burger King的视频互动游戏中并没有明显的企业促销信息，而是通过在视频下方的四个按钮的设置，让顾客不经意间打开Burger King的主页，看到促销信息，这一做法使顾客易于接受，进而去光顾Burger King的餐厅。最后，抓住了网络口碑营销的趣味性特点。Burger King的这一款互动游戏的创意非常新颖，让网友在发现这一款游戏后眼前一亮，再加上这款游戏的趣味性，能够使网友主动自

---

① http://www.17pr.com/html/28/t-201228.html。

发地传递给自己的亲戚、朋友，使其成为了这一网络广告的免费传播者。

三刻拍案

拍案一　吃垮必胜客——从消费者的角度打开网络事件公关之门

必胜客隶属于百盛餐饮集团，是全球最大的比萨专卖连锁企业。为了吸引更多的人来吃必胜客，2005 年台湾地区的必胜客发动了一次名称为“吃垮必胜客”的网络营销活动。在这个题目为《吃垮必胜客》的邮件里，必胜客介绍了盛取自助沙拉的好办法，巧妙地利用胡萝卜条、黄瓜片和菠萝块搭建更宽的碗边，可一次堆到 7 层沙拉，同时还配有真实照片。

这次活动之所以选择介绍盛取自助沙拉的方法来吸引眼球，是因为必胜客有一款自助的 28 元水果沙拉。这一水果沙拉的消费模式是顾客可以用必胜客提供的碗盛装足够多的沙拉，但是，前提是只允许顾客拿一次。盛沙拉的碗并不大，很浅，简单地装沙拉，装不了多少。所以，如何保证自己的 28 元花得最划算，尽可能把那只可怜的小碗装满消费者喜欢的水果沙拉也就成了一门有趣的学问。

这一营销活动首先是必胜客通过内部员工和专业的网络团队把《吃垮必胜客》这一邮件发给自己的亲戚、朋友或者目标顾客。收到邮件的网友大都在第一时间把邮件发给了自己身边的亲友或同事，并去必胜客一试身手。有一位网友这样在网上留言：“我当时马上把邮件转发给我爱人了，并约好了去必胜客一试身手。到了必胜客，我们立即要了一份自助沙拉，并迫不及待地开始按照邮件里介绍的方法盛取沙拉。努力了几次，终于发现盛沙拉用的夹子太大，做不了那么精细的搭建工艺，最多也就搭 2～3 层，不可能搭到 7 层。”

到必胜客试过身手并且真的装满更多层沙拉的热心网友会在网上发

帖子，介绍自己“吃垮必胜客”的成功经验。甚至有网友从建筑学的角度用 11 个步骤来论述他是如何“吃垮必胜客”的。

由此，必胜客用这种精心制作的，具有强大感染力的“病原体”，通过用户的口碑宣传网络，利用病毒传播原理快速复制、扩散开来。其结果是必胜客不但没有被“吃垮”，利润反而大大上升了。①

点 评

必胜客的这一经典营销案例之所以取得了如此大的成功，是因为这次营销公关活动满足了有效口碑营销的各个关键要素，那么这些关键要素是什么呢？以下将结合本案例分别对其进行阐述。

第一，向消费者提供有价值的产品或服务，这是网络口碑营销的关键，只有提供了有价值的产品或者服务，才容易吸引网友的注意，进而去广泛地进行传播。在上述案例中，必胜客站在消费者的角度，指出必胜客 28 元一客的自助沙拉只能用一个碗装一次的规定对消费者来说非常不划算，进而告诉消费者怎么做可以使自己的钱花得更有价值，同时，对于具体的做法还配有真实的图片为证。这种做法不但可以引起消费者的共鸣，而且容易诱惑消费者去主动尝试，从而为这次公关活动取得成功奠定了最关键的一步。

第二，提供无须努力就可以向他人传递信息的方式，这是病毒式营销成功的基础，也正是网络公关得以成功的有效手段。只有向广大网友提供简便、易行的传达方式，才能使病毒式营销的传播更为顺畅、快速。在上述案例中，必胜客的这一网络营销事件是从一封邮件开始的，收到《吃垮必胜客》邮件的网友，如果觉得这封信有用，只需轻点鼠标，按下转发按钮即可把它传给自己的亲戚、朋友。所以，从一封邮件开始的必胜客营销事件成了这次网络公关活动能够取胜的有效手段。

第三，利用公众的积极性和行为，提高网络事件的知名度，推动整个公关事件的进一步发展。同时，这封诱惑性极强的邮件也抓住了目标顾客的心理，使顾客产生想要去必胜客的需要和动机，从而成就了心

① http://baike.baidu.com/view/2219654.htm#sub2219654。

理公关的成功。在《吃垮必胜客》邮件中介绍的吃垮必胜客的方法简单、易行，会使收到这封邮件的网友产生跃跃欲试的念头。潜在顾客有了想要尝试的念头，必胜客的顾客量必然会大量地增加，再加上一些尝试成功的网友回来又会上网晒自己成功的经验，就助推了这一主题的邮件或者文章的进一步传播，从而使必胜客的知名度大大提高。

第四，正话反说，吸引注意力。所有的公关活动都必须以有人关注为前提，再精心的策划活动，如果没有人关注，也不会起到大的宣传效果。必胜客的这一网络事件营销正是认识到了这一点，利用正话反说，以"吃垮必胜客"为题吸引收到邮件的网友打开邮件，进而达到广泛传播的公关效果，这一做法与"封杀王老吉"有着异曲同工之妙。

拍案二　汰渍——趣味污渍尽显网络营销公关之道

"污渍"一向都是比较令人讨厌而且避之不及的东西，怎么会跟它玩呢？而汰渍则颠覆了常人的观点，把"污渍"拟人化，并通过线上线下的整合应用，把"污渍"玩活、玩转，制造舆论并努力去传播它，使其成为一时的焦点、热门，让"污渍"真正融入人们的生活，并给参与和接受的人带来快乐。

2008 年 2 月，在美国职业橄榄球赛"超级碗"决赛的日子里，美国电视台播放了一条汰渍"会说话的污渍"的广告：一个小伙子在和别人见面的时候，他衬衣上有一小块不雅观的污渍在旁边一个劲儿地说话，分散了对方的注意力。

在接下来的广告中介绍了"汰渍神奇强力去污笔"产品的功能。"汰渍神奇强力去污笔"可以帮助驱除新鲜食物及饮料污渍。在广告的结尾，去污笔现身，轻松地抹了几下，污渍就没有了，充分诠释了"立即让污渍闭嘴"的广告主题。

这条电视广告影片的内容新奇好玩，有爆点，同时完整地传达了信息的内容，很好地阐述了产品的去污能力及使用方法，并倡导人们随身携带，强调它的方便和及时。一条信息完整的、有趣的广告在黄金收视阶段投放，从一开始就给人留下了较为深刻的印象，赢得一批消费者的注意及记忆。

由于"会说话的污渍"这则广告具有趣味性，见到该广告的受众觉得很有意思，广告有趣滑稽的创意，使受众有再次观看及与好朋友分享的欲望，但电视广告的播放时间极为有限，使很多想再观看及与朋友分享的受众不能方便及时地完成。因此，汰渍微型网站横空问世，供网友随时观看会说话的“污渍”，同时网站还有与其他的视频网站的主动链接，使网友方便地传给更多的朋友。

在汰渍微型网站上，不仅设有专门的看电视板块，让网友们随时观看会说话的“污渍”以及与其他网站的链接，同时鼓励网友们创造属于自己的“会说话的污渍”，即上传自己的图像，使其化身为污渍，加入自己的声音（可以打 800 免费电话直接实现），简单的步骤把自己转化成一个活灵活现的污渍。这种较高程度的参与过程让网友们非常兴奋，并主动将该消息传达给身边的朋友，而且网站每天会提供 1000 份奖品，包括 iPad 等，以此来吸引和鼓励用户参加活动。至此，病毒式营销以飞快的速度蔓延开来。

“污渍”在成长壮大的过程中，主办方又推出了“污渍”选举大赛活动，即凡参与创造“会说话的污渍”的人都可以参加“一举成名”的网上竞赛，获奖的广告会在黄金时段的电视节目中播出。这一网络选拔、电视播放的竞赛活动，充分吸引和鼓励了网友来参加此次活动，更加提升了网友对本次病毒式营销活动的参与性和积极性。[①]

点　评

在汰渍这一成功的网络事件营销案例中有几个亮点是值得我们学习的，正是因为这些亮点才使得本案例不同于其他的案例，而又演绎出了网络事件营销的公关之道。

亮点一，广告尽显趣味性，为此次公关活动带来了大量的观众。汰渍的这一视频广告利用人人都不喜欢的污渍作为主角，把它拟人化，变得非常生动、可爱。同时，由于汰渍是一个生产去污品的企业，对污渍的这种处理方式又很好地和汰渍这一企业紧密联系在一起，使观众在看到这则广告时，不仅记住了有趣的污渍，也记住了汰渍。这一点正是

① http://www.youshang.com/content/2010/08/03/32981.html。

网络事件营销应该特别注意的，炒热的有趣事件必须跟企业紧密相连，这才是企业网络公关的最终目的。

亮点二，适时推出汰渍微型网站，满足顾客需求，开启网络公关第一步。汰渍的广告先是借助美国职业橄榄球赛这个大型赛事，在其决赛时推出有趣的广告，引起广大观众的兴趣。接着，适时地推出汰渍微型网站，使喜欢这个广告的观众登录该网站，进一步了解汰渍产品的具体情况，并且在网上链接其他的网站，方便网友分享此视频，从而提高了企业的知名度。

亮点三，在汰渍微型网站上设立互动板块，提高公关活动的知名度与网友的参与度。在网站上设立互动板块，使网友持续保持对汰渍微型网站的关注热情。同时，网友可以上传照片制作自己的会说话的“污渍”，增加了网站的趣味性和可宣传性，觉得有趣的网友会将这一网站分享给更多的网友，使汰渍微型网站完成了病毒式营销的过程，使此次公关活动的成功有了保证。

亮点四，进一步深化活动，扩大公关活动的影响力。在此次公关活动的最后，汰渍又举行了“一举成名”的网上竞赛，由于网上竞赛大多需要观众投票决定，参赛的网友多会广泛地宣传这一活动为自己拉票，从而吸引更多的人关注汰渍，关注会说话的污渍，从而使这一网络公关事件得到完美的谢幕。

拍案三　Pay Easy——抓住目标顾客的显著特点，投其所好的公关之道

康迅数字整合股份有限公司(Pay Easy)是台湾地区最大的女性购物网站，若以订单量来看，也是台湾地区订单量最大的购物网站，成立于2000年的Pay Easy也是台湾地区新金控转投资关系企业。不同于其他的网站，Pay Easy以台湾地区新信用卡女性持卡人为基础，是最早锁定女性会员为主要消费族群的电子商务网站，以虚拟百货的经营模式及网群的发展概念深获女性网络族的认同，发展至今，其产品线已扩展到食、衣、住、行、育、乐等全面生活所需。

目前全台湾地区有402万人登录成为Pay Easy的会员，据创市网络市场调查公司调查，全台湾地区有31%的上班族女性上Pay Easy网购

物；超过300家大中型企业把他们企业的福利交给Pay Easy处理；超过1万家特约商店加入Pay Easy这个购物平台，其市场穿透度之高可见一斑。

Pay Easy长期以来一直以拍摄系列短片作为其宣传的主要渠道，初期的系列短片大都是投放到电视媒体上，以电视广告的方式向消费者介绍Pay Easy。随着网络营销的逐渐兴起，Pay Easy的系列短片也开始投放到网站上。由于这些短片的内容大都比较贴近现代女性的内心想法，因此极易引起女性消费者的共鸣，再加上所拍的故事非常唯美，所以短片的传播基本上是以女性消费者自发的病毒式传播为主的。

截至2011年，在网络上可以看到的Pay Easy广告有6个小短片，前3个短片围绕“Pay Easy陪你Shopping一辈子”这个主题分别编制了3个故事。后3个短片则围绕“新女人，新价值”这一主题来宣传Pay Easy，而每一个小短篇又有着不同的分主题。例如，《她说》篇就是在金融危机时期推出来的，主题为“用爱打败不景气”；《最好》篇的主题则为“自己认为最好，才是最好，发现最好的女人”等。

通过拍摄唯美而感性的系列短片的宣传方式，Pay Easy一直保持着较高的销量，即使在金融危机时期，也没有受到太大影响，依然保持着23%的成长率。①

点评

从Pay Easy购物网站的成功可以看出，抓住目标顾客的特点，投其所好才是网络公关的本质。

首先，在上述案例中，Pay Easy的系列短片向消费者传达的主题都不同，但是所宣传的理念却是一样的。这些短片的主题都非常贴近现代女性的内心，极易使女性消费者引起共鸣，从而注册成为该网站的会员。这正是抓住了目标顾客的感性特点，女性群体极易被唯美的故事所感动，进而去体验故事中的反复被提及的Pay Easy购物网站，从而促成该广告的公关效应。

① http://baike.baidu.com/view/2219654.htm#sub2219654。

其次，采用目标顾客自发性的病毒式传播方式进行宣传。由于Pay Easy的系列短片拍得唯美而合理，看到这些短片的网友会产生要把其分享给好友的强烈想法，进而将这一想法付诸行动，使网友在传播过程中不觉得是在传播广告，而只是在传播一个好的短片。这一点正是Pay Easy企业公关的精妙之处。

最后，Pay Easy的系列短片从身边的平淡故事出发，这些故事可能昨天刚好发生在你身上的，也可能是你前几天刚好见过。这样消费者就会相信故事真的会发生，进而被其感动，增加对该品牌的好感，提升该品牌的美誉度，使企业的公关更上一层楼。

回味隽永

纵观以上几个案例，我们可以深刻地感受到网络中的事件营销和口碑营销的魅力所在，企业可以利用互联网这个低成本、高效率的传播媒介，策划各种事件，采用多种方法展示企业的产品，宣传企业的理念，从而达到提高企业的知名度和美誉度的目的。由此可见，利用网络事件和网络口碑进行宣传不失为现代企业打开公关之门的主要方式。但是，在利用这一网络公关方式的时候，企业还应该注意以下几点，只有这样企业才能充分发挥网络公关的魅力，展示企业的产品优势，促进产品销量的增加。

第一，在网络事件营销中要注意事件的新闻价值及影响力。大千世界，无奇不有，不管是在现实世界中，还是在网络世界中，每天都发生着各种各样千奇百怪的事情。如何在浩渺的海洋中选取与企业有关且恰当的事件来宣传企业是至关重要的。在企业公关事件的选择中，首先，要注意所选取的事件必须是与企业有关的且能给企业带来正面影响的事件。其次，所选取的事件必须具有新闻价值，能够引起广大媒体和网民的注意，只有这样才能够达到大幅度宣传的目的。最后，所选取的事件必须有大的影响力，只有这样的事件才能引起广泛的关注，进而为企业下一步公关做好准备。

前述开篇案例“封杀王老吉”事件正是抓住了以上几点，选取汶川地震这一有新闻价值的话题，借有着广大影响力的央视赈灾晚会之势，利用有着大量注册会员的天涯论坛的访问量，成功地完成了王老吉品牌和加多宝集团的公关宣传任务，使王老吉品牌和加多宝集团收获了知名度、美誉度和销售量的大幅度提高。

第二，网络口碑营销要注意传播内容的趣味性及传播方式的便利性。在互联网上，每天会出现成千上万的软文和视频，只有拍得好的、有趣的软文或视频才能够被广泛地传播或者长久地置于网络论坛的首页。所以，面对互联网这个更新飞快的媒介，企业在利用网络口碑营销进行公关宣传时就必须要强调活动的趣味性。

前述案例中的 Burger King 的“人形小鸡”和汰渍网的“会说话的污渍”都充满了趣味性，只有网友觉得有趣的东西才会主动分享给亲戚、朋友。这种低成本的营销模式，只有抓住了趣味性的精髓，才能够奠定其成功的基础。同时，企业在利用网络口碑营销进行公关宣传时也不能忘记传播方式的便利性，太烦琐的分享方式会使网友丧失耐性，进而使整个公关活动失败。

第三，网络公关要注意事件的真实性及和目标顾客的心理契合度。互联网面对的是一个世界，这个世界中有着各行各业专业的人才，企业用以公关的网络事件如果不真实或者没有经过精心的策划，那么很快就会被网友揭穿，进而使整个公关活动失败。而 Pay Easy 网站正是紧紧抓住了目标顾客的特点，通过拍摄与目标顾客心理契合度高的系列广告短片，诱导目标顾客对其进行病毒式传播，从而取得了低成本、高收益的成功。

第九篇

聚众为谋——网络公关新方向

互联网时代，消费者已经厌倦了单一的、灌输式的广告方式，对采用单一方式广告的产品大多都提不起兴趣，SNS网站的出现解决了这一难题。SNS（Social Networking Services）即社会性网络服务，是指旨在帮助人们建立社会性网络的互联网应用服务。SNS营销则是随着网络社区化而兴起的营销方式，可以说是网络公关在企业营销上的特殊运用。SNS营销是基于圈子、人脉、六度空间这样的概念而产生的，即主题明确的圈子、俱乐部等进行自我扩充的营销策略，一般以成员推荐机制为主要形式，为精准营销提供了可能，而且实际销售的转化率较高。SNS网站的一大特点是用户的参与和贡献。每个用户都能够对其他用户产生一定的影响。相互交织的关系可以形成很强的黏性。这样，SNS网站还具备更大的活力。通过SNS网站进行网络公关活动，逐渐被越来越多的企业所应用，而这一网络公关方式取得的效果不仅是销售量的提高，而且对企业的知名度和美誉度的提高也有着深刻的影响。

开篇导例

开篇之述：多芬“真美运动”

多芬是联合利华公司在全球的强势品牌之一，作为一个时尚前沿的品牌，它的营销活动也引领着世界的潮流。多芬推出的“真美运动”不仅大大提升了产品的销量，而且也得到了广告界的高度认可。在“真美运动”推出2个月之后，多芬产品在美国的销量上升了600%；半年之后，在欧洲的销量上升了700%。2006年多芬的“真美运动”又喜获在广告界颇负盛名的艾菲实效奖。它推出的“真美运动”的活动过程如下。

第一，推出互动网站。多芬推出“真美运动”官方网站，通过网络和科技使消费者的互动愿望实现。

首先，建立网站社区，多芬“真美运动”提出问题“什么是真正的美丽?”讨论区域供消费者与消费者之间互动，访问者可以交流关于美丽的理解，这个网站成为一个讨论美丽、自尊等女性话题的全球性社区；接着，建立专家专区，使消费者可以同著名的“自尊”研究专家进行实时网络对话。其次，又及时提供各种调查结果、白皮书、广告、报道等内容，供消费者自主选择。最后，通过电话对消费者进行实时调查，并将调查结果公布。

第二，推出互动活动。大众评选真美女性，通过类似于超女的大众评选选秀活动，寻求那些“外表超越了对美丽的模式化标准”的真美女性。同时，为调动消费者的参与积极性，多芬在美国纽约时代广场作了互动式户外票选显示屏，给每个人平等地表达自己意见的机会，让消费者在与活动的互动中体验真美的理念。

同时，多芬还同另一民间组织合作，邀请媒体和美容行业的意见领袖，举办了一场大型研讨会，辩论美丽的真义。一系列的地方性研讨活动和照片影像巡展更是将这场辩论从精英层推向民间社会。这个活动和网站的讨论社区的作用相同，通过互动讨论，提供给消费者分享的机会。

第三，推出互动短片。多芬大胆地尝试互动式的网络短片，推出名为“演变”的视频广告。用这个一分钟长的短片，记录了一个普普通通的女性面孔如何在化妆室、灯光师、造型师和Photoshop软件的包装下成为公路广告牌上美若天仙、众人注目的超级模特。广告最后的字幕一语中的：“毫无疑问，我们的美感已经被扭曲了。”向公众传递了“自然美”的概念。

由于这个“演变”视频广告妙趣横生、夺人眼球，该短片通过网络渠道传播时，引发了消费者的强烈互动，他们疯狂地自发传播该短片，和朋友讨论什么是真美。多芬品牌也因此得到了有效推广，而且根本就没有花费任何媒体投放费用。①

开篇之论：互动营销，网络公关新方向

多芬的案例表明，把消费者作为一个利益相关方进行平等的互动交流，发起消费者之间的内部互动，可以为品牌带来独特的竞争优势。在多芬的案例中有以下几个关键点值得我们借鉴。

第一，采用多元化的沟通渠道，重视与消费者的互动沟通。在Web 2.0时代，企业应该重新认识广告模式，向消费者硬性、单向灌输品牌理念的手法已经不能奏效；消费者已经披挂上了厚厚的黄金甲，对“push”产生了免疫功能。未来的品牌一半是半成品，另一半由消费者体验、参与来确定。主动邀请、诱导消费者参与到互动的对话之中和品牌体验与构建之中才是品牌制胜王道。当然企业必须寻找到巧妙的办法来主导和引领这样的对话。

第二，推出互动活动，广泛吸引消费者的参与。在此案例中，多芬推出了大众评选真美女性活动，引起了消费者的广泛关注，引导更多的人参与其中，使消费者在与活动的互动中体验真美的理念，从而提高了企业的知名度与美誉度，达到了企业网络公关的目的。

第三，综合运用多种网络公关手段。在此案例中，联合利华公司除了在网络社区发起“真美运动”和举行大众评选真美活动外，还推出了互动短片，借助病毒式传播的力量，把企业的“自然美”理念再次传递给消费者。通过多种方式的综合运用，使此次网络公关活动的传播力和影响范围都得到了大大的提高。

---

① http://www.youshang.com/content/2010/08/03/32973.html。

史镜今鉴

实践证明，聚众为谋的综合互动式网络营销模式已经渐渐成为网络公关的主流，那么，在早期的网络公关中，各个企业又是如何运用聚众为谋的方式来宣传企业的呢？

中粮悦活——“悦活五色燕麦我的营养早餐”互动营销活动

2009年的开心网种植大赛让千万白领爱上了悦活果蔬汁。2010年淘宝网互动营销，则把重心放在了推广悦活五色燕麦全新产品上。面对年轻时尚、注重健康的都市白领目标客群，经过对众多传播渠道的综合评估，中粮集团最终确定淘宝网为首选之地。之所以选择淘宝网，是因为中粮集团看中了淘宝网的客群与悦活的客群高度统一，借用淘宝平台的强大影响力、高传播效果及精准的推广渠道，可以多角度、多层次地深度传递悦活均衡五色果蔬燕麦片的产品诉求，为新品上市造势。

在为期一个月的宣传活动中，悦活与淘宝网进行了“专题 Minisite 及广告素材展示”“大卖家新品派发及店铺内推广展示”“大卖家帮派抢楼活动展示”“试用平台免费试用申请”等精准的互动合作方式，既迅速拉近了与目标客群的距离，又使得品牌理念及产品卖点深入人心。淘宝网客户营销资深总监神通对此评价说：“这是品牌、传播平台、合作商家以及消费者四赢的最佳案例。”

活动上线后短短一周的时间内，参与抽奖的已达1.3万多人、帮派回帖总数达2000多人、申请新品试用的人数超过3万……三周后活动结束时，已有52家淘宝店铺参与派发等互动环节，并将悦活提供的28.8万份五色燕麦全部派发完成。

同时，淘宝悦活食品旗舰店于2010年11月5日开业，其每日平均流量高达2万，光棍节当天销量就已达10万元。据淘宝悦活食品旗舰店后台工作人员介绍，在整个活动期间，悦活、燕麦片等相关词汇成为淘宝网店铺搜索的热门关键词。可以说，本次淘宝网的推广活动对整个悦活五色燕麦品牌在淘宝网及目标客群中的认知功不可没。淘宝网的客群具有高参与度和购买力，是悦活五色燕麦品牌及产品推广非常必要的选择平台。

淘宝网互动营销推广案例的多赢成果，为悦活旗下更多品牌的推广开辟了又一值得借鉴的有效方式。它不仅有效地提升了悦活品牌及产品的受众认知度，淘宝悦活食品旗舰店的高流量回报，为悦活自然产品构筑了又一强有力的销售平台。①

中粮集团悦活的此次网络公关活动不仅有效地提升了悦活五色燕麦品牌的受众认知度，而且也宣传了淘宝悦活食品旗舰店，为淘宝悦活食品旗舰店的高销量奠定了基础。纵观此次公关活动，可以看出以下几点是值得借鉴的。

首先，选择淘宝网作为宣传平台，与淘宝悦活食品旗舰店紧密相连，使此次公关活动不仅提高了悦活产品的知名度，而且扩大了淘宝悦活食品旗舰店的影响力。

其次，时机选择到位，淘宝悦活食品旗舰店开业不久就赶上了淘宝网的光棍节活动，从而大大提高了淘宝悦活食品旗舰店的销量。

最后，形式灵活多样，效果明显、给力。中粮集团悦活产品在与淘宝网的合作中，采用了多种方式进行宣传，有专题广告展示、大卖家新品派发活动和试用平台免费试用申请等活动。这种大范围、高强度的宣传方式，使目标群体在短时间内即对中粮集团悦活产品有着深刻的印象，从而激发消费者的购买欲望，达到公关活动的目的。

三刻拍案

拍案一 欧莱雅——以校内网为营销平台，成就互动网络公关

2009 年正值欧莱雅成立百年庆典，一系列的网络公关活动正如火如

① http://www.tianjinwe.com/rollnews/jk/201012/t20101210_2799616.html。

荼地进行着，而作为充满生命力的校内网则为欧莱雅在网络上的全面进攻提供了一个充满生机的环境和无限开阔的视野。欧莱雅独家赞助2009年度母亲河奖，并就此于2009年5月19日至6月10日在校内网上开展时尚环保达人评选活动，号召大学生和欧莱雅一起关注公益、支持环保。凡校内星级用户若参与环保问答，成功提交后即可成为校内时尚环保达人。同时，与好友分享活动，邀请更多朋友参与到活动中，也可成为校内时尚环保达人。而参与活动的用户随机抽取30名由欧莱雅（中国）有限公司提供精美礼品一份。由于环保及公益活动一向也是大学生关注的热点，因此这项活动受到大学生们的热烈追捧。欧莱雅的知名度与美誉度也因此项活动而迅速得以提升。

2009年7月，每年一度的欧莱雅"真情互动"校园义卖活动也正式拉开了帷幕。有别于往年的线下运作模式，2009年的义卖活动将在线上举行。至此，这场已连续举行七年的慈善义卖助学活动步入了e时代。与往年到各校园进行现场义卖不同，2009年的义卖活动在形式上进行了全面的改革和创新，将传统的线下销售模式转换为通过"真情网购平台"、著名的网上商城当当网进行在线销售。与此同时，同学们可通过"真情分享平台"——校内网进行交流和分享感受。可见，校内网成了欧莱雅转战网络营销的主战场。一时间，各大高校女生嘴里谈论的几乎都是欧莱雅和校内网。凭借以往几年校园义卖的成功，欧莱雅在校园内本身就具有很高的品牌知名度和良好的公益形象，当校内网成为各大企业针对学生的活动的平台时，分享与交流使得活动信息在最主要、最有针对性的人群里有着最大范围的传播，无疑让欧莱雅的网络营销如虎添翼。[①]

点　评

仔细观察欧莱雅的这次公关活动，不难看出，有以下几个亮点是值得借鉴的。

第一，品牌目标受众与SNS社区群体的高度吻合。哪里的女性大学生最多？校内网无疑就是中国内地规模最大的虚拟"大学城"，其拥

① http://tieba.baidu.com/f?kz=949502105。

有真实注册用户超过4000万、PV4亿、日登录2200万人次。如此庞大的一个群体社区，为品牌开展针对大学生的活动提供了一个非常好的平台，校内网上建立的许多专业社区更是为一些重点客户群体进行有效筛选的，化妆品爱好者、科学爱好者(科学之星单元)、环保爱好者(环保达人单元)，都能迅速地找到大面积的关键的有效受众。

第二，校内网作为SNS网站，实名制创造了网络口碑营销的最大价值。校内网以实名制为基础，使该社区所有的用户都有着很高程度的相互信赖，尤其用户的朋友圈子几乎都是自己从小学到大学现实生活中的好朋友，当这些好朋友们对信息进行分享时，总是能够得到很大程度的信任并会引起很大的好奇心。欧莱雅充分利用了“朋友”、“实名制”，在校内SNS上推出关于活动的投票评选、活动的分享传播有奖，效果显著。

第三，以“义卖”和“环保”为主题进行的活动，迎合了目标受众的心理。校内网的注册用户基本上都是大学生，而“义卖”和“环保”这两个主题又都是大学生非常关注的事情，欧莱雅以此为主题举办活动会大大增加该品牌在大学生心中的好感，从而提高欧莱雅品牌的美誉度，吸引更多的大学生购买欧莱雅品牌的产品。

拍案二　麦当劳——“见面吧”互动活动，创造网络公关新风潮

2009年6月17日至7月21日，校内用户在麦当劳“见面吧”活动网站上邀请校内好友见面，成功发出见面邀请就能获得麦当劳手机优惠券以及每周3份5000元奖金，用于和老朋友见面。每个用户每次成功发出的邀请记作一次抽奖机会。用户可以反复发送邀请，发送邀请的次数不限。但是用户不能重复邀请相同的好友，这就势必要求用户向自己的朋友发出多个相聚麦当劳的邀请。麦当劳用手机优惠券和5000元大奖诱导用户群体积极地投入活动。俗话讲：“无利不起早，有利盼鸡啼。”任何活动要想得到更多的关注，就必须引入足够的利益，让参与者有所收获。

此外，现金见面礼的中奖通知在每个抽奖周期结束后的一周内以校内站内信的方式发出。利用这种方式保证了用户能够经常登录校内网。这种活动本身也为校内网这个平台增添了活力。于是，在抽奖的诱惑下，

给朋友发邀请成了校内网用户的热门活动。

此外，麦当劳运用这种策略巧妙获得用户的联系方式。活动期间，麦当劳每天要送出2万份麦当劳手机优惠券，凡是成功发出邀请的校内网用户可以在手机优惠券页面提交手机号码以短信形式获得手机优惠券，每人每天最多可以下载3份，先到先得。通过这种方式，麦当劳获得了用户的联系方式，这样便可以直接发送更多的促销信息和优惠券给顾客，直接绑定顾客，为宣传节省了成本。

还有一点值得肯定，麦当劳可以利用一次活动引发更多的参与和互动，同时也巧妙获得了客户的正面评价。而所有成功发送的邀请和所涉及的邀请方与被邀请方的校内网用户名及其文字，主办方将对其享有自由存储、刊载及在相关推广活动中使用的权利。可以说，在利益的驱动下，麦当劳引发了大规模邀约运动，激发了消费者的营销潜力。

伴随着“见面吧”活动，麦当劳还联合大旗网在北京、天津、沈阳、大连四个城市推出“抱团吃早餐”活动。活动口号是“抱团吃早餐，欢乐齐分享”。活动的宣传语非常有趣：“还宅呢？还在独自吃早餐吗？或是随便买个包子就打发了？你有多久没有和好朋友见面聊天了？机会来了，现在登录大旗网，参加麦当劳‘抱团吃早餐’活动，就有机会享用一个月麦当劳的免费早餐。”结果，活动一经推出，就受到了网友们的积极响应，获得了很高的关注度。上线1个多小时，参团人数已超过100名。无数麦友皆通过网络社区、论坛、博客以及即时通信等手段开展自发传播，免费吃麦当劳早餐也成了时下热门话题。

从“抱团吃早餐”受欢迎的程度可以判断，现代年轻人具有渴望与朋友沟通分享、娱乐交友的强烈需求。而麦当劳将自己打扮成线下最贴切的平台，通过与线上网站的合作，既完成了传播，又提升了客户基数。

“抱团吃早餐”在“见面吧”期间推出，其目的与“见面吧”一致，鼓励更多人将麦当劳作为线下相聚的最佳平台。

从麦当劳此次营销活动可以看出，麦当劳将自己转变成校内人人网和大旗网等网络平台的赞助商，为其用户提供一定的利益，这些网络平台反过来又成为麦当劳最大的“鱼塘”和口碑载体。二者互补有无，借力共赢。上演一段传统企业与新型网络媒体整合营销的佳话。[①]

① http://mkt.icxo.com/htmlnews/2010/11/15/1423711_5.htm 世界营销评论。

点 评

当“去麦当劳见面吧”成为大学生之间的网络问候语，当高校网友聚会渐成新时尚，作为活动的举办方，麦当劳成功地转变成线下 SNS 的枢纽，成为线上用户真实交流的线下平台。回顾麦当劳这一成功的公关案例，可以看出以下几点值得借鉴。

首先，创意十足，贴近大学生生活成为了此次公关活动能够引爆流行、创造新风尚的关键。麦当劳先打出的广告语与大学生惯用的表达方式相同，贴近大学生的生活，容易引起共鸣。接着，借助校内网这一有着最多大学生注册的网络平台，推出 101 个见面的理由征集活动和邀请好友见面即可获得优惠券的活动，使大学生在参与活动时也获得了一些利益，从而吸引更多的网友参加。

其次，用邀约协同消费者的力量，这是此次公关活动能够得到有效传播的关键。群体之间非常简单的营销手段就是鼓励邀约，赋予顾客一定的利益，让他们主动为企业带来顾客。麦当劳正是利用邀请好友获得麦当劳手机优惠券的方式，让目标群体主动邀约，从而为企业带来更多的顾客。

最后，线上线下的完美结合，打造线下见面平台，这使得此次公关活动获得了实质的利益。在“见面吧”活动之后迅速推出“抱团吃早餐”活动，为此次公关活动画上了完美的句号。

拍案三 星巴克——结缘爱情公寓，抓住目标顾客的关键个体

iPart 爱情公寓是一个以白领女性和女大学生为主轴设计的交友社区网站，也是尽全力帮网友打造一个女生喜爱的温馨交友网站。其品牌形象中心思想关键词为：清新；幸福；温馨；恋爱；时尚；艺文；流行。

2008 年 12 月 12 日是星巴克滨江店举办“璀璨星礼盒”活动的特别日子，因此从 12 月 1 日开始，星巴克不仅将滨江店封装到巨大的礼盒中，更在爱情公寓网站上做成了颇具创意的“虚拟指路牌”，并且还以倒计时的方式，等着网友好奇地在线上或者去线下看看 12 月 12 日星巴克的“open red day”到底是什么，不肯把第一次的神秘一下子都给曝光出来。

12月7日，用户A像往常一样打开爱情公寓网站的首页，正准备去自己的虚拟花园里浇花，却意外地发现爱情公寓——虚拟小屋旁边竖起的一个指路牌很眼熟，仔细一看，那个指路牌不是星巴克的绿色徽标吗？徽标下面还有一行小字"open red day 还有5天"，用户A很好奇，于是赶紧把鼠标移了上去，果然还能点击，点击后弹出一个新的页面。

"哈哈，这居然是星巴克！"用户A很兴奋，作为星巴克的忠实粉丝，显然，她很为这个意外的发现感到惊喜，于是飞快地在MSN上打字把这个发现告诉了她的闺密用户B，用户B有点将信将疑，便马上登录了网站，很快就在爱情公寓网站的首页上找到了那个熟悉的星巴克绿色徽标。

接着爱情公寓网站又相继举行了"分享我和星巴克的情缘活动"和"和朋友分享圣诞礼物"活动，吸引了不少注册会员的加入，并通过网友间的互相分享使整个活动变得轻松而有趣。

无论是星巴克虚拟指路牌上的倒计时，还是线上和线下的星巴克圣诞大礼盒中究竟会揭晓什么？这些都制造了新鲜的悬念和创造了新鲜的期待。并且就在等待的过程中，用户便已经能通过"和朋友分享圣诞礼物"和"分享我和星巴克的情缘"等参与到创造一个网络世界的咖啡氛围新体验的互动游戏中。透过爱情公寓——网络小屋的窗口，看着虚拟ID背后真实的你来我往，最后打开星巴克圣诞礼盒，轻轻啜饮一口香浓的咖啡，这非常符合网络"第三空间"的感觉体验，这也是SNS的魅力所在。[①]

点　评

通过上述公关案例，不难发现，星巴克的很多做法都是值得借鉴和学习的。

第一，借助目标群体经常光顾的网站作为宣传平台，这使得公关活动能够更有针对性，从而也使得公关效果更好。由于白领女性群体是星巴克的主要客户群，而爱情公寓网站又是白领女性和女大学生最常光顾的网站，因此星巴克选择了和爱情公寓网站合作，从而获得了不错的公关宣传效果。

---

① http://www.enfodesk.com/msite/mainvz/?menu=info_index&sub_menu=info_detail&info_id=5250。

第二，神秘的礼物，引起网友的好奇心，引导其主动宣传这一活动。星巴克不仅把滨江店这一实体店装进一个巨大的礼盒中，而且在网络中的圣诞礼盒不到指定的日期也不能打开。这一做法吸引网友去持续关注这一活动，到12月12日这一天，网友不仅会对网络中的圣诞礼盒感兴趣，而且对星巴克滨江店更加感兴趣，有时间的网友会忍不住去一看究竟，这就为星巴克滨江店的开业积攒了大量的人气。

第三，有趣的互动游戏“和朋友分享圣诞礼物”和“分享我和星巴克的情缘”这两个活动，鼓励网友参与到宣传活动中，主动分享自己的一些故事，从而持续激发网友参与星巴克活动的热情。网友分享了自己的故事后会邀请自己的朋友来看这些故事，这种网友自发的宣传行为大大提高了星巴克的知名度。

回味隽永

网络公关中的新方向就是聚众为谋，引导网友积极参与企业所设计的互动游戏中，从而达到企业获得有用信息，提高其知名度，网友获得一定利益的双赢目的。由于互动营销公关有着多方面的优点，因此在公关活动中能够使多方获得利益。但是，在运用互动营销这一公关方式中，有以下几个注意事项是值得重视的。

第一，选择合适的宣传网站，为公关活动加分。在互联网如此发达的今天有着各种各样的网络社区。在进行公关活动时，企业要注意选择的网络平台能够和企业的目标消费群体紧密联系，只有这样才能针对目标消费群体的特点，制定出受消费者欢迎的公关宣传方式，从而达到广泛宣传的效果。

上述案例中的麦当劳和星巴克两个企业正是抓住了这一点才奠定了他们成功的基础。由于麦当劳的大部分消费群体都是大学生，所以麦当劳选择了有着最多大学生注册会员的校内网作为其宣传的平台，从而取得了巨大的成功。星巴克也同样是因为其目标消费群体大都是白领女性和女大学生才选择了基调和其相似的爱情公寓网站作为其宣传的平台，从而使公关活动成功进行。

第二，设计有趣的互动活动，为公关活动的广泛传播奠定基础。不管是什么类型的企业，不管企业卖的产品是什么，企业营销活动中的互动活动必须要有趣，只有这样才能吸引网友的注意，使网友主动对其进行宣传。

上述案例中多芬的“真美运动”，不管是评选真美女性还是揭秘美女是怎样练成的视频都足够有趣，能够吸引广大网友的眼球，进而对其进行广泛的宣传。

第三，提供目标消费群体需要的东西，想顾客之所想才是王道。在网络公关中，企业一定要仔细分析目标消费群体的特点，只有从他们的角度出发，满足他们的需求，才能使企业的营销公关活动易于接受，受到目标消费群体的欢迎，进而主动自发地为其宣传。

在上面的案例中，麦当劳正是抓住了其目标消费群体多为大学生，经济条件并不宽裕，推出了邀请好友见面，赠送麦当劳手机优惠券的公关活动，从而广泛地宣传麦当劳的这一活动，大大增加了麦当劳的客流量。

第十篇

重视网络舆论　维护企业良好形象

企业网络公关是一个系统科学的过程，是以事实和法律法规为准绳，以网络礼仪为基础，运用网络实现与公众良性互动的专业工作。网络公关的第一步是关注网络舆论，很多的企业危机都是由博客或者论坛发起或者升级的，网络危机已经成为企业所要面临的常态，并大有取代传统媒体负面报道而成为心腹大患之势。企业公关人员要通过技术手段密切关注网络舆论的动态，对帖子、网页等进行实时的监测，尤其要关注针对自己企业和品牌的声音，第一时间监测网友关注的重点是什么，负面的话题有哪些，是谁在发出负面的声音。然后对其进行追踪和判断。

开篇导例

开篇之述：乳业“诽谤门”事件

2010年7月，部分媒体刊发了《深海鱼油大多有问题，专家称造假现象严重》《深海鱼油市场鱼龙混杂，所含EPA成分存巨大隐忧》《专家：“深海鱼油”危害超过地沟油》等文章，随即网上相继出现大量宣传“深海鱼油不如地沟油”的恶意攻击性文章。

之后，网络攻击深海鱼油的行动有组织地向深层次发展，攻击添加深海鱼油的产品不能食用。随后，圣元乳业身陷“性早熟”风波，其产品销售一落千丈。几乎与此同时，攻击方向直指伊利集团生产的“QQ星儿童奶”，煽动消费者抵制“伊利QQ星儿童奶”；相关文章出现在我国大型门户网站论坛、个人博客和百度网等主流网站的问答栏目。

直至10月初，内蒙古警方成立专案组，随着调查深入，蒙牛集团开始浮出水面。经调查证实，该案确实是蒙牛集团管理人员和网络公关公司有组织、有预谋、有目的、有计划地实施的。10月20日，面对网络铺天盖地的质疑，蒙牛集团发布了《关于蒙牛被诬陷策划“圣元性早熟事件”的声明》，否认和“圣元性早熟事件”有关系，但对涉及伊利事件未做出回应。

伴随主要犯罪嫌疑人被正式批捕，若干网络论坛及微博开始流传伊利集团遭到恶意声誉损害是公关公司受雇实施的不正当竞争行为。

面对强烈谴责蒙牛集团玷污行业操守及道德规范的舆论洪流，蒙牛集团相关负责人却重翻七年前伊利诽谤蒙牛集团的“未晚”旧案，蒙牛集团称2003—2004年，伊利集团通过收买主流媒体，陆续发布数百篇诋毁蒙牛集团的报道。①

① http://tech.huanqiu.com/ztyw/2010-11/1293800.html。

开篇之论：守礼仪，得民心，固品牌

当竞争成为一种生存的常态之后，每一家企业都必须在日落之前追上或者超越对手，这样才能保持其市场战斗力。21世纪是网络时代，网络成为各个阶层都意图覆盖的市场，企业希望能通过各种公关手段进行网络宣传，以扩大自身的影响力。于是，传统的企业商战演变成为激烈的网络大战，传统公关策略演变成为线上的公关战略。

面对竞争，很多的企业选择在法律和事实的基础上，运用网络论坛、博客、网络新闻、搜索引擎、CRM、数据库营销、视频、网络联盟、电子邮件等方式加强网络营销，运用网络技术加强与客户的良性互动，美化自我的品牌形象，提高竞争力。但是，当企业经由一般竞争、激烈竞争演化为恶意竞争时，部分企业为了取得暂时性的胜利采用各种手段恶意地攻击竞争对手，他们雇用枪手在网络论坛、博客上使用各种片面、偏激且具有扰乱视听功能的文字来诋毁竞争对手，一时间公众心目中的"网络公关"被恶性地扭曲了。

行业有行业的从业道德，网络有网络的礼仪规则，违背网络礼仪的行为和丧失行业从业道德行为一样是要受到人们唾弃和谴责的。蒙牛集团通过网络歪曲事实真相，雇用公关公司等对伊利集团进行攻击背离了网络礼仪的要求，为网络社会所不容。说到公共关系，相互竞争的企业要注意企业与竞争者之间的关系，这也是公共关系的元素之一，尤其是跨国公司进入中国市场以后，与国内的竞争对手保持良好的"合作"态度非常重要。面对激烈的竞争，正确的方法是寻求积极的合作，共同做大蛋糕，在合作中竞争才是公关应该努力的方向，毕竟和谐才能共赢。蒙牛集团的行为不仅使得伊利"QQ星儿童奶"蒙受不白之冤，也使得自己因触犯网络礼仪而受到舆论的谴责，因侵犯他人名誉权而受法律的制裁，因摒弃合作共赢的公关策略而丧失良性发展的前景。

通过这个案例，我们认识到只有在网络礼仪的框架下进行网络公关，企业才能赢得最后的胜利，笑到最后。网络社会的每一分子都要时时遵守网络的运行规则，这也是网络公关从业者开展网络公关的底线。攻击者要好好地反省自我，认真学习网络礼仪文化，修正自己的公关行为，重塑品牌形象。而作为被攻击者切不可姑息放纵攻击者，也不可以牙还牙践踏网络礼仪，而应该敢于直面攻击，用公关手段，必要时还可以拿起法律武器维护企业的形象，维护企业的尊严，巩固企业的品牌形象。

史镜今鉴

及时回应网络质疑，化解品牌危机

2007年8月1日，美泰玩具公司(以下简称美泰)下属费雪(Fisher-Price)玩具公司在检查中发现其生产的玩具含铅量超标，为缓解危机，避免自身形象受损，美泰及时宣布召回问题产品。

危机伊始，企业必须获得尽量完整的最新外部信息，并和公众保持信息渠道畅通以制定正确的决策并保证其按照预期实现。由于美泰玩具公司的主要消费者是家长，也是企业危机影响面最大、后续影响力最强的一个群体，家长在很多的育儿论坛和博客上发表的有关评论便成为美泰要捕获的第一手信息资料。

根据不断从网络论坛、博客等搜集到的目标消费者的直接反应和其关心的话题，除了与传统专业媒体的互动，美泰迅速到各大门户网站发布红色重标的"召回广告"，在知名的搜索引擎(如谷歌网等)设置召回链接，将消费者引导至公司网站的召回专用子站。不断更新的子站详细介绍了召回信息和召回办法，并提供了可打印的退货申请表和免费邮资标签等，使消费者完全可以方便地完成产品的退回，由此大大节省了公司由于召回产品需要新增设的人员和佣金。在发布的召回信息页面，美泰用红色重标了几个文段，内容分别是"我们严守的承诺""我们正在做什么""我们将如何解决这个问题""如何确保孩子的安全""我们的下一次召回取决于更精确的检查"，最后告诉消费者"如何相信美泰的玩具是安全的"。

美泰的每一步决策都和不断从各种渠道获得的反馈信息密切相关。在前期的处理中，美泰的成功却使外界对"中国制造"产生了新一轮的偏见，美泰的召回使几家中国玩具供应商进入绝境。随后，互联网上又开始蔓延美泰和美国媒体故意推卸责任，借机"制造"话题行贸易保护主义之实的猜测和对玩具涨价的担忧。

面对这样的质疑，美泰在紧接着的第三次宣布召回的次日就向美国能源与商业委员会提交了一份报告，表示“因含铅超标召回的玩具只占一小部分，自己的设计纰漏才是玩具召回的重点”。继由高层向中国公开道歉，解释误会并称“25 年来与中国的成功合作都相当愉快”，表示自己“愿意承担中国企业所遭受的损失。”①

“好事不出门，坏事传千里”，与组织正面信息相比，负面的内容往往容易扩大。在互联网上，借助网络传播面广、速度快等特性，“坏事传千里”的负面效应更加凸显，使世界上任何角落的一个小小的信息都可能对组织造成灭顶之灾。美泰的公关人员在网上发现家长们对产品的有关评论之后，就立即对目标消费者的直接反应和关心话题给予相应的答复，并在第一时间发出了产品召回通知，掌握了事情发展的主动权。美泰前期的召回举措，展现了一个严谨的、诚信的、有爱心的儿童玩具商的形象；而后期的道歉，又展现出一个公正的、诚恳的投资合作者形象。全球最大的玩具制造商美国美泰玩具公司以其独特的网络公关方式力挽狂澜，非但没有因为自己的产品出现问题而造成巨额亏损，反而保存了信誉，在某种程度上甚至还提升了自身的品牌形象，巩固了它在中国的重要竞争地位。

三刻拍案

拍案一　创造良好的网络舆论环境，防止负面信息出现

网络为舆论的传播提供了便利的途径，借助网络，舆论可以突破时间和空间的障碍，使得各方面的意见及时、广泛、深入地进行交换。对于网络舆论的威力，大名鼎鼎的戴尔公司深有体会。

2008 年 2 月 17 日，戴尔公司在其中国网站展开促销活动，其中一款 27

① http://media.people.com.cn/GB/40628/6521184.html。

寸显示器的优惠价为2515元，由此引来“上万”网友的抢购。据一网友称，他很快进行了订购，但数日后戴尔公司的客服致电告知，该订单因戴尔公司的网站价格显示错误不能执行。这件事情很快在各大网络论坛掀起了大讨论，遇到上述问题的消费者希望可以“以戴尔公司在17日的定价购买该显示器”，如果戴尔公司不能履行，则将准备对戴尔公司进行起诉。2月26日，戴尔公司发布声明，表示对显示器售价出错道歉并承诺发货。声明中称，戴尔公司对2008年2月15日至18日系统错误期间生成的所有订单按照正常订单处理，无论已经付款的还是尚未付款的订单都可以将错误报价作为实际出货价格。为弥补自身发生的错误，戴尔公司对提交订单的消费者提供“优惠1500元购买报价错误的27寸显示器”的解决方案。①

点　评

在现代社会生活中，舆论具有很重要的地位。企业公关工作的一个基本方面就是分析舆论，有目的地推行自己的公共关系计划，以此创造良好的社会舆论氛围，使企业在公众中树立良好的形象。戴尔公司在“报价门”的公关事件中面临着诚信与利益的选择，选择前者则企业的短期利益受损，但是能够获得社会舆论的支持，在社会中形成良好的舆论氛围，为企业增加潜在和长久的品牌形象；选择后者，估计现在网络上又会充斥着许多对企业不利的舆论，这将对企业提出严峻的挑战。戴尔公司“报价门”的危机公关是成功的，因为它及时分析了舆论并且正视它，及时地避免了一些负面影响的出现。因此，戴尔公司一方面卖了该促销的货；一方面又为企业作了免费的宣传，一箭双雕。

拍案二　化解危机，速度是关键

在《小崔说事——公关不怕难》的节目中，孙玉红谈到了关于“奥运会木材事件”的危机公关案例。2006年夏天，伟达公关公司在网站上监测到印尼的一家报纸上用当地语言发表的文章中有“中国奥组委的所有场

① http://media.people.com.cn/GB/40628/6512284.html。

馆的地板是由砍伐印尼原始森林的木材建造的"这样的说法。面对这样的一条事关国家整体形象的网络舆论，伟达公关公司迅速反应给奥组委，奥组委也特别重视这件事。为了调查真相，给公众一个说法，奥组委立即下达通知，要求一天之内奥组委的所有场馆立即调查木材的来源，然后所有场馆的负责人在调查结果上盖章签字（对该结果要负法律责任），结果显示没有任何木材来自印尼的原始森林。紧接着，奥组委在网络上发出声明，称没有任何木材来自印尼的原始森林，并把负有法律效力的所有场馆负责人签字的文件附在声明之后。同时，奥组委立即跟发表该文章的印尼报社联系，以声明证实该说法是谣言，要求其处理，同时也将该声明扩大范围传递给其他的媒体，以防止谣言传播带来误会。至此奥组委和伟达公关公司成功地防止了危机事件的发生。

同样，面对网友的质疑，有些企业因正确对待网络舆论而将危机扼杀在萌芽状态；而有的企业却因漠视网友的声音而使品牌形象从高空跌入到了谷底。2007 年 LG 上演了一出"翻新机件"企业危机大片，LG 旗下的各类产品在中国的销售也迅速下滑。然而，追踪这次事件的导火索却只是网上 BBS 声讨 LG 在华有翻新工厂的一个小帖子。LG 虽然第一时间就获知此篇帖子的出现，但是对其可能带来的危机影响却大为忽视。对 LG 而言，只有正规的媒体、正式的新闻报道式的批评才算是对企业有影响的危机事件，而像网络 BBS 上这种可能是恶意攻击的帖子，LG 方面置之不理，危机公关应对策略也迟迟不见启动。然而，这个小帖子经过多次转贴，最终引起了许多网络媒体乃至平面媒体的集体关注。媒体的争相报道，导致 LG 品牌陷入空前的形象危机之中。[①]

点　评

上面正反两个案例足见速度对化解危机的重要意义。互联网是自由的、门户开放的、国际的，也是匿名的，从而是发起一项运动并摧毁一个组织声誉的理想场所。发现问题是解决问题的基础，因而企业公关人员对互联网进行监控是一项势在必行的任务，一旦发现对企业不利的消息要进行跟踪判断，在关键时候给予适当的回应，以防酿成大祸。

① 刘东明：《网络公关的双刃剑》，载《市场观察·广告主》2007 年第 10 期，第 68—69 页。

拍案三 “华普徐刚”潜入论坛解危机

2006年，天涯社区曾经产生过这样一个热点，上海华普汽车的老总徐刚和一名天涯网友的对辩。事件源于这名ID为“四海一家99”的网友针对华普汽车在经营以及市场策略、车型上的质疑公开在天涯经济论坛发帖，帖子的名称就叫《给上海华普汽车总裁徐刚的一封信》，文中措辞激烈，对华普大肆谪贬。帖子一经发表，在天涯经济论坛上立即引起不小的反响，点击量一路走高。一周后，华普汽车的老总徐刚以“华普徐刚”一名郑重出面回应，帖子题为《给“四海一家99”网友的回信》，两个帖子一先一后在天涯热点了半月之久，经过天涯版主的推荐，更是处在天涯头条的位置，一时间引起了大量网民的关注。

上海华普汽车，这个远远没有吉利、奇瑞知名的民族汽车生产厂家，很多消费者甚至不知道华普汽车的样子，也不了解华普这个汽车生产商，经过短短半个月的一个网络事件炒作已经被更多的人知道并被认可。“四海一家99”的原贴在天涯经济论坛上创造了4万条的点击量，“华普徐刚”的回帖点击量为4.4万多条，以天涯社区的网民注册量20多万来计算的话，大致可以估算出有1/5的网民关注过华普事件，这一数量还不包括两个帖子之外其他引出来的副帖。同时，华普汽车的老总徐刚的博客点击量也飞升，在百度上面搜索“华普天涯”，依然会有48万多的信息量，这些数据加总在一起，足见两个帖子所创造出来的巨大价值。①

点 评

网络不同于传统的媒体，对于普通消费者的话语权没有强权的限制。因此，网络上经常充斥着消费者最为真实的抱怨，一旦处理不好，往往会对企业的品牌造成巨大的不良影响。华普汽车的成功之处就在于其及时发现网友的质疑，并积极“化身”网友，与网友“一对一”正面交流，发出自己的声音，化解了一场即将到来的危机还顺势宣传了企业。华普汽车加入网络论坛一方面可以了解公众的真实想法，监控公众舆

① http://media.people.com.cn/GB/40628/6512284.html。

论；另一方面可以在了解公众舆论的基础上，进行积极的回应，在增进与公众之间联系的同时引导公共舆论。在现实生活中，企业除了加入公共论坛与公众一起就本企业关心的专题进行更深入的讨论之外，还可以在本企业的网站上建立论坛，鼓励和引导公众对自己的企业或产品展开讨论，以此增进与公众的交流和沟通，及时解决公众的疑问，提高企业的美誉度。

回味隽永

美国著名的未来学家阿尔文·托夫勒说："谁掌握了信息，控制了网络，谁就将拥有整个世界"。在这个号称整个社会都可以"搬"到网上的时代，网络舆情的一点点风吹草动都可能让企业的商誉在消费者心中大起大落。于是，企业们争先恐后地争夺网络的话语权，将传统的公关行业也顺势扩展到网络世界。

通过网络策划营销专题，在博客、微博、QQ、SNS 上实现与公众的良性互动，美化自己的公众形象，这是大多数企业运用的网络公关活动。但是，有些企业不顾网络礼仪，雇用"水军"发帖炒作，制造负面新闻，聘请"网络打手"恶意中伤、诽谤他人，恶意操控网络舆论，使网友难辨真假，使一些企业陷入困境。既然有这种现象存在，那我们就应当引起重视。作为网民，我们要擦亮双眼，不要盲目相信个别人的言论，以免受网络舆论的左右，冤枉了受害者；作为被攻击者，我们要实时监控讨论组、聊天室、电子邮件和恶意建立的网页中发布、诽谤、抱怨或质疑的言论，因为这些言论若经网络媒体扩大形成广泛报道，受众则不知不觉地进入其中，对企业产生怀疑甚至恐慌，使企业陷入危机。企业一旦发现一些合理的产品质疑要及早采取措施，以获得公众的信任，若发现是网络恶意谣言则要慎重，先澄清事实，维护企业形象，必要时拿起法律武器维护自身的合法权益。总之，一个理性的企业对于野蛮的网络谣言，不能以野蛮待之，要以理服之，以文化之。

而对于恶意攻击者，企业需谨记这些混淆视听的做法是为法律和道德所不容许的，必将受到严厉的惩处。在事实和时间面前，这样做不仅不会提高企业的美誉度，反而会使其臭名昭著，品牌形象崩溃。及早醒悟，遵守法律法规和网络礼仪，在和谐有序的氛围中树立企业的品牌形象方是正道！

第十一篇

巧借网络平台　积极化解危机

现实世界中的危机事件往往经由网络舆论的传播而被放大，处理不好就容易演化为严重的社会公共危机。因此，面对随时可能经网络放大的社会危机，企业不可一味消极被动地回应社会大众的指责，而应当主动出击，借助网络资源积极面对媒体和公众，维护企业的网络声誉。

开篇导例

开篇之述：上海市闵行区政府网站化解危机

2009年6月27日5时30分左右，上海市闵行区莲花河畔景苑楼盘工地内一幢13层在建楼房发生整体倾覆，一名工人被压死。这起事故由于其前所未有的倾覆方式而遭遇了由网络传播带来的强大舆论攻势，给政府形象造成了一定程度的负面影响。为了积极应对公共危机的网络传播，闵行区采取了进一步加强政府网站建设的措施，充分运用网络公开政府信息，搭建沟通平台，开展危机公关。

事故发生当天，"上海闵行"网站立即在首页的"新闻中心—闵行要闻"栏目中刊发题为《莲花河畔小区一幢在建楼房倒塌》的新闻报道，并配有倾覆楼现场照片。从6月28日起，为了方便公众查阅相关事件的处置进展信息，同时也为了整合有限的传播资源，"上海闵行"网站在首页的"热点专题"开设了"莲花河畔楼房倾覆事故专题"网页，分为"情况通报"和"综合报道"两个栏目。

"情况通报"栏目根据时间进展情况，坚持每天发布，并注意预告信息发布日程。例如，在几号将出台理赔方案、几号将公布事故原因。在事件的每一个关键结点都有信息发布。例如，"小区其余房屋安全"、"抢险进展顺利"、"调查结果最早3号公布"等，准确把握了新闻落点，满足了公众的信息需求，也为业主提供了稳定的心理期待和有效的决策依据。

"综合报道"栏目，主要是用于转载专家、市和国家级媒体针对本次事件的有关评论文章。该栏目较完整地将事故发生后近一个月内，上海市及中央主要媒体有关本次事件的评论及表态性文章整合在了一起。内容涵盖了政府应对突发事件的策略、政府加强建筑安全质量监管、如何通过法律途径解决开发商与购房者之间的合同纠纷等包括网民在内的普通公众、记者/媒体、政府、专家等都十分关注的问题。它向各方传达了这样一个信息，就是政府和公众关注的焦点是一致的，政府会致力于做好各项善后工作，维护公众的合法权益。

闵行区政府网站还专门开通了“莲花河畔倒楼事故处理多方平台”，该平台于8月20日开通，此时事故的应急抢险已基本结束，事件处置转入对购房者的善后理赔阶段，虽然在本次事件的处置过程中，政府和开发商已经在售楼处设立了接待点，但到现场进行协调对普通购房者来说毕竟是一件耗时又费力的事情，更何况解决民事纠纷的过程主要就是一个协商的过程。因此，政府采用网络论坛的方式把开发商及其律师、购房者、楼盘接管方聚集在一起，推进当事各方的协商工作有效进行，有助于事故善后处理的圆满解决。①

开篇之论：审慎灵活，化解网络危机

网络时代，面对网络各个方面的负面信息，无论是他人恶意捏造的攻击信息，还是因为政府某些行为不当引发的不满信息，政府都应当勇敢面对，采取积极的措施化解危机。在本次危机公关中，政府网站的角色定位清晰，在控制事态蔓延、缓和公众与政府间冲突情绪的过程中发挥了积极作用。

结合上海闵行区政府这次的危机公关行为，我们认为，面对强大的网络舆论，无论是政府还是其他组织或个人都应当做到以下几个方面。

第一，及时、主动、公开地处理危机事件。针对媒体敏锐的嗅觉，与其让他们做出猜测性的报道不如勇敢地面对。闵行区政府在事件发生后第一时间在网络上进行报道，接着不断增加在网上报道的频率。它“快报事实，慎报原因”的做法，既起到了让公众了解真相的作用，又避免了大家把事故责任全部归于政府的不利情况发生。接着网站又加强了关于依法处置有关房屋买卖（预售）合同纠纷的议程设置，为购房者指明依法解决纠纷的路径，如此平息了不稳定的事态。

第二，引用主流媒体的权威报道。这实际上是危机事件处理中的权威证实原则的运用，也就是说，在危机发生后，组织不要自己辩解，而要请重量级的第三者在前台说话，使“消费者”解除对组织的警戒心理，重获社会公众的信任。闵行区政府网站“综合报道”栏目主要是用于转载专家、市和国家级媒体针对本次事件的有关评论文章。这是用第三方的观点，特别是专家、权威媒体、上级政府部门的观点来取信于民，也是形象修复

① 何易，政府网站在危机公关中的作用研究——以上海市闵行区在建楼房倒覆事件为例，中国优秀硕士生论文全文数据库，2010。

策略的一次具体应用，有利于引导舆论并弱化负面舆论的不利影响，加快解决危机的步伐。

第三，运用合作、服务、对话的原则。随着公民主体意识的觉醒，组织危机公关的模式也必然进行相应的调整，过去的宣传、解释、说服的单向沟通模式已经无法满足公众的需求。在此次危机公关中，政府在网站上开设多方沟通平台，请利益相关方到政府搭建的沟通渠道上来发表意见，随时进行平等沟通，这是本次危机公关的一个创新，也是双向对等沟通模式在危机公关中的一次成功应用。

史镜今鉴

建立专门网站，树立负责任的组织形象

奥得哇啦果汁在1996年被证明含有肠埃希氏菌型细菌(此细菌主要侵害小孩)。事情经过媒体的披露之后，不可避免地引起了网上讨论组的广泛讨论。

为了及时回答公众的疑问，奥得哇啦公司求助于互联网。奥得哇啦公司的情况和一个公司利用现成的网站来配合处理危机事件不一样，奥得哇啦公司没有网站。但是，在一周之内，奥得哇啦公司就在爱德曼公关公司的新闻网站上有了一个位置。这个网站是爱德曼公关公司专门为宣传它的客户而建立的。

奥得哇啦公司的网站清晰、简单、一目了然，主页上放着公司董事长写的一段简短文章，连接着公司有关撤回果汁的新闻报道的链接、一个数据表、一个答疑的地方，还有对网上其他健康资料的介绍。上面的数据表明奥得哇啦公司对业务不同一般的敬业态度。该公司关心顾客的营养状况，决心要给顾客提供新鲜、营养充分的饮料，致力于利用生态平衡的产品，培养社区的健康意识，最终使得人人充满活力。

奥得哇啦公司的新闻报告的题目诚恳中性，如“奥得哇啦关心人们疾

苦，感谢公众支持”。该公司并不为自己辩护，它的公告首先表述的是“公司对那些受害者表示深切的关心”。而且强调说：“公司将会继续尽其所能处理好细菌问题”。新闻报告还说，该公司已经跟美国食品及药品管理局以及好几个州的卫生部合作来找出细菌感染的地方，同时进行公司内部监测。报告还进一步指出：“奥得哇啦公司已经成立了一个事件委员会。这个委员会由食品安全问题方面的专家、微生物专家及法律方面的权威来指导公司在这个复杂的微生物感染事件上的工作。”小组成员都有背景简介，以免有人认为这只不过是一个虚假的公关手段。另外，还有一篇新闻报告确认了食品及药品管理局发现肠埃希氏菌型细菌的事实。

几乎每个网页都有奥得哇啦公司的800免费咨询电话，顾客可以随时打电话询问最新的进展消息。但是，没有一个网页上有可以让顾客写反馈意见或者问问题的地方，这些都由800电话代替了。

这个网站最后演变成了一个永久性的、用作市场推广的网站，这个危机网页就成了如何通过互联网宣传来巩固公司的价值的典型例子。[1]

在危机事件中设置主体网页，这是引导网络舆论的有效方法之一，通过网页内容的设置，企业能够直接控制网络信息的曝光，发布更多对企业有利的信息，拥有更主动的网络话语权。另外，奥得哇啦公司的网站上没有一个网页可以让顾客写反馈意见或者问问题的地方，这就更有利于控制网络舆论的导向，防止不利言论充斥其中，以免出现恶性言论扩散。

三刻拍案

拍案一　借助权威，赢得信任

2005年，当某知名企业面临薯条制作原料质量被质疑的危机时，其

---

① 谢尔·霍兹：《网上公共关系》(吴白雪、杨楠译)，上海.复旦大学出版社，2001年版，第108—109页。

设立了“请问我”网站进行危机公关。

该企业在设立“请问我”网站的同时，联合上海市健康教育协会、全国健康教育事业项目推广办公室、中国烹饪协会、中国肉类协会、中国奶业协会和中国作物学会马铃薯专业委员会等官方或第三方机构，共同为“请问我”网站提供内容。

在设立“请问我”网站进行危机公关时，该企业选择了新浪网作为合作伙伴，并在新浪网的首页设立链接。在国内的各大门户网站中，新浪网以其丰富和接近实时传播的新闻信息，在新闻信息传递上有着无可比拟的优势地位，已培养了一大批习惯每天看新浪网的受众。除了快速传递新闻信息之外，新浪网还会建立专门的网页对某一特别让人关注的事件进行深度报道和分析。可以说，新浪网已经在危机事件的报道中树立起了明显的品牌优势。借此，该企业依靠新浪网的权威和影响力将“请问我”网站推广开来。

该知名企业不仅在“请问我”网站上解释产品问题，还极力向每一个访问者灌输健康饮食的习惯，推广了健康饮食的理念。在网站上该知名企业还专门设置咨询服务板块，向消费者提供在线咨询，这搭建了一个与媒体和消费者直接沟通的平台。该知名企业在进行在线活动的同时，还在网站的醒目位置刊登了网络广告。

该知名企业巧妙地利用了这次营养健康危机，将自身品牌与健康营养画上等号，极大地提高了在网民心中的知名度和美誉度。[①]

点　评

与权威信息源合作也是引导网络舆论的有效方法。上述案例中的知名企业在设立网站时联合了权威机构为网站提供内容，由第三方提供相关信息无疑使网站内容更具有说服力，也更容易赢得消费者的信任。另外，该知名企业选择与新浪网这个具有品牌优势的门户网站合作进行信息的传播也扩大了接触信息的受众范围，推广了危机处置的组织网站。如此，该知名企业实现了大范围的良好形象传播，成功地化解了危机，提高了企业的美誉度。

① 林育祯，网络环境中企业危机公关策略研究，中国优秀硕士生论文全文数据库，2009。

拍案二　博客交流，实现良性互动

2007年1月12日，央视主持人芮成钢在其博客上发表《请星巴克从故宫里出去》一文，向星巴克提出抗议，认为“故宫里的星巴克是对中国传统文化的糟蹋”，并以个人名义向星巴克总裁发出抗议书，要求星巴克从故宫里搬出去。

这篇文章发表之后，立即得到网友的广泛响应，阅读人次超过50万，评论达2000多条。“星巴克该不该从故宫里搬出去”随后以病毒式传播的速度成为各大网络论坛和社区热议的话题。网络的强烈反应引起了传统媒体的关注，包括《人民日报》《光明日报》《北京青年报》《第一财经日报》等在内的传统主流媒介纷纷对此作了跟踪报道，博客引发了舆论的蝴蝶效应。星巴克在中国苦心营造多年的品牌形象遭遇挑战。

事件发生之后，星巴克在第一时间做出了反应。2007年1月14日芮成钢在其博客上发表了《星巴克全球总裁兼CEO给我的回信》，星巴克的总裁吉姆·当诺通在芮成钢的博客上正面回答了受众的质疑。他首先肯定了中国民众对星巴克的关注，指出星巴克六年前是应故宫博物院的邀请而在故宫开设分店的，同时表示为能给顾客提供一个休息和享受咖啡的场所而感到荣幸。

针对“文化入侵”的指责，该总裁强调星巴克是抱着对故宫文化历史传统的尊重和高度敏感开设分店的，并为适应故宫的环境作了相当大的努力。在回信的最后，该总裁再次重申星巴克对中国文化的尊重，指出星巴克自从进入中国一直参与当地社区和文化活动，还成立了星巴克的中国教育基金项目。

星巴克总裁的回信起到了显著的公关作用。当天这篇文章的阅读人次就达到5万以上，从网友对文章的评论来看，表示理解和认同的占多数。各大媒体随后纷纷转载星巴克总裁的回信，网友的情绪得到了有效的安抚和缓解。[①]

点　评

名人的博客往往是网友的聚集地，因而博客上的舆论往往传播得更

① 陈睿：《星巴克遭到博客抵制后的危机公关》，载《企业研究》2007年第3期，第16—17页。

快。如果是企业的正面评价，那么自然能为企业的品牌推广发挥积极的促进作用；但如果是负面评价而企业又没有第一时间回应这样的评价，那么恶性的舆论扩散必然给企业带来无法估量的损失。一个民族的传统文化问题是很容易唤起民族情感的，因而芮成钢的舆论必然引起更多国人的关心和重视，星巴克如果不能及时给予回应，消除人们的疑虑，它的损失必然是重大的。面对媒体舆论压力的星巴克显示了高超的公关危机技巧。

首先，星巴克的总裁亲自并且第一时间回应网络舆论，尊重网络舆论，态度诚恳，有针对性地回答了受众的质疑。另外，星巴克积极采取相应的补救措施，如及时去掉了故宫外的星巴克品牌标志等。这都展现了它对消费者高度负责的企业形象。

其次，抓住事件的核心人物芮成钢，及时与这一"网络意见领袖"沟通交流，澄清事实。

最后，此次危机公关最成功之处便是巧妙地"借用"了芮成钢的博客，星巴克在事件的发生地澄清事实，充分显示了其"在哪里跌倒，在哪里站起来"的公关智慧。星巴克关注发起事件的博客，总裁的回信以及星巴克采取的行动都及时在芮成钢的博客上公布，这样公众能够及时而且全面地了解事件的来龙去脉，从而使人们在芮成钢的博客这个范围内即消除疑虑，成功地防止了事件的进一步扩散。

拍案三　网络发言人助推网络危机的化解

2009年8月31日，贵阳市花溪区一铁路涵洞在施工时发生垮塌，导致2名工人失踪，5人受伤。这一事件经媒体报道并在各大网站转载，引发众多网友对工程质量及政府行为的质疑。9月1日，贵阳市政府即以网络发言人名义在政府网站发出第一条信息，随后又陆续发出10多条信息，针对网友在一些网站论坛、社区内发帖的质疑，公布了现场救援进展情况、垮塌工程业主和建设单位名称等。随着信息不断更新，争议开始逐步平息。以前像这样的情况需要召开多次新闻发布会，但传递的信息仍不完整、不及时。政府网络发言人制度为政府及时公布信息、压缩炒作空间提供了机会，也让政府行为在网络聚光灯下接受阳光监督。[①]

① 郑茵茵，政府网络发言人研究，中国优秀硕士生论文全文数据库，2010。

2009年10月17日,“网易论坛”里出现名为“红枫湖净化水质鲢鳙鱼遭大量盗卖”的帖子,并附有多张触目惊心的图片,引起网友的普遍关注。红枫湖是国家级风景名胜区,更是贵阳市饮用水源地,近年为治理蓝藻污染,管理部门投放的鲢鳙鱼竟遭到大量盗卖,每天盗卖达上千斤。

“帖子又在其他一些网站和网络社区中转载,引发网友热议,这则网络热点新闻引起政府部门高度重视。”贵阳市网络新闻发言人办公室的胡耘说。

经过初步调查核实后,贵阳“两湖一库管理局网络新闻发言人”10月20日即在网上进行详细回复:“投放鲢鳙鱼苗是为了实施生物净化工程,防治水体富营养化。对盗捕行为将加大巡查打击力度,立即启动市场整治,杜绝这种行为,并接受监督。”

“网络发言人”迅速、权威的回复,使一度在网络论坛里炒得沸沸扬扬的事件很快得到了平息。[①]

点 评

近年来,“网络新闻发言人”迅速从“新名词”走向“常态化”,很多部委、省市都在努力地建设“网络发言人”制度。通过上面两个案例我们可以看出,网络发言人在澄清网络误解、化解网络危机方面所起的重要作用。网络发言人主要是通过政府网络,及时发出信息回应网民的质疑,澄清所涉及的事件真相,对一些需要受理的要求则答复受理意见,并及时告知相关问题的办理过程和进度,这样就能获得正确引导舆论的话语权和主动权,从而合情又合法地切断负面信息的传播。政府在发现网络上的不利信息时,应当更加注重疏通,而不是一味地删除或屏蔽信息,这一点与企业危机处理总体上是一致的。政府在与网民“零距离”接触,疏通网络舆情时,应当注意以下几个问题。

首先,理解质疑者和关切当事人。要友善地对待提出质疑的人,不能把质疑者作为敌对者,要表达对事件中当事人的关切,对人的生命财产、生存环境、生活质量的关切。如果遇到某一个事故有人员伤亡,那么首先要向死难者表示哀悼,向受伤者表示慰问,对他们的家属表示同情。

① http://news.xinhuanet.com/politics/2009-12/23/content_12692251.htm。

其次，用网络语言开展网上的沟通与交流，阐明观点。表达观点必须要有科学依据，同时逻辑要比较合理，思维要辩证，这样才有说服力。

最后，分清责任，承担责任。根据自身的职责对应这个事件或信息，阐明自己应该承当什么责任或在这个事件的处理过程当中应该怎么做。

回味隽永

在网络环境下，危机信息的传播形式越来越多、传播的速度越来越快，组织用于危机决策的时间越来越少，网络环境对组织危机公关的要求也越来越高。面对来自网络世界的危机，组织最有效的应对策略就是寻求网络技术的帮助，开展网络危机公关活动，以网络的方式应对来自网络的挑战。

从上面的几个案例中，我们可以归纳出组织将网络传播方式引入危机公关活动的危机处理方法有以下两点。

第一，运用网络技术开展公关活动。例如，组织通过建立官方网站，主导网络舆论，准确而全面地公布事件信息，防止小道消息的恶性传播；又如，运用搜索引擎技术，收集与组织相关的信息，尤其是对组织的负面评价信息，然后对信息进行监测、吸纳和反馈，起到“拨乱反正”的作用。另外，组织还可以运用博客、微博、QQ、MSN 等即时交流平台，与公众进行沟通交流与双向互动，从而起到第一时间澄清危机事实，说明危机处理过程，公布解决方案，重塑组织的公信力。

第二，发挥关键人物的作用。例如，引导或培养“网络意见领袖”，使其在危机时引导舆论，使舆论向着有利于组织的方向倾斜，又如，引用权威机构（第三方）的数据或观点为组织澄清事实；发挥网络发言人的作用，使其代表组织及时公布和处理信息，帮助组织澄清网络误解，恢复组织的网络名誉。

当然，随着网络技术的发展，组织还可以挖掘出更多的网络资源来帮助自己应对来自网络的挑战，组织须顺应时势，抓住机遇，适时出击。

第十二篇

警惕网络谣言　维护网络声誉

造谣容易辟谣难，辟谣被称为一门棘手的艺术。如何运用网络公关行为，防治网络谣言攻击，维护组织的良好声誉，这是现实摆在现代社会组织面前的一道难题，也是组织塑造自我良好形象的又一必备课程。

开篇导例

开篇之述：农夫山泉深陷“砒霜门”

2009年10月，海口市工商行政管理局对当地部分批发市场、商场、农贸市场、超市等销售的部分食品进行抽样初检。11月23日，检验结果显示，农夫山泉广东万绿湖有限公司生产的6月27日批次30%混合果蔬和8月16日批次水溶C100西柚汁、统一企业（中国）投资有限公司生产的8月22日批次的蜜桃多汁三种饮料“总砷超标”。11月24日，工商部门专门发出消费警示。消息一出，农夫山泉和统一企业深陷“砒霜门”。

这本是一起单纯的“食品质检问题”，可事情的发展表明似乎不是那么简单。“砒霜门”事发仅仅7天，就在国内形成波澜。约500家网站跟进了该事件的报道。而且自事件发生以来，每日在各大网络论坛转载更新量都在60条左右，且在这些网络论坛中，每天都会有一些“活跃分子”充斥其中，他们使用各种片面、偏激和具有扰乱视听的文字来诋毁农夫山泉。

这一切幕后操控的痕迹明显，是典型的“网络打手”所为。农夫山泉在事后也指出，这一事件是继前段时间“水源门”、“假捐门”之后的又一起经过蓄意策划和操纵的恶性事件。国内最好的饮用水源被说成是工业用水，继而推出“农夫山泉不能喝”；“一分钱”的善举演变成偷税，继而推出“农夫山泉不诚信”；如今无中生有的砷超标被诋毁成农夫产品含砒霜，继而推出“农夫产品有毒”。①

① 陈尚荣，赵元恩：《从“砒霜门”看网络打手如何影响网络舆情》，载《新闻研究导刊》2010年第1期，第19—21页。

开篇之论：多管齐下，防治网络谣言攻击

长期以来，小道消息或谣言多数是口头传播的，而在信息时代，网络、短信等现代传播技术的发展成为谣言传播的帮凶。小道消息坐上了电子化的快车，或者借助互联网驶上“信息高速公路”，以BBS、QQ和博客的形式传播使得谣言传播的速度更快、范围更广、影响更深。

在本案例中，我们看到原本只是“食品质量”问题的事件在短时间内却被口口相传成为“砒霜门”、“有毒门”事件，其背后影射出来的是网络谣言的恶性传播。显然案例中的网络谣言是人为恶意制造的，是一起有阴谋的攻击事件。恶意制造网络谣言，造成被攻击方备受质疑，甚至是名誉扫地，这是网络攻击的一种手段。在新媒体时代，企业不仅可以为自身品牌的塑造编撰“世界驰名商标”的伪称，还能雇用“网络打手”对竞争者制造各种谣言，置对手于死地。企业往往可以阻挡因自身缺陷而造成的不良舆论导向，却难以避免他人恶意的无中生有。

谣言是一股可怕的力量，无论是人为恶意制造的还是无意传播的，它都能严重地威胁企业的形象，甚至能够摧毁企业，面对谣言企业不能无动于衷，否则它会更加猖狂，那么农夫山泉该怎么做？其他被谣言困扰的企业又该怎么做？在此将通过古今中外的案例展示运用网络公关击破网络谣言的各种策略。

史镜今鉴

运用谣言故意操纵舆论，使他人形象受损的例子不胜枚举，伴随攻击事件而生的是各种各样应对谣言攻击的方法和策略，从中借鉴应用公关手段对付谣言攻击的经验和吸取相应的教训，以期对我国目前的谣言攻击处理有所启示。

亲身实践，宰相智破谣言

北宋初年，民间流通的货币有两种，一种是官银，另一种是陕西制造的铁钱。

宋仁宗当政的时候，国家财政最为紧张，两种钱币同时流通，国家难以控制市场。于是，便有大臣上书宋仁宗，请求统一钱币，罢掉陕西铁钱，由国家统一铸币。宋仁宗接到奏折，交大臣们议论。大多数人觉得罢掉陕西铁钱会造成市场混乱，所以没有实行。但消息传了出去，一时间，京都汴梁开始盛传："朝廷要罢掉陕西铁钱了，要赶快脱手，晚了就一文不值了。"几乎一夜之间，京城到处传说着陕西铁钱要作废的消息。

那时，陕西铁钱在全国十分通行，存这种钱的大有人在。大家听说自己辛辛苦苦挣来的血汗钱快要作废了，都纷纷拿铁钱到店铺抢购货物，不管需不需要，先抢到手再说。而店铺老板比他们得到消息还早，纷纷挂出牌子"不收陕西铁钱"。这下大家更急了，一些脾气火爆的人竟跑到店铺强行买货。一时间，市场大乱，不时有械斗发生。

官府一时没了办法，只好派遣衙役强制各个店铺收陕西铁钱。可商家不敢冒风险，干脆歇业了事。

得知消息的宋仁宗大为恼火，一边追查是谁传出的消息，一边责令宰相文彦博迅速处理此事，平定市场，安定民心。出人意料的是，文彦博并没有像人们想的那样用行政手段强制商家收购陕西铁钱，而是将家中的布匹、珍玩送到京城几家大的商户代卖，并且只用陕西铁钱进行交易。

消息一传出来，所有的人都傻了眼。大家看到当朝宰相将这么大笔家产代卖，而且只收陕西铁钱，心中立刻有了底：原来铁钱不会作废，家里的铁钱不会变成一堆破铁。想到这些，他们纷纷乐滋滋地回家张罗买卖去了。谣言很快不攻自破，陕西铁钱又畅通无阻地流通起来。

后来，宋仁宗问文彦博是怎样想到如此妙计的，他回答道："谣言如风，恐慌如水，风借水势，水助风行。当谣言四起的时候，就像是奔腾咆哮着的洪流扑面而来。这时候，官员们大都主张采用行政干涉，这就好比用巨石堵住洪水，只能暂时缓解，却不能在根本上起到作用。"

洪水是无法堵截的，只有靠疏通的办法才能从根本上解决问题。[①]

本案例中，我们看到因为传言与民众的切身利益息息相关，而又因为

① 《传奇故事》，载《百家讲坛中旬》2011 年第 1 期，第 36 页。

缺乏可靠的信息源，于是民众在恐慌的情形下将“铁钱要作废”的谣言越传越广，市场大乱。此时此刻，当朝宰相将大笔家产代卖，而且只收陕西铁钱以此证明铁钱并没有作废的真相，那么宰相这样做是不是多此一举呢？为什么不选择张贴一个告示公布信息这样便捷的方法进行解释呢？其实这正是宰相公关行为的高明之处。

通过公布事情真相或做出相应解释，或多或少都能起到破解谣言、引导舆论的作用。但是仅仅利用语言或文字来辟谣，客观上又会起到传播谣言的反作用。另外，辟谣如果证据不足，措辞不当，反而变成此地无银三百两，非但不能实现辟谣的目的，相反还会削弱官方威信，使以后的辟谣工作更难进行。面对“铁钱作废”这么重要的事情，因为恐慌心理的存在，民众不会轻易相信官方的告示，反而会以为是既得利益者愚民的手段，所以如果只张贴一个告示反而会演化出更为严重的问题。宰相意识到了这一点，因而通过亲身行动“告诉”百姓陕西铁钱不会作废，这个行动的说服力比张贴 100 张告示都有威力。

当组织面对谣言攻击时，要根据第一时间反应原理公布信息，澄清谣言，树立组织良好形象。但是在一些特殊场合，组织应当根据舆论的诉求，以实际行动来辟谣。

三刻拍案

拍案一　引导舆论，防止谣言的产生——“徐宝宝事件”引发的思考

2009 年 11 月初，一名 5 个月大的婴儿徐宝宝在南京市某医院住院治疗期间，由于值班医生打游戏、睡觉等原因，既没有仔细观察患儿的病情变化，也没有及时组织会诊，最终导致婴儿病情恶化，经抢救无效死亡。

此事经报道后，在网上引起了轩然大波。各种关于婴儿死因的谣言

散布开来，网络上的声讨、谩骂之声随处可见。面对经由网络传播而不断放大影响的网络舆论，医院和政府主管部门分别采取了相应的行动。首先，由于值班医生隐瞒事实真相，医院经过粗浅的调查后就在网上回应说“医生没有玩游戏，这个医生还是比较好的，只不过是由于对病情凶险程度观察不对造成的。”至此网络上充斥着更为严重的质疑和批评，各种揣测和不满更加严重。

在舆论的压力下，政府主管部门组成了一个联合调查小组，包括卫生主管部门领导、媒体代表、网民代表、医疗专家、电脑专家共 14 人。后者的调查结果与院方的调查结论迥异。最后，上网玩游戏的当事医生被吊照开除，因为医院的诊治措施存在失职行为，所以医院的书记也受到了相应的处分。①

点　评

在这起网络危机事件中，同样作为危机公关主体的医院和政府先后采取了两项公关活动，但是它的效果却相差甚远。医院在事件尚未调查清楚之时，草草通过网络澄清事实，结果引发更为严重的质疑。而政府主管部门后期组成联合调查小组，尊重网络民意，挽回了它的公信力。但是，在事件初期无论是医院还是政府主管部门其实都做得不到位，如果他们能够在事件发生初期严格审核，将谣言涉及的事件原因调查清楚并提前公布的话，网络舆论也不会变得那么尖锐，医院和政府主管部门也不会落到要进行如此被动的危机公关。其实真正成功的危机公关是在事前制止造谣者，即预防性制止的公关行为。那么透过“徐宝宝事件”的处理我们学到了哪些关于预防谣言的公关行为呢。

第一，在危机事件中正确地进行责任切割，承担起属于自己的责任。责任切割并不是互相“踢皮球”、推卸责任，而是在突发事件的危机处理中，一定要把各个责任主体应当承担的责任划分清楚，形成公平、公正的责任分担。这样，作为责任主体之一的自己才不会过多地承揽不公平的责任，从而使外界误解自己，造谣生事。南京某医院在“徐宝宝事件”发生之后，应当把医生的责任和医院的责任切割开，明确事件

① 曹劲松：《“徐宝宝事件”中的网络危机公关》，载《决策》2010 年第 1 期，第 72—74 页。

的主要责任承担者是玩游戏的值班医生，而医院只需在管理环节的漏洞上承担次要责任。但是，院方一开始只是粗浅地进行调查后就袒护医生草率地为其辩解，这种做法非但没有划分责任，而且把医生的责任和医院的责任紧紧捆到一起，这就使原本只是一场个人失职引起的危机事件最后演变为威胁整个医院形象的恶性事件。同样，作为主管医疗系统的政府部门也要进行责任切割，因为主管部门对医院有监管责任。如果不及时进行责任切割，舆论就会认为医生的所有责任都是医院的责任，医院的责任就是政府主管部门的责任，如果责任进一步升级必然威胁到政府的公信力。

第二，发现舆情要素，合理地运用舆情要素进行传播议程设置，以此来引导舆论发展。“舆情要素”即在舆论危机中信息传播和意见表达的参与者。在“徐宝宝事件”中，可以发现事件一开始就有网络的力量在背后支持和推动，网民们希望自己不仅是一个观察者和监督者，同时也是事件处置的参与者。南京市政府主管部门为了使得调查结果更具说服力，在组织联合调查小组时，邀请记者和网友的加入。但是，我们必须清楚网友也好、记者也好往往存在自己的立场、诉求，一味让其变成调查者不仅淡化了政府主管部门所起的核心作用，也失去了媒体作为客观的观察者和报道者的角色定位。要保障和满足公众日益增长的知情、参与、表达、监督的诉求，关键是要把信息公开，而且要把过去在事件结果上公开前移到调查过程的公开，主动接受媒体和网友的监督。我们不能模糊调查监督者与调查实施者的角色，否则就更难以控制舆论的走向。

拍案二　泰州公安机关博客辟谣

2009 年 12 月，山东籍男子李连成在江苏省泰州市泰兴看守所被羁押期间，突发疾病，经过泰兴市人民医院 11 天的抢救后不幸身亡。事件经国内媒体报道后，网民将此事件与 2009 年年初云南发生的“躲猫猫”事件联系起来，于是“泰兴躲猫猫”一时间成了网络上的一个热词。

针对网上大量“泰兴躲猫猫”的质疑，泰州市公安机关非常重视，经过各方面的努力，有效地“转危为机”，重塑良好形象。在事件的处理过程中，泰州公安机关非常关键的一步是善于运用网络媒体，积极回应网民的质疑。

在“泰兴躲猫猫”事件中，泰州公安机关的领导通过网络博客主动与网民交流，回应网民的质疑，真诚进行对话。泰州市公安局某领导认真看了“济南一男子泰兴遭遇‘躲猫猫’事件”等帖子和报道后，于 2009 年 12 月 20 日在自己的博客中发表一篇名为“泰兴看守所没有‘躲猫猫’”的帖子。其中，重点回应了死者家属提出的质疑：“第一，李连成凌晨发病，按理说，其他人都在睡觉，为什么会有两个穿着整齐的人给他捶背？第二，警方提供的录像只有发病时的情况，那么发病之前到底发生了什么，我们不知道。”对于第一点质疑的回应是：“凡是看守所的在押人员都知道，那‘两个穿着整齐的人’是监室的值班在押人员，夜间是两小时一班，一班两人。他们其中一个重要职责就是当发现有人生病就积极帮助，并及时报告值班民警。”对于第二点质疑的回应是：“关于发病前的录像，泰兴市公安局已告知死者家属，看守所按规定保存的李连成病发前 15 天监控录像现由检察机关调存，如家属需要查看，可向检察机关提出申请，但目前家属尚未向检察机关提出该项申请。”这篇细节真实、逻辑缜密的帖子让大家在第一时间得知了事情的真相，并迅速成为各网站的推荐博客。网民和媒体的看法由此“峰回路转”，诸如“泰州市公安局某局已经辟谣，还是某局的话比较可信！”“××，不‘躲猫猫’的老警察”的言论在网络上得以流传，促进了“泰兴躲猫猫”事件的网络舆论逐渐平息。[①]

点评

“泰兴躲猫猫”事件是在社会生活中突然爆发的，短时间内致使网络舆论一边倒，对公安机关的执法权威产生了重大威胁，对公安机关的形象造成恶劣的影响。所幸的是针对网上大量“泰兴躲猫猫”的质疑，泰州市公安机关非常重视，用即时网络的办法来回答质疑，澄清事实，阻止了网络谣言的蔓延。

泰州市公安局某领导通过网络博客主动与网民进行交流，让民众

① 毛向国，黎慈：《公安机关网络危机公关的泰州模式及其启示》，载《铁道警官高等专科学校学报》2010 年第 5 期，第 102—103 页。

感受到官方的真诚，既使得谣言止于公信力，同时也树立了责任政府的良好形象。博客交流重构了当事主体与网络媒体的情感关系，当政府与网民在一个平等的平台进行交流沟通时，网民变得更加理解和宽容，双方能够更好地进行感情的互动，有利于共同理性地看待和分析问题，从而自觉地退出谣言的传播。

拍案三 从"杞人忧钴"事件看政府应对网络谣言的过失

"杞人忧天"的典故是说周代杞国(今河南杞县一带)，有个人一直担忧天会塌地会陷，自己无处存身，便整天睡不好觉，吃不下饭。后来，这个典故常用来比喻不必要的或缺乏根据的忧虑和担心。不知是不是机缘巧合，在三千年后的杞县，也就是 2009 年 7 月 17 日，杞县又上演了一出现代版的"杞人忧天"。

2009 年 7 月 17 日，河南杞县一条虚假消息引发了大规模的恐慌，"钴-60放射源将爆炸"的谣言四起，随之出现了纷纷逃难的场面：杞县一些老百姓为求保安全，冒着近 40℃的高温酷暑，拖家带口，逃往周边县市避难，汽车、拖拉机、三轮车等车辆一度堵塞了通往周边县市 600 多公里的道路。昔有"杞人忧天"，今有"杞人忧钴"。如果说古人忧天是庸人自扰，无谓担心，在当时科技知识匮乏、人们视野狭窄的情形下，尚可理解；在当今科技发达，社会民主和谐的时代里，还能出现因为一条谣言而举家逃难、堵塞道路的场面，这其中的原因就很值得探究了。

2009 年 6 月 7 日凌晨 2 点，利民辐照厂的辐照装置在运行中货物意外倒塌，压住了放射源保护罩，并使其发生倾斜，导致钴-60 放射源被卡住，不能正常回到水井中的安全位置。换句话说，辐射源只能一直处于辐照工作状态。6 月 14 日 15 时，辐照室内接受辐照加工的辣椒粉由于放射源的长时间照射，温度过高自燃。在消防及环保部门采取灌注水等措施后，引燃物于当晚 24 时得到控制。之后，企业负责人立即将卡源情况上报了省环保厅、市环保局及原环保部北方核与辐射安全监督站，经过多方的共同努力现场得到了很好的控制。

2009 年 7 月 5 日前后便不断有群众向都市频道打电话要求记者调查采访核实。然而，当都市频道在所有当地媒体中第一家派出了记者前往杞县采访时，这个向社会客观表达“钴-60事件”真相的节目被有关部门以影响社会稳定为由拒之门外。由于不能得到准确的信息，群众的猜测和疑虑不断增加。与此同时，更大的流言通过天涯论坛、QQ等传播开来，如“钴-60要爆炸了”“遭受核辐射要断子绝孙”“赶快逃命吧”。此时谣言占了绝对主导的地位。

2009年7月12日，面对越来越厉害的谣言，市政府第一次举行新闻发布会，通报了利民辐照厂辐射源故障出现以来的处置情况，采取各种方式辟谣。7月17日晚9时，市人民政府再次召开新闻发布会，通报处置辐射源故障的最新情况，澄清谣言。市电视台、杞县电视台连续播放辐射源故障处置情况的专题介绍，市委书记、市长等领导及时赶赴杞县，指导做好稳定群众情绪、恢复社会秩序工作。

直至2009年7月18日，受河南省委书记委托，副省长赴杞县指挥，听取市县领导和环保部门专家汇报，并亲赴利民辐照厂实地察看。至此，出逃群众纷纷返乡，社会趋于稳定。[①]

点　评

通过案例描述，我们看到杞县政府在事件发生后，虽然已经在努力采取各项措施控制现场、解决问题，但是却一直拒绝发布任何相关信息，也不主动与当地民众沟通，甚至多次拒绝相关媒体的采访。从6月7日事件发生到7月12日，面对越来越严重的谣言，市政府才第一次召开正式的新闻发布会，这前后用了一个多月的时间，以致这期间谣言不断传播、扩散，并被不法之徒利用，造成大规模的恐慌，并出现了杞县人民浩浩荡荡逃难的场面。虽然通过各方的努力，后来出逃的群众纷纷返乡，社会趋于稳定，但是政府应对谣言的危机公关却值得我们反思。

组织在发生突发性公共危机时，一方面要及时主动地向公众公布危机信息，使其明白事实真相，了解政府对此事的态度和做法，如已经做了什么，打算做什么，以获得公众的理解，有效地阻止谣言的恶性传播；另一方面，要多与公众沟通，学会倾听公众的声音。在传统形式上，

① http://cdmd.cnki.com.cn/Article/CDMD-10022-2010128988.htm。

组织经常只是通过一次危机信息发布会便认为已经完成了对公众的信息告知，事实上，公众与媒体对组织危机应对的评价如何，他们有何意见与建议，在本质上仍属于信息发布的环节，也就是信息发布中的反馈环节。而实践证明，反馈环节是信息发布中至关重要的一环，组织通过与公众进行互动，接收他们的反馈信息，并依此及时做出适当的调整和改变，这将保证政策措施的准确性和有效性，重建公众对组织的信任。

回味隽永

网络谣言的传播有各种各样的原因，有些是基于一定的事件，尤其是一些重大的突发事件，当这些事件成为人们关注的焦点，而权威信息又没有及时出现时，人们则会有各种猜疑，如病猪肉谣言、陕西铁钱作废谣言、“躲猫猫”谣言、钴事件谣言等。一部分是因为一些网民出于自身的利益需要，恶意制造谣言，借此实现自身的利益诉求。例如，因为个人恩怨而对相关人员或者组织编造网络谣言，恶意诽谤，以达到打击报复的目的，如开篇案例中农夫山泉被攻击事件。另外，还有一部分网民纯粹是为了自我表现而进行谣言传播，如 2010 年年初的山西地震网络谣言，最早在网络发布地震谣言的网民就是为了赚取点击率。在现实生活中，因不同原因引发的网络谣言危机往往需要采用不同的策略加以应对，一般来说，组织或个人要成功地解决谣言危机，维护良好的公众形象应该做到以下几点。

第一，尊重公众的知情权，主动公开信息，澄清事实真相。权威的信息公布，占领网络舆论制高点是网络谣言治理有效公关的第一步。英国学者迈克尔・里杰斯特曾提出了著名的危机传播“3T”原则：Tell it your own（以我为主提供情况）；Tell it fast（尽快提供情况）；Tell it all（提供全部情况)。通过及时、客观、准确、坦诚的危机信息公开,正本清源,让公众了解实情,实情的了解是理解和谅解的前提,是有效公关的基础。事实证明,公众对危机事件信息的掌握程度越高,对谣言的认识和批判就会更客观、更公正、更科学。组织应当积极地运用网络新闻传播体系,科学部署网络新闻传播,及时告知公众真相,提高公众的谣言识别与批判能力,有效破解危机造成的信息真空和局部真空,驱散谣言迷雾,消除公众的惊恐、猜疑和担忧情绪。

第二,随时关注网络动态,及时与网民沟通,用网络语言及时深入地解释事件。辟谣本身就是一种影响更为广泛的传谣,因为原本不知情的人往往从了解谣言开始,进而才去关注组织辟谣的各种信息。因此,组织应当随时关注各大新闻媒体、论坛、聊天室的动态,监测舆论环境,一旦发现相关质疑信息要第一时间予以回应,避免出现谣言的扩散和恶化。另外,组织有必要找到造谣者或网络谣言"意见领袖",也即在谣言传播中比较有权威的人员,及时地与之沟通联系,对其施加一定影响,可能的情况下让其出面澄清事实,这样可以为组织化解危机提供很大的帮助。

第三,必要情况下以实际行动辅助澄清事实。这是线上言论和线下行动结合的要求,也是网络辟谣公关与传统辟谣公关的相通之处。网络辟谣公关是指利用网络这个媒介击破网络谣言,维护与公众良好关系的行为,它强调的更多的是行动而不仅仅是用网络公布消息和新闻。

第四,时时牢记"诚信为根本"。诚信是组织的生存之本,也是公共关系活动的灵魂。"公关"不是"做样子",更不是"扭曲信息",它是实实在在地维护企业的良好形象,一切行动都是建立在尊重公众的基础上的。因此,无论是信息发布还是与网民沟通,抑或是线下活动,组织都应当以真诚和信用严格要求自己,要向网民传递真实可靠的信息,否则只会放大谣言,更严重地伤害组织。

第十三篇

天生的传播欲　即时的公关

新闻传播是公关重要的一种手段，大众传播是公关传播重要的一种形式。大众传播凭借新闻媒体将信息及时、广泛地传递给大众，从心理学上看，大众偏向于接收与传播和自己相关的信息，而在网络上被大众广泛传播的信息则多是围绕公共话题而进行的。微博以其适于传播、互动的特性为人们传递信息或参与公共话题提供了一个即时、有效的平台。而通过微博传递信息和参与公共话题改变人与人之间的关系，影响形象建设或组织利益是本篇案例所要呈现的内容。

开篇导例

开篇之述：全国首个公安微博——“平安肇庆”引发一场中国警务革命

2010年1月，广东省委常委、政法委书记、公安厅厅长梁伟发在一次座谈会上，要求各地公安机关大胆尝试通过微博、QQ及博客等网络工具开展形式多样的警民互动活动。梁伟发还推荐大家读一本书《正在爆发的互联网革命》。

时任肇庆市公安局警察公共关系科科长的陈永博，当时对微博还很陌生，在将书读了两遍后他有了一个想法，就是开通一个公安微博。

2010年2月25日，“平安肇庆”微博正式诞生，博主就是肇庆市公安局警察公共关系科的8名警察。

微博开通后两个月内，“平安肇庆”进展的并不顺利，大部分网友都在拍砖。有网友质疑：警察上微博能干什么。还有网友说：“我胖乎乎的，长得像贪污罪犯，直接在网上把我‘拉黑’算了”。除了遭拍砖外，“平安肇庆”也曾遇到关注度低的问题。

为了改变被动局面，陈永博让两名民警出镜，请网友对“平安肇庆”的微博支招。随后，这段视频又被贴到了姚晨、闾丘露薇等名人的微博上。经过大量转帖，网友们指出“平安肇庆”的问题：一是官腔十足；二是类似政府网站缩写版。

为此，陈永博主张在“平安肇庆”将官腔改成网络语言，增加肇庆的文化历史内容，并一般不出现“领导要求”之类的话。

如何回应网友刁钻的问题？一个窍门是：找更有智慧的人回答。一次，“平安肇庆”上贴出了宣传优秀女法医的帖子，没想到却遭到一些网友的炮轰。“有人说这是纳税人养活的人，检查尸体无过错是应该的。还有无聊的网友说，她很幸福，可以摸到很多男人的尸体。”

陈永博一时想不出该如何回答，就把帖子贴到了官员伍皓的博客上，请伍皓作答。最后伍皓给出了答案，“让他死，让漂亮的女法医任摸。”这种犀利的答案一下子就让网友不再挑刺。

开通微博后，常常被网友要求评论或作答相关新闻，这也是让公安博主们为难的事情。

每当被网友要求对一些敏感事件做出评论，陈永博都会写上一句：“以弱弱的声音评价一下，不知可否。本言论只代表个人。”有一次，一名网友问如何看待外地警察打人事件。他立即发表看法：“警察错了，执行任务时要穿警服，还须出示证件。”

“平安肇庆”还常常接到一些网友的投诉，如何处理这些投诉也是一个全新的课题。

有一次，一位名为“kidd2010”的网友通过微博私信反映，“每天晚上都有一辆挂着警牌的小车停放在小区的公共绿地上，对此，小区居民们都有意见。”当天值班的陈永博第一次遇到微博投诉后，向提供信息的网民表示感谢并展开调查。几天后，那辆警车不占用公共绿地了。原来，开那辆警车的警察常常由于加班太晚回家，找不到车位，所以才会停到小区的公共绿地上。

此外，为了使网民的问题得到快速和准确的回复，“平安肇庆”还建立了一个答复网民的口径库，“把80%的问题给解决了”陈永博说。

经过一段时间的运行，“平安肇庆”微博作为网络问政的部分已经常态化，在化解了网民对公安机关的误解中积累了不少经验。

2010年11月6日凌晨4时，肇庆市端州区发生一起爆炸案。正值亚运会开幕之前，有人主张暂不对外公布，但是局长却要求首先在微博上发布信息，针对突发事件的信息发布第一次跑到了记者的前面。

如何办好官方微博？陈永博归纳出了12个字，就是“有问有答，有答有办，有办有督。”他说：“公安微博的本质是服务，灵魂是互动，只有我们回应，才可以得到网民的信任，要避免‘装聋作哑’。”

“平安肇庆”微博的开通，经媒体报道后，引起广泛关注，被称为“中国首个公安微博”，至2011年1月，这个公安微博吸引了30多万的粉丝，同时也吸引了北京、上海、香港、澳门等地的警察专门前来考察学习。2010年4月底，广东省所有21个地级市都开通了公安微博，开全国先河。随着广东微博群的良好示范效应显现，“平安北京”、“厦门警方在线”等公安微博也纷纷成立。有媒体报道称，“平安肇庆”引起了一场中国警务革命。[①]

开篇之论：微博——警民互动的新平台

微博具有自己的特性：碎片化的语言；文字发布简短灵活；随时随地实现信息的传递；与传统媒体比起来，传播速率更加迅速。微博设有发表话题、评论、转发、回复等功能，因此微博的发布简单易行，信息分享及时，人人都可以用微博来表达、呈现自己的所思所想，任何组织、个人都可以利用它进行反馈、交互式的沟通。

在互联网时代，140 字符的微博让人与人的对话沟通、信息传递、网络舆情的形成更为方便、快捷，因此它一出现便广受欢迎，成为一种新兴的传播载体。在开篇案例中，全国首个公安微博，引发了中国警务的革命的“平安肇庆”微博，为警民互动提供了一个新的平台，为警察网络公共关系建设注入了一丝活力。“平安肇庆”微博的成功并非一帆风顺，在微博公关领域，有以下两点经验可资借鉴。

一是讲究技巧，赢得公众。公共关系离不开社会组织、公众、传播三个要素。在本案例中，在公关组织与公众之外，微博只是作为一种传播的载体，具有新兴优良的特性，如果不能充分发挥它的优势，也难保公关活动的成功。所以，一开始，官腔似的发言，像传统政府网站一样“一言堂”，使“平安肇庆”受到了网友的拍砖。碰壁之后，“平安肇庆”改变策略和方式，使用智慧的、网民易于接受的语言，积极沟通，及时应对，快速准确地解决网民的问题，最终成功扭转局面，赢得了公众的广泛关注，成为警民双向互动的新平台。

二是讲究原则，尊重公众。在公关活动中，及时性和准确性以及传播双方互相理解的信息双向沟通都是公共关系传播的重要原则。同时，透明公开，真诚地对待公众，站在公众的立场考虑问题，在面对危机时第一时间发布信息，这也是公关活动必须秉承的基本原则。在本案例中，“平安肇庆”微博作为一种传播载体，从最初的被网友拍砖到请网友支招以及

---

① 何涛，于敢勇：《警察“织围脖”元年记》，2011 年 1 月 21 日《广州日报》，第 AII12 版。

建立口径库，站在公众的立场回答、解决网友的投诉和问题，公共关系的一些原则都渗透以微博进行的互动沟通中，无形中改善了警民的关系，体现了肇庆公安机关对公关理念的理解和对公众的尊重。

史镜今鉴

Twitter 是与微博具有类似概念的载体，在过去几年的发展中，事实证明它已成为当今社会一种重要的传播媒介，推动记录和传播信息方式的演变。但对于网络公关而言，它的作用不能仅仅体现在传播上，经过传播所带来的公关效果，组织与受众关系的改变才是其成功之处。

捷蓝航空 Twitter 提升客户服务

2007 年年初，美国捷蓝航空因为天气原因取消大量的航班，但客户服务却没有相应跟上，导致一些客户在 Twitter 上开始抱怨。捷蓝航空意识到了网络媒体(如 Twitter)的力量：用户想要说什么，你永远无法控制。如果不提升客户服务，公司的品牌和形象必将受损。捷蓝航空做出决定，一方面公司 CEO 尼尔曼亲自出面道歉，发布了捷蓝航空的客户条例，允许客户在某些情况下获得赔偿；另一方面，捷蓝航空开始探索利用 Twitter 的可能性，通过 Twitter，公司建立了与客户及时沟通的渠道。并且公司组织了一个由七位员工组成的团队来轮流管理公司的 Twitter 客服账号，以便提供全天候的客户服务。截至 2010 年，捷蓝航空的 Twitter 上的关注者已经达到 160 多万。

在使用 Twitter 的过程中，捷蓝航空在 Twitter 上发现了一条真理，即说客户想知道的东西；如果不确定客户是否喜欢公司在 Twitter 上所说的东西，查一下多少人回复了信息或者直接在 Twitter 上向客户虚心请教他们关心什么话题。捷蓝航空还选择了 Twitter 的直接消息服务，这样一些敏感话题或隐私就可以只限于单个客户或公司，而不会被其他人看到。

一个名为 Dave Raffaele 的客户评价了捷蓝航空在 Twitter 上的服务，Dave Raffaele 说："我终于得到了人道待遇"。因为在两分钟之内，捷蓝航空就回复了他的问题，比起在机场客服中心排长队要迅捷方便得多。而且，在一般情况下，航空公司不屑处理或者客户不愿意浪费时间反应的小问题，如某个航班的飞机上温度需要调整等，也可以在捷蓝航空的 Twitter 上得到令人满意的答复。捷蓝航空公司建立 Twitter 客服账号的另一个优势在于，除了专业人员的服务外，它还可以促进客户之间的互相帮助。例如，当 Dave Raffaele 因为过早到达机场而找不到服务人员托运行李时，其他有经验的客户也通过回复提供了准确的答案。

在本案例中，捷蓝航空利用 Twitter 的迅捷传播、互动性强等特点提升了客户服务水平，建立了一个顺畅的沟通渠道，巩固了公司与客户的良好互动关系。就本案例而言，具体可从以下三个方面思考捷蓝航空 Twitter 公关的可借鉴之处。

首先，Twitter 作为即时发布信息的载体能够第一时间发布有关公司服务的信息，如 2007 年因为天气原因大量取消航班的消息可以通过 Twitter 第一时间通知客户，借助网络媒体的传播力量更广泛地告知公众，使公众能够及时地调整自己的行程。由此，公司的客户服务并不会因天气原因受到影响。

其次，Twitter 成为公司与公众沟通的重要渠道，捷蓝航空 Twitter 有庞大的关注人群，包括公司现有客户和潜在客户，如何保持与公众的关系是塑造公司良好形象必须考虑的重要问题，捷蓝航空通过制造客户关心的共同话题，说客户想知道的东西，回复解决客户需要解决的问题，方便了客户出行，使客户得到了"人道待遇"，捷蓝航空的努力提升了公司在客户心中的形象。

最后，Twitter 为捷蓝航空在处理公司与客户的关系时提供了沟通渠道，也为客户与客户之间互动帮助提供了方便的平台，有经验的客户可以为需要服务的客户提供准确的答案，这在无形中也为捷蓝航空公共关系建设效果加分。①

---

① http://www.cb.com.cn/1634427/20100410/118966.html。

三刻拍案

拍案一 微博打拐

2011年2月，彭高峰因为微博找回了自己被拐卖的儿子，这使利用微博解救被拐卖儿童成为2011年春节期间的最热门话题之一。

在2008年3月25日傍晚，3岁的儿子彭文乐在深圳失踪后，彭高峰利用各种途径寻找儿子，但是效果并不理想。

2009年，一直关注彭高峰寻子的《凤凰周刊》记者邓飞把彭文乐的照片发上了微博。经过网友快速广泛地传播，终于在2011年2月2日，有网友联系上彭高峰，告诉他在江苏省邳州市一个村庄看见一个酷似彭文乐的孩子。经确认后，2月5日，彭高峰随同深圳警方一道赶到邳州。经过周密布置，终于将孩子寻回。这是微博打拐第一个成功的例子。

2011年1月25日，接到被拐儿童父母的信后，经过一番酝酿，于建嵘教授在微博里宣布，已在新浪及腾讯两大门户网站设立专题微博"随手拍照解救乞讨儿童"，呼吁网友如果碰到乞讨儿童就立即拍摄上传至网上，同时督促警方采取相应行动。

这一号召引起了网友的极大反响，截至2011年2月10日，专题微博"随手拍照解救乞讨儿童"粉丝已达15万多人，城市乞讨儿童照片2000多张，话题讨论的条数超过81万条。截至2月8日，通过网上照片辨认，顺利解救了6个被拐卖的儿童。一场在微博世界里发起并迅速蔓延到现实生活中的打击拐卖儿童和解救乞讨儿童的行动，引发了政府部门、新闻媒体、社会名人、公益组织的关注和参与热情。

媒体报道，此前我国从2009年4月开始已开展五次"打拐"专项行动，全国破获拐卖妇女案件6574起，拐卖儿童案件4595起，打掉2757个犯罪团伙，刑事拘留拐卖犯罪嫌疑人17 486人，抓获此类在逃人员3044人，解救被拐卖儿童6785人、妇女11 839人。然而，成绩显著的打拐行动反而没有像微博引发的全民打拐行动那样受到关注和重视。对于全民打拐行动，公安部打拐办主任陈士渠表示支持。2月3日，他在微博上写道："反对拐卖，人人有责""禁绝拐卖、禁绝利用儿童乞讨应该成为全社会的共识"，并表示："反拐工作任务繁重艰巨，需要大家的支持和帮助……欢迎提供拐卖犯罪线索，对每一条线索，公安部打拐办都会部署核查。"

该行动也引起部分全国人大代表和全国政协委员的重视。2月5日，全国政协委员韩红在微博中说，她在网上看到一个被拐儿童被虐待的帖子后，表示将在2011年的"两会"上提交"严厉打击和惩罚拐卖儿童"的提案，并在之后的微博中透露确定的提案主旨：(1) 立法严惩；(2) 解救收容；(3) 开放福利院的创办规定；(4) 高低保人群的福利待遇。作为"随手拍照解救乞讨儿童"微博的发起人，于建嵘教授在2月16日也在"解救乞讨儿童官方博客"上发布了《"禁止儿童乞讨"拟提交"两会"系列提案、议案、建议案的要点(讨论意见稿)》并征求意见。[①]

点　评

面对社会上广泛存在的拐卖儿童事件，于建嵘教授通过微博能及时传递信息和网友互动转发共享资源的优势，试图发动民间的力量来关注被拐卖乞讨儿童的生存现状，并呼吁警方采取行动，挽救这一群体。通过微博的传播号召以及社会各界人士的广泛响应，解救拐卖乞讨儿童成为舆论的焦点，公民的声音在其中得到张扬，公民的力量得到集结，与政府部门进行的互动激发了公民参与社会建设的热情，公安部门及时地支持和关注也是对公民与政府共同治理社会的一种鼓励。

从公共政策的角度分析，于建嵘教授在微博设立专题打拐到准备在"两会"提交"禁止儿童乞讨"的提案，是一个知识分子推动公共问题向政策议程转化的过程，有可能影响政府政策的制定；从公共关系的视角分析，于建嵘教授在网络上提出了公共问题，提高了关注度，使公众对儿童被拐卖和乞讨儿童这一问题产生共鸣，进而激发他们动员社会力量帮助他人，助力相关部门积极作为，保护他人的利益，有利于建构和谐的社会秩序和平等的公民关系，这也是公共关系的目的所在。

---

① 叶铁桥：《一场微博世界里的打拐运动》，2011年2月9日《中国青年报》，第07版。

拍案二　草根明星携手网络做公益

2010年，在微博上展开的公益活动成为一种全新的慈善方式。“微公益”更是微博众人力量集合在数字上的表现——你的每一次转发，都相应地是一次小额捐献，你关注了某人，他便帮你捐出1毛钱或1块钱。

2010年年初，我国西南地区遭受的特大旱灾牵动着国人的心。2010年3月底，香港明星梁咏琪在生日当天发了一条微博向网友发起倡议，邀请各位网友转发自己的微博，“转发一次，我就捐1元到香港联合国儿童基金会。”为期3天的转发时限里，她的捐赠倡议在微博上被转发了7.5万次，梁咏琪则向旱区捐了8万元。她亲自发起的转发爱心公益活动已经成为“微公益”网络新概念的一个注脚。而影视明星姚晨在西南大旱救灾时也曾发微博说，截至3月29日晚上9点10分，关注她的粉丝有多少，她就按“一个粉丝一毛钱”捐款给灾区。最后，关注她的粉丝有1 308 715人，她就为灾区捐出了13.1万元。网友杜子建在微博上发起了一场“赈旱2010新浪微博网友赈灾大型义演”，号召一起为云南赈灾。一人之力发起的活动得到出乎意料的响应：义演现场共收到善款14万余元。

巨人集团董事长兼CEO史玉柱也利用微博做公益。他借微博之名，给每位粉丝1元钱，并把钱集中起来，以粉丝的名义做一件善事。2010年11月30日，当史玉柱的粉丝达到100万时，他以公司的名义正式把100万元汇向爱佑华慈善基金会。2011年3月2日，当粉丝数超过200万时，他再次捐款200万元给少数民族孤残儿童。[①]

点　评

公益活动能够激发人们向善的价值理念。公众人物主动去做慈善是积极从事公益活动的表现，一方面体现了他们作为公民的一部分社会责任感，利用个人的魅力影响人们价值观的形成，纯化社会风气，推动公益事业的发展；另一方面作为人们关注的人物，慈善事业是树立个

① http://www.rmlt.com.cn/News/201012/20101222143253788 8.html。

人品牌形象的一种重要手段，在适当的时候从事公益能够提高他们的知名度和美誉度。当然，良好的形象不仅是主动树立就能形成的，它还需要认真地经营并使其发挥作用，在微博慈善中公众人物的形象在与网友的互动转发中得以加分，并在这一过程中发挥名人的效应，传递普通人的爱心。

拍案三 "成都发布"与城市"微博群"助力成都公关传播

2010年6月23日，在新浪微博平台开通并实名认证后，"成都发布"官方微博正式上线。截至2011年年底，"成都发布"已累计发布各类信息3000多条，粉丝人数超过150万人，并呈现持续增长的态势，逐步走上制度化、规范化和专业化的轨道。

"成都发布"微博的上线，带动了市级部门和区(市)县新闻办开通官方微博，建设城市"微博群"，形成官方微博集群效应。截至2011年9月底，成都市各级党政机关和工作人员在新浪微博平台开设机构微博116个；在腾讯网开设机构微博97个，已与"成都发布"形成微博群，相互转发，良性互动。

在腾讯微博平台，成都市政府新闻办还建立了城市微博"微成都"，以民间声音出现，已拥有300多万粉丝。"微成都"与"成都发布"相互呼应，形成民间微博和官方微博同步传播城市形象的良好态势。

"成都发布"围绕城市形象这个中心工作，重视对重大宣传题材的策划。通过连线直播实体新闻发布会，"成都发布"实现了网络平台与实体新闻发布会的互动。

在突发公共事件中，"成都发布"发挥着舆论引导功能。2011年3月17日，受到日本核辐射事件的影响，因担心成都市民抢购食盐，针对这种情况，"成都发布"迅速首发并滚动发布了成都市场食盐安全、供应充足、专家解疑释惑等信息，广播、电视等传统媒体配合滚动直播，清除谣言滋长空间，稳定了人心和社会秩序。①

① 李科：《"成都发布"助推城市形象传播》，2011年11月28日《人民日报》，第16版。

点 评

在公共关系理论中，公共关系具有自己的职能，就是通过各种手段，塑造组织良好的形象，赢得良好的生存环境。传播推广是组织实现形象塑造的手段之一，它要求组织与公众进行双向的交流，可通过策划新闻、公关广告、专题活动等方式方法，提高组织知名度与美誉度，创造良好的舆论环境。

在本案例中，成都官方通过微博，带动各部门形成官方微博集群效应，带来官方微博的良性互动，通过民间的“成都发布”与“微成都”形成官民互动，通过网络平台与实体新闻发布会的互动，实现与内部公众和外部公众的双向沟通，同时也注重新闻的宣传策划，在面对突发事件时，能够用微博结合其他的传播媒介，正确地引导舆论，维护和塑造了成都良好的城市形象。

回味隽永

互联网的普及改变了公关环境。网络经济的发展把公共关系和网络紧密联系在一起，公关可以借助网络开展有效的活动，网络这个虚拟的社会也为公关提供了广阔的空间。而微博作为一种全新的社会化媒体，其传播特性大大降低了人们进入网络公关的门槛。从以上几个案例可以看出，微博作为新型传播媒介的作用得到了充分的发挥，但在公关的过程中坚持及时传播的同时，仍应做好以下思考。

第一，明确社会责任。微博在很多时候都是扮演即时通信的媒介，因而在广阔的社会背景中，每个能上网的网民都可以成为影响信息传播和流动的关键结点，每个人都能发出自己的声音。对于公关人员来说，传播什么是个开放性的试题，需要公关人员时刻把握社会问题的现状和趋势，并由此发现公关命题、提出如何进行公关的策略。例如，对社会中广泛存在的拐卖儿童和乞讨儿童现象的关注，反映了微博对社会问题的深刻思考，反映了提出者和关注者强烈的社会责任感。

第二，重视公众在公关传播中的作用。公共关系的终极目标是赢得大众的支持，在传统的公关中，公众的意见表达要比组织困难得多，公众的声音常常受到客观条件的限制，处于单向接受的状态。在网络公关互动传播的环境下，组织可以将信息传达给公众，公众也可以将信息传达给组织，双向的互动可以使组织和公众直接对话。“平安肇庆”向网民支招、微博打拐中网民转发的力量足以证明公众在传播中的作用将越来越重要。要想在网络环境中增强自身的影响力，提升自己的形象就要在网络中树立与公众互动和沟通的意识，建立平等对话机制，尊重网民表达的权利，使传播和沟通顺利进行下去。

第三，要理性表达，防止“群体极化”。网络是一把双刃剑，在网络上理性与非理性的因素并存，而网络舆论具有先入为主的思维定势，容易出现“群体极化”现象，即在网络中原本已经存在的思维倾向之下，通过相互作用反而使另外一种倾向得到加强。这是一种观点朝着极端方向转移的现象，在我国没有实行网络实名制的环境下，匿名的海量帖子会造成气氛的渲染，观点相近的人频繁沟通，更容易产生“群体极化”，使用者如果抱着不良动机故意制造“群体极化”现象，就会威胁网络正常的秩序。作为网络公关的一种载体，微博应该坚持理性表达，发挥正确的舆论导向作用，引导网络公民的正确价值观。

第四，关系建设。微博作为一种新技术的应用，它的互动性最终还是体现在人与人的交往上，它的传播以关系网络为基础。因此，要在微博平台上形成传播影响力，就应精心经营关系网络，真诚与各方沟通，在网络虚拟社会塑造良好的形象。

第十四篇

公关道上博客行

博客，就是人们以网络日志的形式定期或不定期更新文章的网站，有人将之形容为个人思想表达与网络链接，贴文按时间先后顺序排列的一种传播出版方式。它可以文字表达为主题，也可以图片、视频、音频或其他博客链接等为主题，公众能够留下评论意见、与博主互动回复也是博客的重要组成要素。这些功能通过网络链接传达，使博客成了个人自由表达思想、深度交互沟通及传播的新方式，具有传统媒体的特性，又跳过了传统媒体的编辑环节，成为传播速率较快的信息传递源，能够吸引很高的关注度和转载率。对于现代公共关系而言，公共关系主体与客体之间和谐关系的建立几乎离不开信息的传递和情感的沟通交流，博客作为一种有效的传播载体，为在网络社会公关活动中顺利完成此环节提供了便利的技术手段。本篇选取了几个较为经典的案例从不同方面叙述了博客的公关活动，从中可以看出，博客为实现公关目的提供了一种可行的工具选择。

开篇导例

开篇之述：李开复博客公关化解诚信危机

2005年7月，谷歌宣布将在中国设立产品研发中心，原微软全球副总裁李开复将加盟谷歌担任中国区总裁并负责该研发中心的运营。此后，微软发表声明，声称李开复的行为与微软员工签订的保密协议、非竞争协议是相违背的。微软以此为由向美国华盛顿州地方法院提起诉讼，指控谷歌和前微软全球副总裁李开复违背行业竞争禁止协议，要求获得经济赔偿，并请求法院支持微软同李开复所签署的竞争禁止协议以及其他合同条款，包括禁止李开复泄露微软的商业机密。面对微软的起诉，谷歌也雇用了一些律师反诉微软违反了加州法律赋予员工变更工作的权利。在官司结束之前，双方不断举证，围绕"李开复涉嫌向谷歌透露微软机密信息"进行着一场较量。

在案件审理的过程中，由于美国的法律程序较为复杂，诉讼案一时无法决断，因为对过程和细节缺乏足够的了解，一方面人们认为李开复的跳槽代表网络更好的未来；另一方面也有人困惑和质疑，李开复加盟谷歌是否符合道德，有无违法。"各方面报道虚虚实实，本地媒体很难得到一手的信息"，信息的不通畅导致一直有着"儒雅学者"形象的李开复博士的美誉度蒙上了阴影。[①]

因此，为了使中国国内舆论能如实了解这场远在美国进行的诉讼情况，2005年9月13日，谷歌针对此次事件，以官方的身份开通了"Google与李开复博士"博客，作为谷歌面向中国市场的公关窗口。博客在引言中注明了推出博客的目的："我们想通过一个中文的临时博客网志帮助李博士和谷歌的中国朋友们了解事件的动态。因为法律问题有时候会非常

① http://biz.163.com/05/0913/13/1THJ4REL00020QEF.html。

复杂，可能会使一些人感到困惑。"同时在博客中公布将要展示的内容："将会刊登各种各样的内容，让大家能了解事件的进展，包括诉讼摘要、法庭记录和我们对事件的解读。"除此之外，也会透过其聘用的某位律师，经常与网民分享谷歌对本案的法律观点。"合适的时候，我们也会请李博士写一些内容。我们盼望这个博客网志能帮助中国的朋友们了解远在加州的复杂的法律程序。"此博客的开通引起了网友的强烈反响，传统网络媒体、报纸杂志等纷纷发表文章进行报道。[①] 谷歌承诺，即便李开复由于诉讼不能到谷歌工作，谷歌同样支付工资。

北京时间12月23日，有报道称，微软、李开复博士以及谷歌就他们之间的诉讼达成了协议。微软发表的一份声明称"双方已经达成私下协议并解决了所有问题，各方也都满意。"

开篇之论：沟通协调成就完美博客公关

对于公共关系的执行方而言，媒体和传播方式的选择至关重要，媒体的应用是公共关系得以实施的基本保证，是公共关系的主体同公众实现沟通的路径。随着科学技术的迅速发展，技术不断变革，社会进入了新媒体时代，大众传播媒介的种类丰富多样，社会媒体形式不断发生改变。

在公共关系活动中，沟通是公共关系的主要内容，企业是通过信息的传播来完成公关的目的和使命的，媒体是公关实现沟通的重要载体。博客一出现便以双向传播的特性成为一种适合于公众相互沟通的有效应用媒体。与传统媒体的单向传播不同，博客重视公众的需求和反应，具有双向沟通的功能，能满足公关双向传播的要求。通过博客，不仅能将自己的主观意愿授之于公众，还可以根据公众的意愿来调整行为，企业由此通过双向的互动沟通实现相互理解和适应，完成了企业与公众建立良好公共关系的过程。谷歌与李开复博士便很好地利用了博客增进了与公众的互动沟通，赢得了公众的理解，顺利地进行了一场个人诚信危机公关，造就了国内第一个具有广泛影响力的博客公关案例。

首先，及时建立博客作为信息发布的窗口。李开复与微软的诉讼案是在美国举行的，并且由于美国法律程序的缘故一时无法决断，而李开复在离开微软之后又将在中国上班，由于国人对李开复到谷歌的过程不是很了解，诉讼案的具体情况和国内媒体的报道不可避免地存在信息不对

---

① http://news.ccident.com/art/1032/20050913/332309_1.html。

称情况。因此，他的离开以及微软以违背行业竞争禁止协议为由的起诉，使公众易对具有一定影响力的名人的忠诚度产生怀疑。如果未能及时消除人们心中的疑问，即使将来摆脱官司来到中国上班，这些负面的因素也会对其个人形象造成一定的影响，这必然是谷歌与李开复本人不愿看到的。而“谷歌与李开复博士博客”的开设，从有利于自身的角度详细揭露了本次诉讼的整个过程，及时公布事实真相，压缩了谣言传播的空间，让公众了解到正面的消息。博客的“第一时间发布”的传播速度使之成为其他媒体寻找报道素材的来源，这些博客里的新闻素材又是对谷歌与李开复有利的，当被其他的媒体报道时也就能引导社会舆论朝向正面的方向发展。

其次，有效地与网友建立互信关系的平台。博客开通之后，除发布一些信息外，更重要的是在平等交流基础上要求诉讼案的律师与网友分享一些法律观点，李开复也适时回复他人的留言和建议，与其他的博客互动，从而使公众倍感亲切而产生信用价值。因为人们更愿相信通过沟通交流、经过反馈后的结果，这是博客这种网络媒体的优势。

最后，谷歌在这次博客主动爆料中花费甚少，却提升了谷歌的曝光率，不仅帮助公众了解李开复与微软诉讼案的过程，同时也为谷歌博客做了一个潜在的免费的功能推广，在不提高宣传成本的情况下它在中国的知名度也略有提升，公关效果十分突出。

史镜今鉴

提升美誉度和知名度是公共关系主体所要追求的最终目的，而信息传播是达成其目的不可或缺的环节之一。在网络时代，博客以其快速传播、直接沟通连接公众的特性成为完成这一环节绝佳的工具。博客在公共关系中扮演重要的角色已屡屡为实践所证明，以下便是其成功的几个例子。

通用汽车产品博客——打造与客户互动的网络平台

在汽车行业，通用汽车公司（以下简称通用）的 Fastlane 博客是最受欢迎的企业博客之一。它由汽车业传奇人物、通用汽车副总裁鲍勃·鲁兹主笔，话题涉及汽车设计、新产品、企业战略等方面。该博客的日浏览量近 5000 人，每个话题的评论都有 60～100 条。

Fastlane 是通用汽车的一个产品博客，但不是第一个。2004 年 10 月，为了纪念 Smallblock 发动机诞生 50 周年，通用汽车设立了第一个名为 GM Smallblock engine blog 的博客，为 Fastlane 博客的诞生积累了经验。鲍勃·鲁兹在一次乘坐飞机从欧洲回公司的途中，在博客上看到一些关于通用汽车的帖子，打算回应其中的一些问题，但是怎么回应呢？于是这便成为 Fastlane 博客产生的起点。2005 年年初，通用汽车公关部门的技术人员将鲍勃·鲁兹所写的关于新“土星”车型设计的文章输入一个可供阅读的模板中。与第一个博客相比，Fastlane 博客的作用更大，通过该博客，通用给予与用户之间建立起了直接沟通的渠道。

一旦用户出现问题，通过博客，通用汽车在 24 小时之内就可以给予解答。博客无疑提供了一个十分良好、便捷、直接的交流平台。鲍勃·鲁兹的文章内容深入、诚恳，能够客观地面对社会大众对通用汽车的各类正负面评论，让消费者公开反馈意见，这些就是 FastLane 博客受欢迎的重要原因。鲍勃·鲁兹自己非常喜欢热情的消费者留下的很长的留言，他认为从消费者那里能得到很多建设性意见，即使其中很多人是持批评态度的。广大消费者、行业分析人士、传统媒体给予 FastLane 博客很高的评价，因为通用汽车是唯一一家愿意让客户公开反馈意见的汽车公司，通用汽车因此也获得了极高的声誉。因此，鲍勃·鲁兹甚至亲切地称 FastLane 博客是通用汽车的“脸面”。通用汽车曾经因为一篇报道撤销了在《洛杉矶时报》的广告投入。这件事引起了较大反响，出现了很多负面评论。通用汽车就通过 Fastlane 博客直接与公众沟通，表达自己的看法和意见，有效地、漂亮地处理了这次“危机”。

在这一事件中，通用汽车北美公共关系副总裁盖瑞·葛雷特斯通过博客向公众坦言：“通用不反对公正的批评，认同记者在社会中所起的作用，通用非常认真地对待这些批评，并且从这些批评中学到了很多东西。”

通用汽车利用博客建立起了与社会大众良好的沟通渠道，本着认真倾听客户的声音、开放诚实、不回避批评的原则，有利于通用汽车拉近与客户的距离,建立了与公众良好的互动关系,同时也采纳了消费者的意见,这不仅使消费者感受到了尊重,更有利于企业进一步了解客户的需求,改进产品的质量,提高服务的水平,提升企业的品牌形象。[①]

三刻拍案

拍案一　沃尔玛与七喜假博客事件

爱德曼公关公司是世界上最大的独立公关公司,它在为沃尔玛提供服务时开设了一个名为"环美沃尔玛购物记"的博客,内容讲述的是一对自驾车爱好者的中年夫妇从一个地方的沃尔玛到另一个地方的沃尔玛购物的经历,基本上描述的是他们在沃尔玛购物的体验如何美好等。这是爱德曼公关公司为沃尔玛设计的公关手段,安排中年夫妇以消费者的身份出现在博客中讲述在沃尔玛购物时享受到的优质服务与动人故事,试图利用博客这种转发传播的功能提升沃尔玛优质服务的知名度,在广大消费者心中树立口碑,属于一种潜在的营销手段。但是很快有人发现这对夫妇其实是爱德曼公关公司付费赞助的,甚至他们的行程也由该公司负责安排,而爱德曼公关公司刻意隐瞒了这一行为,这个消息被公众知晓后,网络上恶评如潮,许多人认为这是沃尔玛利用"假博客"欺骗公众,企图混淆公众视听,本质是一种误导消费者消费行为的表现。这使得沃尔玛的形象不仅没有提升反而在公众心中大打折扣,最后爱德曼公关公司的 CEO 不得不站出来为公司的不透明操作道歉,并申明了事件的责任在于爱德曼公关公司而不在沃尔玛。

实际上,爱德曼公关公司很早就开始研究 Web2.0 的商业应用问题,为此还特意聘请了史蒂夫·鲁贝尔(互联网上颇有名气的博客"微说服"

---

① http://tech.sina.com.cn/roll/2005-10-31/1405752436.shtml。

的作者、资深的营销专家)出任公司的高级副总裁。同时,爱德曼公关公司还与著名的博客搜索引擎 Technorati 合作开拓国际市场。爱德曼公关公司在对 Web2.0 和博客有长期研究的基础上竟然还出现公关失败的事情,这让很多人都感到不可思议。

事实上爱德曼公关公司在企业公关领域遭遇“博客门”并非孤立事件,七喜在企业博客公关中也曾出现过“假博客”事件,形象也因此受到影响。

在 2003 年 3 月,七喜推出一款新调味乳产品——“狂牛”,为配合其全美巡回营销活动,特地开设了“狂牛博客”,请消费者以“狂牛”用户身份在博客上分享对这一新款调味乳品的饮用体验,取得了较好反响。但好景不长,在不到半个月时间就有人出来揭发了博客中几名大力赞美“狂牛”的作者是七喜特意安排的,意在通过网络传播先入为主地制造潜在消费者对“狂牛”饮品良好的第一印象,引导人们消费。消息一经披露,七喜造假的信息在网络上迅速传播,马上引发了一场消费者抵制“狂牛”的活动,七喜的品牌形象因博客造假的行为受到很大的损害。[①]

点　评

错不在博客,而在其公关,这是以上两起事件造成不良后果的关键所在。这也是沃尔玛“博客门”事件后,爱德曼公司有关负责人恰如其分地对其公关失误所发表的看法。在此案例中,爱德曼公关公司和七喜给了我们“殷鉴不远,在夏后之世”的思考。作为公关的覆车之鉴,我们有必要总结出一番教训。

公共关系的传播是一种有组织、有计划的交流活动,传播的目的是沟通与公众之间的信息联系,通过交流建立双方平等的互信关系。而诚实守信原则是双方建立稳固信任关系的首要前提。因为诚信不仅是商业活动中最佳的竞争手段,人类社会中不可缺少的美德,而且是现代公共关系信息传播的立业之本。由本案例可知,其公关失败的原因并不在于使用了博客作为推广产品和塑造组织形象的传播媒介,也不是因为公共人员执行力不够到位,而是爱德曼公关公司和七喜在博客传

① 齐小华,殷娟娟等:《公共关系案例研究》,武汉.武汉大学出版社,2009 年版,第 4—5 页。

播的过程中违背了公共关系传播的基本原则。在其策划的公关活动中，两公司所采取的行为违反了诚信原则，隐瞒部分事实或掺杂一定夸张甚至虚假成分，如果能一直不留痕迹地不被曝光，固然能够取得良好的效果，但一旦公众知晓这种不尊重公众知情的权利和欲望的行为时，其所做的一切努力只能导致“反公关”的结果，最终削弱了企业在公众心中的可信度，破坏了企业的形象，不利于企业的生存和发展。

所以，爱德曼公关公司和七喜要想博客公关行之有效，在从事公关活动时就应实事求是地传递信息，不应该有隐瞒、造假或夸张不实的情况，要相信群众的眼睛是雪亮的，不要试图弄虚作假、欺骗公众。而应遵循一个公共关系史上早已形成共识的观点——公众必须被告知，在公共关系实践活动中以此为自己的行动准则。因此，可以想象，如果爱德曼公关公司和七喜事先告知公众是特意请人进行真实的体验，然后借助博客发表感想，那么也许又是另一番景象。

拍案二　戴尔忽视客户博客的教训

成也博客，败也博客。博客曾给戴尔公司造成极大的冲击，使其一举成为因博客引发危机的反面案例。

2005 年 6 月，戴尔公司因拒绝一位客户维修或更换一台损坏了的笔记本的要求而得罪了这位客户。他叫杰夫·贾维斯，是一个资深媒体人、评论家、某大报的专栏作者，还是《娱乐周刊》杂志的创办人。然而这些头衔比起他的博客来都显得不那么重要，杰夫·贾维斯的博客才是致命武器，他的博客在网络上有很高的人气，几乎人尽皆知。

从 6 月开始，戴尔公司的行为使杰夫·贾维斯动真格了，抱怨戴尔公司的文章出现在他的博客文章列表中。于是，整个夏天，杰夫·贾维斯都在呼吁“让戴尔公司见鬼去”。他的知名度使其博客具有强大的影响力，每篇博文都会有几十个博友回复。戴尔公司显然没有正视这个博客传播的力量，低估了每天几乎有 5000 多位访客的 BuzzMachine 制造影响力的能力。戴尔公司意料之外的事发生了，杰夫·贾维斯的做法引起了众多博客的效仿，对戴尔公司技术支持和客户服务不满的人纷纷回复他的博客网站，支持者人如潮涌。

忍无可忍的杰夫·贾维斯于8月17日写了封公开信给戴尔公司董事长兼CEO迈克·戴尔和戴尔公司市场部负责人迈克·戴尔。据BlogPulse(分析博客趋势的网站)显示,当天有1%的博客发表意见评论这件事,或链接这封信。在国际博客世界,这封信成了当天链接排名第三的文章,成为当时一大热点。8月23日,领略过博客造成的舆论压力的戴尔公司给杰夫·贾维斯退了款,并表示此后将采取新的措施改正服务流程,并重视来自博客的反馈意见。①

博客给戴尔公司带来的负面显而易见。2005年11月,戴尔公司的季报显示其利润下滑28%。此后,戴尔公司从中吸取了教训,于2006年7月开设了英文企业博客(http://www.direct2dell.com),试图通过数字交流工具拉近与客户的距离。2007年3月,在迈克·戴尔访华前夕,戴尔公司开通戴尔中文博客网站——戴尔直通车,使之成为业界首家开设中文企业博客的个人计算机厂商。

在中文博客里,来自戴尔公司管理层、工程技术部、客户关怀部,甚至销售团队成员都将以网络博客写手的身份向网友展示戴尔公司的产品与服务,讨论行业趋势,分享工作和生活,关注客户反馈,欢迎网友提出讨论话题与在线互动交流。除了博客之外,戴尔还推出StudioDell数字沟通工具,希望借助网络和数字社区等工具,聆听客户的声音。②

点　评

水能载舟,也能覆舟。在科技与信息发达的年代,在载体形式不断丰富多样化的时代,大众不单单是媒体的消费者,同时也是信息和意见的发行者,通过互联网,个人不仅可以根据自己的体验和观察表达自身的观点和感受,而且能够在互联网上传播和放大,甚至影响整个社会的观点。戴尔公司的失误之处正是忽视了博客中个人的力量,从而导致企业的形象出现危机。经一事,长一智,戴尔公司后来开通中英文博客的行为,也证明了客户意见的重要性。戴尔事件充分说明,企业要保持与客户近距离的沟通,维持企业的形象和声誉,就不能忽略博客的存在。

① http://tech.sina.com.cn/roll/2005-10-31/1405752436.shtml。

② http://tech.qq.com/a/20070320/000202.htm。

拍案三　白马禅寺住持博客征楹联

白马禅寺位于山西晋城市市区北侧 5000 米的白马寺山顶上，白马寺山又名司马山，相传因北魏司马懿封长平侯曾登临此山而得名。晋城白马禅寺现为中国百座重点寺庙之一。

2011 年 4 月 13 日，白马禅寺住持释能继法师通过个人博客公开面向全社会征集 76 副楹联。作品征集来之后，白马禅寺将邀请中国知名书法家书写楹联，并由专业刻字师镌刻悬挂于各个殿堂楼馆门前。楹联征集的截止日期为 2011 年 12 月 30 日。释能继法师认为，征集楹联的过程，也是对佛法的传播和推广，希望有更多的人参与此次活动。

释能继法师在接受媒体采访时说，2006 年开始，他就开通了晋城市白马禅寺的网站，希望通过白马禅寺的网站等现代传媒弘扬佛法。2008 年，释能继法师开通个人博客，博客中链接了心廉法师、海峰禅师等高僧。在法师的个人博客上，除了记录法会、开光、祈福等佛教仪式的内容外，还有摄影展、书法展等各种社会活动。释能继法师表示，弘扬佛法要走出去，顺应现代人的生活方式和习惯，通过博客等网络让更多的人认识佛教、理解佛教。①

点　评

首先，释能继法师建立网站、开通博客表现了宗教界人士能够与时俱进地享受现代科学技术带来的便利，通过网络展现山西白马禅寺主动参与社会活动的现状。由此可见，佛教僧人的形象并非不食人间烟火，而是能够融入现代人的生活，社会公众可以通过网络了解他们，减少与宗教生活的疏离感，加强公众对佛教文化的认识和了解。

其次，释能继法师利用博客征楹联实质上是一种文化型的公共关系活动。楹联是我国优秀传统文化的重要组成部分，是中华民族的瑰宝，它讲究文学性和艺术性，具有雅俗共赏的特点，能够发人深省，给人以启迪，为社会各界人士所喜闻乐见。白马禅寺主持用博客征集楹联，

① http://www.chinanews.com/cul/2011/04-14/2972584.shtml。

可借助这种参与性强的文化形式或文化主题来加强佛教与社会公众的交流，把普通人的生活与传统文化联系在一起，对调整和规范公众的行为和观念，提高参与者文化素质与品位，提升白马禅寺的知名度，弘扬传统佛教文化具有重要意义。

回味隽永

本篇所列举的案例从正反两面展现了危机公关、产品营销公关、品牌公关、政府公关、文化公关等不同种类的公关。虽然公关的主体各不相同，但他们的实践共同证明了一点，在诸多公关活动中，博客已成为其不可缺少的应用载体。企业、政府、个人等通过博客完成了公共关系实践中信息沟通传播、化解危机、塑造形象、协调关系等方面的使命。博客凭借其较强的互动性超越了传统媒体，创新了公关媒体，在公共关系中发挥了应有的作用。但不可否认的是，博客公关并非十全十美，也有其不足之处。因此，结合本篇案例，我们认为博客要在公关之路上走得更加顺畅，必须做好以下几点。

第一，明确定位，选取适宜的博客公关内容。首先，博客是传播的载体，要进行怎样的公关，公关主体必须要有明确的定位。例如，在企业层面有员工内部、外部的公关博客，政府关注民生的博客，企业产品营销博客，经营个人形象的博客。其次，有了明确的定位，内容上就要有所选择。博客是一个倾向于个人表达的平台，博客的内容自主选择性比较大，所以公关主体利用博客从事公共关系活动，需要选取有针对性的内容才能快速高效地达到所要求的效果。例如，将博客定位为公益性质的博客，一般要选取关于社会公益的信息，并将其作为博客主题持续发布相关的动态，而如果在博客中出现不符主题的信息，如商业营销广告等，很有可能会削弱博客的公益性质。总之，公关主体要做好博客内容发布的主导者角色，在内容选择上可针对有价值的，适于其博客定位的元素进行深入的挖掘。

第二，坦诚交流，做到真实不掺水分。真实原则是公关先驱艾维·李的理念，也是时代的需求。事实在先，公共关系在后。唯有真实的信息传播，才能更好地实现组织与公众的平等沟通，服务于组织与公众的利益。例如，文中假博客的案例，组织为了争取公众的好感和产品的销路，以雇用"网络枪手"或者制造假事件来欺瞒公众、吸引公众的注意，或许能够得逞于一时，但当水落石出的一天，就是其公关失败、信誉形象毁坏的一天。弄虚作假、掺杂水分始终无法取信于公众，此种行为如同搬起石头砸自己的脚。所以，为了确保真实，要求组织要坦诚地与公众在博客中进行交流。

第三，堵不如疏，正确处理负面意见。博客是一个自由度很高的媒体，公关主体即使做到很坦诚地面对公众，博客上的评论意见仍然具有正负面之分。正面的意见固然是对其坦诚的肯定，但当网友在博客中释放不满时，要懂得正确处理，千万不要视而不见，更不能屏蔽堵塞负面的留言，因为这些都有可能是潜在的危机，避免不是最终的解决办法，应坦然面对，尊重为上，迅速有效回复，回复言论时要坚持适度原则。例如，遇到危机时，应第一时间公布事情的真相，打消公众的疑虑，以引导舆论走向有利的方向。

第四，建立机制，有效应对危机事件。由本篇中的案例可以看出，博客是把双刃剑，因为博客有着病毒式传播的特点，如果是负面的博客信息传播，将带来无法预料的损失。因此，组织在运用博客进行公关时，要树立危机意识，如设计第一时间公布事实真相的预案。同时，也要与"网络意见领袖"建立信任关系。"网络意见领袖"是在人际传播网络中为他人提供信息，同时对他人施加影响的"活跃分子"，在博客中，"网络意见领袖"具有一定的号召力，能影响信息的走向。所以，在实践中要重视与"网络意见领袖"建立和谐信任的关系，在危机出现的第一时间争取获得"网络意见领袖"的信赖与支持，在处理危机的过程中依赖"网络意见领袖"来传播正面的信息，将有助于迅速化解危机和有效减少损失。

第十五篇

视频的公关价值：此情可待互动追

随着互联网技术的发展，IM、微博、博客、SNS网站、社区论坛等网络交流平台不可阻挡地进入社会大众的生活，它们拥有的独特个性与大量的关注群体，最大限度地实现了社会化信息的可选择性，提高了信息传播交流的广泛性，使它们成为构建网上公共关系活跃的场所。作为新兴的沟通交流工具，网络视频有着形象生动、互动传播的特性，这就决定了它也是一个开展公共关系活动的重要载体。网络视频与传统电视技术的区别在于，它改变了电视传播中公众作为被动接收信息的角色，凭借网络视频技术实现视频与公众实时双向互动，在互动中达成信息和价值观的传递。互动是网络视频公关主体实现公关活动价值不可缺少的一环，本篇的几个案例集中体现了这一点。

开篇导例

开篇之述：维他柠檬茶“要来就来真的”主题活动

维他奶饮品是维他奶国际集团有限公司(以下简称维他奶)旗下一个家喻户晓的品牌。面对竞争日趋激烈的饮料市场，维他奶饮品为了转变形象，特别是旗下维他柠檬茶的年轻品牌形象，围绕“要来就来真的”主题进行了一整套公关推广活动，目的就是要人们清楚维他柠檬茶与市面上其他茶饮料的不同，它是“真茶＋真柠檬”，主要针对年轻消费者。

维他柠檬茶在户外平面广告(包括公交车车身、地铁、候车亭)、电视做了一些品牌的传播活动，这同传统的广告投放一样并没有多大差别。维他柠檬茶的特别之处在于其选择了深受年轻一族喜爱的网络视频——土豆网，连续两年开展了两个非常有创意的活动，让维他柠檬茶青春、时尚的品牌形象深入人心。

2008年，维他柠檬茶率先与土豆网视频合作开展了“要来就来真的”DV创意大比拼活动。维他柠檬茶首先通过土豆网向广大的视频爱好者展示了四篇以“要来就来真的”为主题思想的广告片，分别为爱情原则篇、非常服从篇、醒一醒篇和谁怕谁篇。故事的核心是挑战中文的委婉表达，让观众感受到年轻人追求个性、敢说敢做敢秀、挑战有趣生活的搞怪个性，鲜明地传达了“要来就来真的”主题。以此为契机，土豆网和维他柠檬茶一起推出了“维他柠檬茶要来就来真的DV大赛”，向网友征集生活中类似的“要来就来真的”故事，在两个月时间内征集了123个视频作品，并打破了单个征集作品播放量超过40万的纪录，总视频播放量高达360万以上，活动总曝光量超过2.8亿次。这一极具趣味的主题活动带动了网友的传播与分享，调动了相当高的参与度，获得了非常惊人的传播效果。

2009年，维他柠檬茶延续了“要来就来真的”主题，继续与土豆网合作推出“寻找真柠檬”在线互动游戏。此活动的亮点是，网友在指定的时间在土豆网上观看视频时，页面背景广告全是维他柠檬茶广告，柠檬会突然从屏幕上方掉下来，而这时只要用鼠标轻轻点击掉下的柠檬图就会弹出一个对话框显示点击者抢到的是第几个柠檬，若谁点中第 2009 个柠檬，即可获得丰厚大奖。此活动简单易行，调动了网友巨大的参与热情，许多看视频的网友期待着真柠檬掉下来的激情时刻。有统计显示，仅此项抢夺真柠檬的在线视频互动游戏活动，点击率就超过了 18 万人次。正如一名获奖者在发表获奖感言时表示："我觉得本次这个活动形式非常不错，就像天上掉馅儿饼一样！"而维他柠檬茶在此次互动游戏平台上共完成了 5.5 亿次有效广告展示，拥有 102 万次的广告点击，活动网站总访问量达 145 万以上。

实践证明，通过两年的视频推广活动，消费者对维他柠檬茶的关注度大增，潜在的目标消费群以新颖的形式被挖掘出来，销量得到迅猛增长，成绩斐然。"要来就来真的"产品口号成为了年轻一族的口头禅，维他柠檬茶的品牌文化得到了消费者的认同。①

开篇之论：好风凭借力：欲得公关价值还看视频互动

社会组织、公众、传播是构成公共关系的三要素，社会组织即公共关系的主体，是公关活动的实施者和承担者，客体则是社会公众，连接主体与客体的中间环节是信息传播。传播是使组织与公众之间建立关系的一种手段，离不开实现这种手段的传播媒介，在维他柠檬茶树立品牌形象活动中，视频成为为公共关系目标服务，树立产品的品牌文化，通过双向沟通拉近消费者与品牌之间距离的重要工具。结合以上案例，可从以下两个方面思考其成功之处。

首先，形象定位清晰，主题选择明确。品牌形象是组织形象的重要组成部分，成功的品牌有利于组织形象的树立和组织管理的成功，维他柠檬茶将品牌战略定位在年轻的消费者身上，所进行的活动也符合年轻人求新、求变、时尚的特性，选择开展公共关系活动的载体也是年轻一族喜爱的土豆网视频，因而吸引了众多年轻消费者的参与。同时，尽管维他柠檬茶与土豆网两年的推广活动形式有所不同，但是活动主题都是围绕"要来就来真的"这句广告语进行的，完全与年轻人敢作敢当、追求个性的形象相吻合，这都有利于塑造维他柠檬茶适合年轻人的品牌形象。此外，历史

---

① http://www.cnad.com/html/Article/2009/1203/200912031 53857963.shtml。

经验证明，成功的形象塑造不是短时间就可以完成的，需要一个不断累积、构建的过程，维他柠檬茶转变形象并非一蹴而就，而是明确主题坚持常年推广，符合公共关系中形象塑造必须遵循的持续性和延续性原则。

其次，高度互动性是其树立品牌形象的直接推动力。维他柠檬茶中的广告宣传明显是单向传播的，公众在接受其推广时是被动接受的角色，但也能因其广告创意提高公众对它的接受度和品牌记忆度。而公共关系的传播则更强调互动性的传播，根据公关主体的需求和目标受众的定向，吸引网友围绕活动的主题，让网友在参与活动中主动了解产品和接受品牌形象，这是硬广告无法达到的效果，却是互动活动孜孜以求的公关价值所在。维他柠檬茶首先以“要来就来真的”为主题的四个创意视频吸引公众的好奇心，然后以此为引子鼓励网友积极动手参与上传类似视频，以及第二年用简单的互动游戏吸引网友参与，两种方式都调动了公关主体与公众的互动积极性，品牌形象在悄无声息中潜入消费者的心中，消费者的消费欲望也因此触动，给人以“润物细无声”的效果，维他柠檬茶公关活动的价值也因土豆网视频中的双向互动得以实现。

史镜今鉴

特富龙“煮动出击”网络真人秀活动

特富龙是杜邦公司旗下不粘锅涂层材料，2004 年时该产品陷入可能致癌的风波。虽然 2005 年经国家权威部门的检测证明，特富龙不含任何致癌物质的残留，但 2004 年的情况在消费者中所造成的影响依然没有完全消除，有的不粘锅厂家甚至将“不含特富龙”当做向客户推销时的卖点。

杜邦公司氟产品事业部亚太区企宣经理汪文介绍，特富龙可以防止食物烧焦，杜绝人们摄入烧焦食物中的致癌物质。用这种锅具还可以在烹煮中减少用油，从而降低人们对油脂的摄入。另外，特富龙不粘锅的传热性好，油温控制在中低温度，借此可以减少食物中维生素的流失。

到了2006年，尽管所有的媒体都不再怀疑特富龙的安全性，但让许多特富龙的下游厂商感到为难的是，特富龙的这些优点靠传统的广告语或者新闻发布会已很难向消费者解释清楚。其实早在2005年，杜邦公司就试图用“轻松烹饪，健康生活”的理念来重塑特富龙的品牌形象，但找不到合适的公关途径。

为了向目标客户传达特富龙这一产品生动化的概念，增强特富龙品牌传播的持续冲击力，杜邦公司和爱德曼公关公司决定做一次尝试，他们大胆策划了一场“煮动出击”网络真人秀活动，准备以网络选秀特富龙30万元代言厨星的方式来推广品牌形象。

他们在新浪宽频频道专门开设官方视频互动网站，在2006年8月拉开海选大赛，于当年10月选出12名选手进入10轮的淘汰赛。在海选之初，“煮动出击”网络真人秀活动的组委会规定，参赛者只要对烹饪感兴趣，即使没有任何基础也可参赛。事实上，海选更看重选手的才艺，厨艺仅仅停留在口头上，这为“轻松烹饪”埋下了伏笔。因为在此后10轮的淘汰赛中包含了“学厨”和“对抗”两个环节，在学厨的课程中，突出在有特富龙材料的情况下，可以做到少放油、轻松煎炒、减少营养流失等好处，学厨的过程实际上便成为传达特富龙产品信息的平台。

选秀开始不久，新浪网每天的浏览量都有几千人次，该活动至2006年11月底结束，总的浏览量接近30万人次。此外，大量有趣的比赛视频被网友下载并被转到人气很旺的土豆、酷6等视频网站以及一些专门的美食论坛，甚至在网友的博客上。另一种形式的互动也在进行，现场参与节目录制的观众也把手机拍的照片和视频上传。同时，一些专业的论坛开始讨论选手的表现，一些人气选手开始有了自己的粉丝。

为了适应网络传播的特点，“煮动出击”网络真人秀活动还将所有上传的视频都限制在10分钟以内，即使最后的冠军大对决邀请了“我型我秀”的3年总冠军和信乐团主唱前来表演助阵，视频也被分为5段上传，节目时长不超过20分钟，包括4位嘉宾的表演、2位选手的比赛对决。而整个赛程11轮的真人秀，每轮被分为4段，每段在7分钟左右要完成一次学习和淘汰的过程。视频剪辑紧凑、简洁且富有节奏感，汪文表示，这一切都符合网友看视频的习惯，有利于网络传播。事实证明，这些下载方便、节奏轻快的视频，即使“煮动出击”网络真人秀活动已结束了几个月，但仍有网友互相转发、分享。

“特富龙在目标客户群中的新品牌形象正在慢慢地建立起来。”对于公关的效果汪文非常满意。据特富龙下游厂商的反馈，特富龙在重点城市的市场反应热烈，产品销售量有了明显的提升。[①]

形象是指社会对一组织综合认识后形成的印象和评价。对一个企业来说，企业形象至关重要，事关消费者对企业的信任以及对其产品的信心，直接影响企业的生存和发展。在企业领域，公共关系就是研究如何运用双向传播的手段来塑造企业在公众心目中的良好形象。在本案例中，特富龙终于找到了正确的传播渠道，通过网络视频真人秀活动实现与消费者的互动公关，在烹饪比赛中通过与参赛者互动，不动声色地宣扬特富龙材料在烹饪中的优点，在网络上以有趣且富有节奏感的视频吸引网友的关注，同时方便网友互动传播。互动的结果是彻底消除了 2004 年致癌风波造成的消费者对该产品的疑虑，新的品牌形象正慢慢建立起来。

三刻拍案

拍案一　上海通用网络移动视频直播宣传低碳汽车

自 2008 年年初启动“绿动未来”战略以来，上海通用已推出高科技、低油耗的 13 款涡轮增压、智能直喷或混合动力发动机装配在 27 款车型上。但在新能源车的宣传上，上海通用一贯表现得比较低调，因而很多消费者对通用汽车的认知仍停留在美系车的层面上，而美系车素有“油老虎”之名。随着人们对节能减排的日趋关注，上海通用也积极达成低油耗和高科技的提升。

从 2010 年 4 月的北京车展开始，由上海通用与酷 6 网团队共同策划，确定了以特定路线行驶的油耗量为活动核心，采取线下低油耗挑战、线上油耗竞猜相结合的方式，呈现一场集竞技性、互动性、线上线下联动

① 商思林：《特富龙“煮动出击”》，载《商务周刊》2007 年第 20 期，第 78—79 页。

性于一体的大型网络互动传播——“零距新引擎，挑战低油耗互动竞猜”活动，引发网络和传统媒体的共同关注。

在这个活动中，酷 6 网首开业界先河，运用移动视频直播技术，使用无线设备将车内外 4 个摄像头采集到的视频发送至网站进行直播，支持 200 万人同时在线观看。在每场直播中，上海通用邀请节油专家驾驶一款旗下新车，在指定路线和时间内立下平均油耗的标杆。参加的选手在限定的时间内，在相同的路线上获得比专家更低的油耗数值则挑战成功，可获得 iPhone 手机一部。

每期网友可在互动活动平台中竞猜每位参赛选手的最终平均油耗成绩，参与各类途中趣味互动活动。只要成功猜对平均油耗和趣味竞猜中的任意一项，就能参加抽奖，赢取大奖。在线下活动的策划中，“零距新引擎，挑战低油耗互动竞猜”活动以别克英朗等 7 辆通用新车为奖励，吸引了千万网民的关注，将近 10 万网民直接注册参与。

在北京车展之后，活动陆续登陆上海、广州，结合广受关注的世博会、世界杯、亚运会，在 3 个城市的热点行车路线，通过“专家示范、网友挑战”的形式真实地展现了上海通用汽车车型在发动机先进性方面的优势，全程以“线下挑战”、“线上竞猜”的机制刺激公众广泛参与，最后通过信息、知识、论坛、SNS、微博、手机等多种渠道进行活动效果的口碑传播。据统计，截至上海站挑战落幕，网站注册参与人数已超过 9 万，并呈持续上涨态势；2.5 万人报名参与挑战，逾 6 万人参与线上竞猜活动；直播当天的页面访问量过百万，更有 1 万多人预约到经销商处试乘试驾，此活动对汽车销售起到了巨大的推动作用。

凭借移动视频直播技术，上海通用打造了一场真人、真实路况、在线全程视频直播的网络互动活动，成功地树立了上海通用低碳和高科技的品牌形象，开辟了汽车品类传播的新篇章。[①]

点　评

作为以树立企业自身形象为追求的公共关系活动，其目的就是要

① 《上海通用首创网络移动直播．网友见证低碳汽车》，载《市场观察》2010 年第 10 期，第 16—18 页。

在社会公众心目中展示企业存在的价值,传递企业的各种信息。这种价值的显现和信息传递所依赖的唯一手段就是传播,离开了传播,一切形象均无法确立,而如何运用传播把公共关系目标和设想变成行动则是公共关系主体需要考虑的重要问题。

在本案例中,上海通用采用现实中真人、真实路况低油耗挑战活动,利用移动视频直播技术吸引公众的注意,再配以线上互动竞猜激发网民参与的热情,取得了很好的传播效果。上海通用不仅有线上线下相结合的视频直播活动,还通过信息、知识论坛、SNS、微博、手机等多种渠道进行口碑传播,这一系列的互动传播使上海通用此番公关目的得以顺利完成。

拍案二　百事节日公关：个性祝福视频助营销

节日几乎是每个企业提升品牌形象、促进销售的最佳时期。如何在司空见惯的节日中吸引公众的关注是对企业公关宣传活动模式选择的一个重要考验。2008 年新年,百事选择与土豆网合作推出创新节日视频营销公关活动——个性祝福视频定制,让百事有了一个崭新的创意。

百事旗下拥有多位人气明星,在新年期间的销售推广,通常是请众明星一起拍个电视祝福广告。2008 年,百事同样打着其最擅长的明星牌,但却略有不同,百事先邀请林丹等明星预录了好几段节日祝福的视频,他们每个人手中都拿着一块空白的黄板子,然后将这些视频上传到土豆网。网友选择自己喜欢的明星录制的视频,在明星手上所持的黄板子上面键入自己希望祝福的朋友的名字、祝福语、自己的签名,这样就成为一个定制的个性化视频,可以发送给自己的朋友。制作视频的步骤像电子贺卡一样,但以往的电子贺卡往往只是一个电子图片,最多只有 Flash 播放,而在土豆网制作的视频贺卡则是一段完整的视频,里面既有公众喜欢的明星,又有文字的编辑,保证了这个视频贺卡的个性化。

这种视频贺卡成为土豆网的首创,在 2008 年新年期间调动了土豆网网友高度参与的积极性。据统计,累计 25 万个祝福视频被送出,超过 10 万次祝福视频转发,视频播放次数达 60 多万次,超过 65 万专区 PV,广告点击量超过 100 万次,达到了超 3 亿次的品牌曝光,而平均每次点击的成本则只有0.19元，通过祝福视频转发互动，百事使整个品牌推广达到了良好的效果。①

点　评

公共关系在一定程度上表现为人与人之间的关系，百事的节日个性视频淡化了销售形象，扮演了人与人之间沟通情感、传达友谊的亲善使者形象，体现了公共关系的情感性原则，而充满情感交流的公关传播更富有人情味，能够突出公共关系传播的个性和价值层次。在本案例中，百事的互动方式在于从中国人在节日时总愿意互相送祝福的传统风俗习惯出发，利用土豆网的视频技术使网友自己定制个性化祝福视频，这种新颖的方式以百事品牌为背景，以祝福为名激励网友在自己的亲朋好友间相互转发显得自然而然毫不做作，互动行为在网友间自发转发中形成，百事的品牌推广也潜移默化地随着祝福到达每个人的心中。

拍案三　AT&T 错误视频公关

有的品牌利用视频成功地树立了口碑，有的品牌却因为不恰当的视频危机公关，被推向了风口浪尖。作为 iPhone 网络服务的独家提供商 AT&T(American Telephone & Telegraph，美国电话电报公司)的网络服务一直受到其使用者的抱怨和媒体的指责。为挽回声誉，2009 年 9 月，AT&T 在 YouTube 上推出了危机公关视频。在其近 3 分钟的视频里，一个名为 Seth 的 AT&T 博客写手表示："我们知道那些网站上，如 Twitter、Facebook 上的议论，所以我们想应该推进那些被讨论的事情。"在视频结束时，Seth 承诺 AT&T 的很多服务要提升，并说明即将在 9 月 25 日启动多媒体信息服务，同时解释了 AT&T 的这项服务耗时良久的原因。

这次视频危机公关并没有取得良好的效果，反而被指责为没有亲和

① 王艳辉，熊莉：《快消品推广"土豆妙法"》，载《成功营销》2009 年第 2 期，第 54—57 页。

力，大大出乎了 AT&T 的预料。原本作为公关沟通工具的视频却被社交媒体专家、博客写手和评论家以及消费者等嘲笑为自我偏袒，言之无物，反应太慢。对于 AT&T 中规中矩的解释让社交媒体专家和 YouTube 观众认为 AT&T 应该对愤怒的 iPhone 用户做出更多的补偿。

首先，社交媒体专家杰基·休芭认为，Seth 在视频中只是一个次要的公关人员，顾客和媒体对服务质量的抱怨，企业理应派出像 CEO 这样的人物作为代言人。

其次，杰基·休芭认为，大胆认错是公司人性化的一个重要特点，只要有了人性化的外观和谦卑的态度，会让更多的人喜欢。另有专家坦言，AT&T 的视频过分冷静，没有表达出人性化的一面，没有让客户感受到“我们能感觉到你们的痛苦”的服务。而消费者正需要一个能够进行沟通和对话的人物，一个能展开讨论和联系的人物。YouTube 是向观众表达沟通情感和引起共鸣的完美载体，AT&T 却没有提供更多坦诚和热切的谈话，仅仅使用图表和柱形图是不够的。[①]

点 评

从公关实务的角度看，加强信息的披露与公众的沟通、争取公众的谅解与支持是危机公关的基本对策。媒体是企业与公众之间信息沟通的桥梁和纽带，负有监督社会、引导舆论的责任，对公共关系成功与否具有重大的意义。从 AT&T 视频推出后公众的反映来看，它的公关是失败的，原因在于：一是没有做好与公众的沟通；二是没有争取到媒体的支持，这表现在现实中则是 AT&T 过于偏向单方面的解释，缺乏与社会大众的互动。

反思 AT&T 失败的事实，启示我们在视频危机公关中应注意几个方面的问题。一是应树立强烈的沟通意识。沟通对危机带来的负面影响有最好的化解作用，如 AT&T 应该加强与它的使用者的沟通，稳定他们的情绪，了解他们为什么抱怨和指责，通过了解，在进行公关时就能知道怎么满足他们的需求。二是善于与媒体相互配合，即使危机还没出现，也应先与媒体处理好关系，一旦发生危机，就可以利用媒体

① 杨晓颖：《AT&T 错误视频公关》，载《成功营销》2009 年第 10 期，第 24 页。

即时发布事件真相，积极监督引导舆论发展。三是要选好发言人。发言人是企业处于危机时的代言人，其主要职责是正确传达企业的信息，跟媒体打交道，不合适的发言人只会使危机更加恶化。发言人在对外说话时必须要明确怎么说、谁来说、跟谁说，在必要的时候领导者应该成为危机的发言人，该担当责任时要勇于担当，并且态度要诚恳，因为任何态度都比不上真诚的道歉和坦诚，只有这样才能够得到更多公众的理解和支持。

回味隽永

从本篇列举的网络视频公关案例中可以看出，它们作为以视频为载体的互动公关活动的方式虽然不相同，但它们的目的是相同的，就是都希望能够得到公共关系活动的价值。而从活动成功的关键来看，网络视频中的互动环节成就了他们的这一追求。这也证明了双向互动沟通、互动传播对于公共关系活动价值实现的重要性。然而，如何在公共关系活动中完成公关主体与客体的相互影响、相互作用，使他们之间达到良性互动，从而产生积极的公关效应。总结本篇案例，可以通过遵循以下几个原则加以实现。

第一，主动性原则。在公共关系活动中企业必须主动地去与公众建立和维护良好的关系。这一过程要求公关主体具有良好的公共关系意识，但只有公关意识是不够的，因为意识和想法再好也必须付诸行动才能有实现其价值的机会，而公关行动的实施则有待于公关主体主动性的积极发挥才能将公共关系的策划推向公众。以危机公关为例，一旦危机发生，公关主体就必须第一时间做出反应，这无疑需要公关主体主动性的发挥，如果不主动应对危机，企业将处于被动地位，增加危机化解的成本，甚至可能恶化危机。维他柠檬茶的成功与其主动推广品牌策略是分不开的,特富龙的网络真人秀也告诉我们,只有主动出击公关各方面的执行力才能坚决落实下去,这是公关活动取得效果的前提。

公关主体拥有主动性并不意味着作为公关客体的公众是完全被动的、随意受摆布的。公众可以随时表达自己的意志和需要,主动地对公关主体的政策和行为做出积极的反应,这样才能对公关主体形成舆论压力和外部动力。上海通用移动网络直播互动活动中只有公众主动参与线上投票互动,它的公关价值才得以显现。这样,公关活动就在公关主体和客体双向主动性的刺激下产生互动。

第二,艺术性原则。在社会公众中树立良好的企业形象是公共关系的目标,企业形象的塑造和传播需要尊重客观事实和按照规律办事的科学性。但是客观地反映真实情况还不足以构成完整的公共关系,公共关系在讲究科学性的同时还需要讲究艺术性。艺术性包含两个方面:创新创意和情感沟通。创新创意要求把富有激情的创意策划和活动贯穿于企业形象塑造和传播中,从本篇的案例中就可以看出,公众的需求是复杂多变的,我们不能拘泥于一种公共关系模式,应该以其艺术形式和创造性的手段增加活动的娱乐性和趣味性,使其成为企业与公众参与公关互动活动的有效催化剂。另外,在公关活动情感沟通方式上也体现了艺术性原则。例如,百事个性视频案例中利用了人的情感认同决定了人与人之间必然会互送祝福的特性完成了品牌的互动传播,这种公关的艺术性值得公关人员注意。

第三,以人为本的原则。公共活动离不开人的参与,其工作实质就是一种以公众关系为核心的内容,不同公众中存在着与公关主体共同或类似的价值观,这固然有利于企业与公众达成传播沟通的共识,但企业也必须尊重公众中不同的价值观,这就是一种以人为本的体现。以人为本就是要求在公共关系中坚持平等协商、互利共赢的原则,如企业以公众的需求为出发点,协调好企业利益与公众利益的关系,重视不同意见者的反馈,根据反馈意见调整公共关系活动,做到真正投公众所好,以满足公众的需求和提供优质的服务、产品来调动公众参与的积极性,这是实现企业与公众互动的有效动力。

第十六篇

立足用户　注重创新

人们常说："顾客是上帝"。对于网络群体来说，网络用户也是"上帝"。任何网络群体想要在激烈的互联网竞争中得到更多用户的信任，关键就在于如何运用网络群体性公关，施展其公关魅力，不断满足用户的新需要。网络群体开展网络群体性公关的目标在于，利用网络交流和互动的平台（如网络虚拟社区、网络论坛、IM交流等），使其在发展的过程中立足创新公关，树立良好的形象，提升其自身在互联网领域的地位。网络群体进行网络群体性公关，首当其冲的是把握用户，即根据形势的变化和用户的需求，不断地进行自我完善和发展，立足实效与创新。

开篇导例

开篇之述：天涯社区——全球华人网上家园

“海内存知己，天涯若比邻。”这是唐朝的著名诗人王勃《送杜少府之任蜀州》中的千古佳句，意思是海内有知心的朋友，即使远隔天涯，也像是近邻一样。诗句虽是送别之作，但表达了四海之内得一知己的珍贵和不易。

天涯社区于 1999 年 3 月创办至今已经有 14 个年头。天涯社区一直致力于探索用户定位，总体来说是“三高”：年龄高一点；学历高一点；消费能力也高一点。除了准确的用户定位，天涯社区还不断摸索着自己的营利模式。据天涯社区的总裁刑明透露，天涯社区里不仅要有千万的、上亿的用户，还要有十万、百万的企业，天涯社区在营利模式选择上会以企业为主。2009 年年底天涯社区高调推出了最新的企业空间产品和 ADTOP 广告系统以提升社区营销规模化盈利的空间，以“云计算”作为核心技术布局，发挥其标准化、平台化、开放化、可靠性、安全性、扩展性强，可按需取用、节省成本的特点，为成千上万的企业入驻网络社区提供了可能。这一举动被业界称为是“社区营销商业模式的重大突破”。

目前，天涯社区已经成为以网络论坛、部落、博客为基础交流方式，综合提供个人空间、相册、音乐盒子、分类信息、站内消息、虚拟商店、来吧、问答、企业品牌家园等一系列功能服务的综合性虚拟社区和大型网络社交平台。据悉，2000 年 3 月 1 日天涯社区注册用户仅为 104 人，2010 年 3 月用户数已达 3500 多万。目前天涯社区注册用户已超过 4000 万，每天登录的活跃用户超过近 100 万，月覆盖用户 1 亿。这组数据足以说明全球华人网民对天涯社区的推崇和喜爱。[1]

---

① http://www.cb.com.cn/1634427/20100107/91506.html。

开篇之论：包容创新，共创网上家园

网络社区是一种社会的集合体，它的发生来自于虚拟空间上有足够的人、足够的人类情感以及人际关系在网络上长期发展。而近年来网络社区的不断发展使之成为互联网一个发展热点。众多兴起的网络社区都在修炼“内功”，不断地推出适合用户的新产品，把握用户需求的发展方向，注重创新和改革以满足用户的需要。其中成功、失败的例子都有，而天涯社区就是一个成功的典范。为什么天涯社区能够在短短的14年内成为领跑网络社区的老牌传统社区，从而成为最具影响力的全球华人的网上家园呢？主要体现在以下几个方面。

第一，用包容和人文关怀致力于打造一个综合性社区。天涯社区在创办时，开办了股票论坛、天涯杂谈、电脑技术、情感天地、艺文漫笔（后改名为舞文弄墨）、新闻众评、体育聚焦、书虫茶社（后改名为闲闲书话）、旅游休闲、海南发展、天涯互助等栏目，内容丰富，涵盖领域较广。而且天涯社区始终以包容的心态接受有利于网民的栏目，为不同的群体提供一个自由、平等地表达和交流的平台，致力于打造一个美好的网上家园。

第二，不断创新和发展自我，与时俱进。随着互联网技术的不断进步，天涯社区没有故步自封，而是根据网民的需要不断地完善社区建设，以满足网民和网络群体的不同需求。例如，1999年3月30日，各栏目都增加一个留言版、灌水、旅游、3D加图片上载功能；2001年1月1日，天涯社区新增个人中心、聊天室和功能菜单；2003年年底，推出天涯博客试行版，成为国内第一个将BBS公共社区与个人博客相结合的网站。

第三，努力探索适合自己的商业模式。2006年天涯社区迈出了商业探索的第一步。2008年天涯社区传出冲击创业板的声音。2009年年底天涯社区推出了最新的企业空间产品和ADTOP广告系统，提升了社区营销规模化盈利的空间，被业界称为是“社区营销商业模式的重大突破”。天涯社区的总裁在面对《中国经营报》的采访中说道，在企业空间及ADTOP广告系统发布之前，天涯社区在寻找自己的商业模式过程中曾受到谷歌理念和关联的启发。

史镜今鉴

互联网奇葩：Facebook

与 Myspace 的力不从心形成鲜明对比的例子就是 Facebook 的成长奇迹。Facebook，一个源自美国哈佛大学校园内的网站，从 2004 年创办至今，用户量已经超过 5 亿，成为全球第一大 SNS 社交网站，也成为全球互联网里的一朵奇葩。而其创始人马克·扎克伯格也因此被评为最具影响力 80 后 CEO、全球最年轻的亿万富翁等。Facebook 采用的是 SNS 模式，即为网络用户建立起一个网络社交服务平台，让他们可以创建属于自己的一个专区，并可以在里面分享自己的照片、个人兴趣以及生活点滴，可以寻找、联络身边的好友并且互动，可以畅玩各种网络游戏，可以体验无数开发商提供的各种应用和服务的一种创新性模式。为什么 Facebook 能取代 Myspace 成为全球社交网站的领军者呢？实际上，任何互联网产品都不可能一蹴而就，而马克·扎克伯格正是持续微创新的典范。

根据业内人士的分析，Facebook 之所以会在短期内迅速超越 Myspace，主要原因在于 Facebook 能抓住机遇，根据用户的需求和形式的变化而不断地完善和发展自我。与 Myspace 相比，Facebook 更关注用户在思考什么、交流什么、分享什么，当发现用户有多重身份，并且需要对社交人群进行分组的时候，它就研发、推出了 Groups 产品；当发现用户有个性化体验的需求时，Facebook 就推出了“应用程序控制面板”(Dashboard)功能，让用户可以管理使用过的软件；当发现用户需要对社交资料进行整理存档的时候，Facebook 就推出了数据压缩下载的功能，用户可以通过一个 zip 文件下载所有的好友信息、图片、视频和活动信息等。而当 Facebook 开发的新功能不符用户需求时，它会毫不犹豫地根据要求做出适当修改。例如，Facebook 在 2006 年 9 月 6 日发布 News Feed 功能之后引起了 Facebook 用户的普遍不满，这给虚假信息和垃圾邮件制造者提供了良机，大量虚假或者不被需要的信息开始向用户频繁推送。不久之后，马克·扎克伯格便对用户公开道歉并改良了 News Feed 功能，使得用户可以设定向朋友群组自动推送的更新信息。面对用户的批评，马克·扎克伯格一直坚持对 Facebook 赖以盈利的广告跟踪系统 Beacon 进行不断的修正。为了保持产品创新的独立性，马克·扎克伯格在 2007 年拒绝了雅虎 10 亿美元的投资，牢牢地把控着 Facebook 的发展方向。[①]

三刻拍案

拍案一 在模仿中创新的腾讯 QQ

1999 年 2 月，腾讯正式推出第一个即时通信（IM）软件——腾讯 QQ，1999 年年底，注册用户达到了 100 万，2002 年 3 月 QQ 注册用户数就突破 1 亿大关，现在腾讯的注册用户数已经突破 10 亿，同时在线人数最高已经突破 9300 万。时至今日，QQ 已经成为我们在网络生活中不可或缺的东西，很多网友上网的第一件事就是登录 QQ。

记得有位哲人曾说过这样一句话"善学者，学根本，是为胜；不善学者，学皮毛，必败无疑也。"对照腾讯的发展历程，此话可谓真理矣。腾讯 QQ 就是通过模仿别人而获得成功的，腾讯最先模仿的是国外流行的 ICQ，然后在我国就有了 OICQ。通过不断的改良，最终演变成现在的 QQ。QQ 能由最初的 ICQ 模仿者成长为目前国内即时通信市场的"老大"，且又超过 ICQ 的受欢迎度，重要原因就是马化腾能够很好地把握中国的市场需求，根据中国用户的实际需求，在模仿的基础上不断地对 QQ 进行各方面的创新，使 QQ 更加符合中国用户的使用习惯和交流需要。

2008 年 7 月，腾讯宣布所获授权专利总数已经突破百项，成为当年中国互联网历史上的一个里程碑事件。而在 2009 年，腾讯共获得授权专

---

① 葛鑫：《Myspace 兴衰启示录》，载《商业价值》2011 年第 3 期，第 29 页。

利总数突破 400 项，这一数字不仅遥遥领先于国内同行，而且成为全球互联网拥有专利数量最多的企业之一。腾讯联席 CTO 熊明华曾说："专利数不断攀升的背后，腾讯正是依靠不断完善的内部创新机制和外部创新资源的有效整合，不断在扩大互联网的生态版图。"正是因为腾讯的内外兼修，在不断地完善中求发展，所以才有今天成功的"企鹅帝国"。

首先，腾讯 QQ 秉持创新的理念，以用户价值为依归。腾讯将 QQ 渗透到用户日常生活、工作中的创新概念，在"创新创造价值"的背后，是"用户价值为依归"的满足。腾讯总是能够通过对 QQ 用户行为习惯的把握，将新产品与腾讯 QQ 这一核心进行结合，使其优势得到发挥。腾讯着眼于对用户潜在需求的发现，腾讯的用户需求研究既包括用户从小学到中学、大学以及参加工作，到成年拥有家庭不同阶段的需求，也包括用户在单位、学校、家庭等不同应用情境下的商务、学习、休闲娱乐等需求。

其次，注重内部创新的动力。腾讯打造了属于自己的内部创新中心，用来从事各种超前技术与服务的创新研究，专注于互联网应用领域前瞻 3～5 年的技术创新的方向。2007 年 10 月，腾讯成立了中国互联网首家研究院——腾讯研究院，这是中国互联网公司历史上第一个真正意义上从事基础研究与开发的机构，网罗了全国最优秀的互联网技术人才。目前，该机构已在北京、上海、深圳同步运营。该研究院同时也是专利战略实施的直接出口，完善的创新机制和专利管理流程为 400 项专利出炉铺就了最快的跳板。

最后，拓展外部创新的能力。以"创新创造价值"为主题的腾讯创新大赛于 2006 年正式启动，它调动了腾讯用户与社会人士共同参与企业创新的积极性。腾讯还在清华、北大、浙大、哈工大等 15 所重点高校建立了以学生为主体的"腾讯创新俱乐部"，以互联网产品创新为核心内容，积极鼓励高校大学生参与企业创新，吸纳多学科人才。而腾讯在美国、韩国等国家并购的数家互联网技术研发公司，则成为有力的国外创新资源，腾讯利用"外脑"拓展创新实力，为自身的创新发展铺垫了国际化基础。[①]

点　评

和大多数成功的国内互联网公司类似，腾讯也是从模仿开始的，但

① http://soft.yesky.com/news/13/11100013.shtml。

腾讯的巨大成功之处是能够在模仿中进行有效的创新。腾讯QQ善于运用网络群体性公关这一手段，通过内部机制和外部能力的创新，树立其全新的形象，从而留住用户的脚步，赢得用户的高度信任，为亿万网民打造了国内首屈一指的“在线生活”社区平台，深刻地影响和改变着数以亿计网民的沟通方式和生活习惯。

拍案二　新浪微博的“名人效应”

在中国，现在最热门的不是某个社交网站，而是微博。“你微博了吗”成为现在网络的流行语，诸如此类的时髦语还有“推朋”、“织围脖”、“脖发儿”、“伯爵”等。新浪于2009年推出的新浪微博，至2010年11月16日其微博注册人数已经突破5000万，据新浪2011年3月2日公布的财报显示，目前新浪微博用户已经超过1亿，活跃用户比例和微博的“鼻祖”Twitter相当，用户平均在线时长远超Twitter。

新浪总裁兼首席财务官曹国伟曾说，即便要“自己革自己的命”也要发展微博，这是新浪对推出新浪微博这个平台的坚定决心。新浪微博的推出旨在为大众提供更便捷的娱乐休闲生活服务的信息分享和交流平台，它采用和传承了与新浪博客一样的名人路线推广策略，即邀请明星和名人开设微型博客。新浪把任志强、潘石屹这样的网络意见领袖和更多明星名人拉上微博，很容易获得关注。因为新浪考虑到产品初期完全靠草根阶层的自发互动很难产生足够大的吸引力，必须依靠有号召力的名人和足够焦点的话题才能在初期的市场开拓中取胜。新浪采取对明星和名人的微博进行实名认证，然后在用户名后加上一个字母“V”的方法，将之与普通用户加以区别。这些认证的人物主要是各行业的明星、企业高管和重要的新闻当事人等。

新浪微博正在成为政府官员与民众沟通的重要平台。2011年“两会”期间，微博成为媒体新宠，据新浪统计，截至3月3日，“两会”代表、委员中共有331人开通了新浪微博。他们有的晒出提案议案，有的则进一步征集网上意见，发挥微博即时性、互动性等优势，将微博作为传达民意和两会沟通的新桥梁。

新浪微博自推出以来，不断地致力于改善和加强其功能。2010年初，新浪微博推出API开放平台，同时百度百科也推出了“分享到新浪微博”的新功能。2011年年初，新浪微博推出微博AIR客户端，该客户端上除了可以浏览首页、发微博、评论、私信等全部“网页微博”功能外，最抢眼的还是其及时聊天功能，这是新浪继语音微博功能后的又一创新。有分析人士指出，具有即时聊天功能的微博AIR，本身还能通过新浪微博的各种功能，在短时间内吸引大量用户，并进一步增强用户黏度。①

点评

从以上案例可以看出，新浪把微博当做核心战略，致力于建设这个平台并投入竞争。加上它定位准确，采用名人策略为微博引入真正的看点，从而产生了巨大的“名人效应”。新浪微博自2010年1—3月进入公测阶段以来，借助其惯用的名人效应，依靠其积攒的大量明星名人、网络意见领袖和行业领袖资源，让新浪微博迅速拥有了大量用户，一跃成为目前中国用户人数最大的微博产品。并且，新浪微博上的名人数量和名人的活跃度都明显强于竞争对手，明星策略帮助新浪微博放大了人气和提升了关注度。显然，新浪微博通过名人的影响力以此提高微博市场认知度的公关手段，已经达到了宣传推广的目的。

拍案三　顺势而为的西祠胡同

2010年12月4—5日，第二届中国地方与行业网站峰会在杭州举行，这次峰会以“创新、融合、发展”为主题。在本次会议中，西祠胡同总经理刘辉作了关于西祠发展的演讲。西祠胡同始建于1998年，走到今天已经经历了15个年头，它由一个传统型、政论型的BBS走向了一个城市生活型的社区，并且成为了华语地区第一个大型综合社区网站。让许多人好奇的是，15年前创立的网站成活至今已经属于奇迹，而更为神奇的是西祠胡同竟然越来越具有活力。在刘辉的演讲中，我们可以找到西祠胡同成为互联网“常青树”的真正秘密所在。

---

①　贺昊勋，周昶帆：《环球企业家：信息的重生》，北京．中国作家出版集团，2011年版，第16页。

他在演讲中提到西祠胡同“顺势而为”的理念，即西祠胡同的发展是顺应形势、顺应用户的要求而对自身的完善。他指出，顺势从势的概念，有大势和小势之分。大势是在做任何运营的时候，必须要符合国家的法律政策。西祠在1998—2003年是以社会、政治、评论等内容为主的政论型论坛，随着国家互联网的运营规定越来越严格，我国互联网部门也渐渐地走到台前。小势是指西祠胡同内部满足用户的需求。1998—2000年，西祠胡同凭“情爱悠悠”等几个著名的讨论版而在全国的论坛发展中占据独特的优势。到2002年左右，西祠胡同基本上是以情感和政论为主，西祠讨论版的“无为而治”形成了一种社区的属性。直至2008年，西祠胡同渐渐地转入到了生活板块，转化到一个“三贴近”，即贴近生活、贴近民众、贴近老百姓的城市生活社区。另外，西祠胡同强调“小管理、大社区”的理念，讲求自由开版，即版主拥有讨论版的主权和收益。这一奇特的模式和规则最初令人匪夷所思，然而这一规则竟然成为一个庞大的生态体系的基石。

走过15年的风风雨雨，至今西祠胡同的用户自己建的讨论版已经超过20万个，西祠胡同已成为华语地区最大的社区群。在十几年的发展过程中，西祠胡同始终坚持以用户为中心的价值观和顺应用户之势的发展之道，不断地完善自我以迎合广大用户的需要。例如，2001年3月初，西祠胡同进行第二次重大改版，确立18个频道的社区分类；而在2004年1月，西祠胡同又进行了第三次重大改版，建立20个频道；2005年，西祠胡同进行了创建7年来最重要的一次升级，此次升级保留了BBS简单、易于参与、方便交流的基本特征，同时逐步融入Web 2.0特征的个性化服务，并且优化了信息挖掘和关联技术；2006年6月28日，推出“联盟社区”服务等。[①]

点 评

西祠胡同创立至今，已经经历了15年的沧桑变化，然而它依然能经受互联网残酷的优胜劣汰选择，成为华语地区最大的社区群，其主要原因在于西祠胡同自身的发展理念和发展策略。西祠胡同始终坚持顺势而为的发展理念，顺大势，不违背国家对互联网的规章制度；顺小势，一切以满足用户需求为中心的价值观，坚持用户需要什么就生产什么，

① http://tech.ifeng.com/internet/detail_2010-12/04/3347998_0.shtml。

以用户为中心的产品观。西祠胡同能始终根据形势的变化发展做出适当的调整，从而不断地完善自身以求发展，这是合理运用网络群体公关力量谋求发展的集中体现。

回味隽永

随着互联网技术的不断深入发展，网络已经深入人心，成为人们生活中不可或缺的一部分。于是各种各样的以用户为基础的网络群体聚集地随之发展起来，如网络虚拟社区、网络论坛、IM交流以及来势汹汹的微博等。然而，要在互联网这个领域中取得一席之地，甚至成为整个互联网的“领头羊”，就必须懂得运用网络群体性公关的力量，内外兼修，发展自我。

首先，明确定位，把握方向。一个网络虚拟社区或网络论坛在创立之初，都要有其相应的定位，是综合型还是专业型，是政论型、情感型还是生活型等。网络群体要明确自身的发展方向，沿着设定的方向发展自己，这样才能避免漫无目的地乱撞。

其次，完善自我，服务用户。用户对于网络社区或网络论坛的意义就相当于顾客对于商店的意义，要打好用户基础，就必须时刻以用户的需要为服务的中心，要发挥网络群体性公关的优势，根据用户的喜好以及不同的意见，不断完善自身的机制和产品。

最后，顺应形势，谋求发展。互联网使人们进入了信息时代，然而它的发展更新速度也是惊人的，随之而来的网络环境也在不断地发生变化。所以，网络社区或网络论坛要想在不断变化的环境中求得发展的前途和机会，只有顺势而为，加强“内功”的修炼。

第十七篇

依托公益　塑造形象

当前，网络社区和网络论坛等依托公益进行网络群体性公关已屡见不鲜。网络社区和网络论坛等积极参与公益活动是一个获取社会利益和自身利益双赢的举措：一方面，它们通过发起、组织或参与各种公益活动，可以为社会贡献自身的力量，承担一定的社会责任，显示作为一个组织应有的社会价值；另一方面，积极参与公益和慈善事业，充分显示了组织的爱心和人性关怀，有利于树立自身的良好形象，赢得更多的信任，从而吸引更多的用户群体。

开篇导例

开篇之述：搜狐白社会——互联网的公益奇迹

搜狐白社会自2009年5月推出以来，一直致力于宣传公益理念，把宣传环保、公益视作责无旁贷的社会责任，积极推动环保公益事业的发展。搜狐白社会先后推出了一系列大型公益活动，得到了广大网友的积极响应。

2009年8月19日，搜狐白社会与中华环境保护基金会合作启动了名为“绿光森林·我们的贡献”的网上环保大行动。素有“环保女王”之称的“OUR PART·我们的贡献”环保意识传播项目的代表周迅亲临活动现场向网友们发出了绿色倡议。该活动承诺，用户在搜狐白社会的“绿光森林”中种植一棵树，白社会就将拿出1角钱捐献给基金会，用户在使用“绿光森林”组件过程中，每邀请一名好友加入“绿光森林”植树，搜狐白社会将拿出1元钱捐赠给基金会，作为植树造林的费用。此次活动通过网络奉献爱心，促成了一项50万元的爱心捐赠，共购买树苗约8.5万棵，在北京周边地区建成了一道长长的防风林。

在2009年12月，搜狐白社会又启动了主题为“关爱大熊猫·我们在行动”的大型公益活动，号召广大网友关爱濒危动物，为营造更加舒适的生存环境贡献自己的一份力量。台湾著名艺人徐若瑄应邀为本次活动代言，她以“熊猫妈妈”的身份在搜狐白社会的“宠物村”领养了一只虚拟大熊猫，并为其取名为“V王子”，给广大网友起了良好的示范作用。据了解，网友可以在搜狐白社会的“宠物村”中领养藏羚羊、华南虎和大熊猫三种濒危动物，然后由搜狐公司代表网友向中华环境保护基金会捐赠资金作为认养国宝大熊猫的慈善费用。活动才进行一个月，搜狐白社会的网友们已经领养了近20万只濒危动物。

值得一提的是2010年4月2日搜狐白社会联合中华环境保护基金会发起的“一人一滴水，清洁饮水献旱区”抗旱救灾公益行动。网友通过参与搜狐白社会的“池塘边”互动游戏，在“池塘边”钓起虚拟“爱心水”，再由搜狐公司和中华环境保护基金会将众网友汇聚起来的虚拟“爱心水”转换为现实的纯净水，送往受灾严重的贵州省大方县，解决了该村 1200 人一个月的饮水问题。另外，搜狐白社会还联合有相同定位的电视媒体湖南卫视《天天向上》栏目，共同建立了全国首个公益平台“向日葵俱乐部”。俱乐部成立之初就得到环保、关爱小动物、关爱特殊人群等各个领域 20 余家公益机构的大力支持和积极加盟。现在，“向日葵”们在各个公益组织机构的指导下，每周都能定期在全国各地进行各类公益活动。

开篇之论：用公益打造完美形象

在短短的几年时间里，搜狐白社会一跃成为年轻人最喜爱的社交平台之一，与它依托公益进行网络群体性公关是密不可分的。

首先，正确定位。搜狐白社会定位的种子人群是白领，白领扎堆的地方就是白社会。定位于白领上班族，原因在于这个年龄层是社会各项活动的中坚力量，拥有热情和奉献精神，与公益机构组织要求的无私、互助精神高度吻合，在这里，公益组织的理念和行动很容易得到共鸣和参与。

其次，运用恰当的公关方式。搜狐白社会发挥 SNS 的优势，不断创新互动游戏模式，将公益行动与热门互动游戏有机结合，倡导公众积极投身到环保公益事业中。同时，以搜狐品牌作为强大后盾，不断推出受白领用户关注的各种公益活动，成功探索出一条独具互联网特色的公益之路，也成功地塑造了自身的良好形象。[①]

史镜今鉴

AOL 关注贫困之 LIVE8 音乐会

2005 年 7 月，在一次面向全球社区的活动中，AOL 与一些世界著名

① http://gongyi.sohu.com/2011-11-17/n277699718.shtml。

的音乐家携手推出了 LIVE8 音乐会。此次音乐会是在八国集团首脑会议即将开幕之际举行的，旨在呼吁全世界、特别是发达国家关注非洲，帮助非洲消除贫困。

AOL 在网上直播了演出的盛况，参加演出的艺术家有费城的艾丽西亚·基斯和林金·帕克、伦敦的保罗·麦卡特尼和 UB40 以及柏林的绿日和罗克西音乐。尽管他们的爱心不能让非洲轻易地摆脱贫困与落后，但是他们所做的每一件事情都在感召世界上所有有爱心的人们。为了幸福与和平，U2 摇晃着橄榄枝，Green Day 讽刺着战争发动者的愚蠢，Sting 弘扬着博爱的精神，Neil Young 仍然为环保而呐喊，Pink Floyd 则重新传授了人们摆脱现实苦恼的药膏；而 Andrea Bocelli 诠释了坚强的含义，Destiny's Child 带来了人性的关怀，Bon Jovi 展示着不懈的坚持，Coldplay 倾诉着新世纪的隐忧，Linkin Park 喷射了他们的苦恼，Bjork 则教会人们正确的生活态度。这些参与演出的音乐人为了幸福与和平而呐喊，为了幸福与和平而斗争的精神，感染着每一个观众。

出人意料的是，除了演艺界人士倾情赞助之外，前联合国秘书长安南和微软公司前总裁比尔·盖茨也出现在舞台上。安南说："这次真的是各国联合起来，与穷人们团结在一起。我代表穷人和弱者感谢你们。"比尔·盖茨则说："我相信，如果你们告诉别人问题的所在，并为他们指出解决的方法，他们一定会受到感动，并且付诸行动。"音乐会之后的第五天，八国集团首脑举行了会晤，承诺在 2010 年以后每年追加 500 亿美元的援助款项并免除全球最贫困的 18 个国家的债务。

据 AOL 称，他们在伦敦、费城、巴黎、罗马、柏林和多伦多等城市独家提供的网上视频打破了网上收视纪录。有超过 500 万人登录"music.aol.com"收看，其中有超过 17 万人收看直播，比历史纪录多出了 1/3。AOL 的副经理比尔·威尔逊说，LIVE8 是历史上最大的网络盛事，为今后的类似活动树立了标杆。

用实际行动号召大家献出爱心、关注贫困，不仅是 AOL 作为一个企业人性化的体现，也是它以公益和慈善为话题吸引广大网民关注的公关策略。LIVE8 的规模之大，参与的名人之多，足以称得上顶级的娱乐盛宴，也足以引起全球的注目。由此可见，AOL 的这一音乐盛典不只是为消除贫困争取到了应有的权利，也达到了预期的公关目的。[①]

---

① http://ent.sina.com.cn/X/2005-07-08/1108774034.html。

三刻拍案

拍案一 校内网——用公益点亮希望

校内网在为所有的用户提供完善的互联网体验的同时，也将公益事业作为一个支撑点，将爱心传递进行到底。回眸校内发生的大事件，校内网的公益活动几乎占据一半比例。

2007 年 3 月，校内网发起和组织了"点亮天空，照亮希望"救助青海牧区小学生的大型慈善活动，首批计划将针对青海牧区的贫困小学生展开。只要有一位大学生注册校内网，校内网将会以用户的名义捐出 1 角钱，让每位大学生为救助青海牧区贫困小学生贡献出一份力量。此次活动时长 5 个月，受到了社会各界人士的广泛关注，并最终用捐款所得为青海牧区建立了第一所爱心小学。这所爱心小学名为青海大通县校内网希望小学，这所占地面积 1350 平方米、建筑总面积 120.5 平方米的希望小学是在 2008 年 5 月 30 日顺利竣工并投入使用的，可容纳 80 名学生就读。值得高兴的是，青海大通县 48 名孩子在 2008 年的六一儿童节就兴高采烈地坐进了崭新的教室。

2008 年 4 月初，当校内网援建的第一所希望小学正在筹建中时，校内网再次开展主题为"点亮天空，站衫义卖"的公益活动。此次站衫义卖活动是一次爱心的延续，校内网希望通过这次活动能募捐更多钱款，并将义卖站衫所得款项继续用于资助青海牧区的贫困小学生，准备援建第二所希望小学，帮助更多的贫困失学儿童。此次站衫义卖，除了面对校内网大学生用户外，高中生和白领用户也可以参加，活动持续 5 个月之久。

当"点亮天空，站衫义卖"活动进行一个月后，无情的地震降临四川，无数四川同胞失去了家园。作为全国最大 SNS 网站，同时也是最大的中国校园 SNS 网站，校内网迅速启动捐助方案。除了校内网本身作为企业捐赠 100 万元用于灾后学校重建之外，还将"点亮天空，照亮希望"的站衫义卖活动和“心系震区，为川募捐”活动相连，活动口号改为“一份爱心，温暖两地”。最终校内网将义卖收入的80%捐赠给地震受灾地区的赈灾和灾后重建，另外的20%则继续捐赠给青海牧区希望小学。除此之外，2008年3月18日，校内网为新加坡南洋理工大学的中国留学生李冰冰制作的“携手冰冰，同抗病魔”的活动页面上线，救助患白血病留学生李冰冰。截至3月30日，共收到各类捐款40多万元。

点　评

校内网对学生和白领群体有强大的号召力，给企业树立公益形象创造了巨大的空间。校内网用户重公益、参与性强等特点，使企业有针对性地策划公益的公关活动成为可能。校内网借助其庞大的用户群，依靠公益和慈善的力量，使其网络群体性公关取得了胜利。校内网的爱心和无私，不仅点亮了贫困地区孩子们的希望，也点亮了自身发展和前进的希望，不仅体现了一个企业的社会责任，也奠定了校内网在SNS领域的领先地位。①

拍案二　腾讯打造公益慈善基金会

2011年3月30日对于腾讯来说是一个值得高兴和纪念的日子。因为腾讯公益慈善基金会在2010年公益中国年度颁奖盛典上获得最佳非公募基金会的荣誉，这是继获颁《福布斯》“最佳非公募基金会”后，腾讯公益再次受到社会的高度评价。

腾讯公益慈善基金会是腾讯于2006年9月发起，经国家民政部、国务院审核批准成立，由国家民政部主管的全国性非公募基金会。它一直秉持着“致力公益慈善事业，关爱青少年成长，倡导企业公民责任，推动社会和谐进步”的宗旨，包括网络公益项目、基础教育发展项目、环境保护项目、扶贫救灾项目、高等教育发展项目、腾讯员工志愿者项目和疾病救助项目七个主要项目。该基金会致力于一系列大型公益慈善活动，引起了

① http://news.ccident.com/art/1032/2008-06-26/1488763_1.html。

广大网民和社会各界的广泛关注。以下是以时间为序列举的一部分公益慈善活动。

早在 2007 年 8 月，腾讯公益慈善基金会就向“第三届全国关怀艾滋病致孤儿童夏令营”捐赠资金 24 万元，用于资助 80 名艾滋病致孤儿童 3 年的学习生活费用。

而在 2008 年汶川大地震时期，腾讯第一时间迅速行动起来，紧急撤销网站首页商业广告，推迟所有的新游戏公测，迅速推出 QQ 祈福版，让网络成为一个祝福、寻人、募款的大平台，集中所有的资源，利用网络影响力和互动优势，携手亿万网民开展了立体的“Web2.0 式”救灾活动。截至 5 月 20 日 14 时 35 分，网友赈灾捐助突破 2300 万元，数十万网友通过在线捐赠平台向灾区献爱心。腾讯公益慈善基金会也不断落实捐赠资金，最终捐赠总额超过 2250 万元的善款用于灾区救援和灾后重建。2008 年 5 月 26 日，腾讯还与美国野生救援启动“我，不再旁观!”项目，在自然环境和野生动物保护方面开展全方位合作。通过网络传播的广泛性、即时性，倡导“保护野生动物，创建美好世界”。

2009 年 8 月，腾讯公益网面向个人用户推出腾讯“月捐计划”(简称月捐)，这种新型网络公益方式倡导爱心人士，通过每月小额捐款的形式，长期关注和支持公益项目，并凭借 QQ 的平台优势凝聚亿万网友的爱心力量。

2010 年 1 月 10 日，首个以网友命名的爱心基金——腾讯网友爱心基金在北京五棵松体育馆正式启动成立。从此 3.6 亿中国网民有了自己的爱心基金，亿万网络善客有了属于自己的、可以信赖的爱心捐款管理机构。腾讯网友爱心基金的宗旨为：“通过网络平台、汇集网友爱心，关爱少儿成长、帮扶弱势群体，面向民族未来、促进社会和谐。”

点 评

企业的公益营销首先讲求的是公益，因而在企业公益营销当中要把社会责任和公益理念放在第一位，且要重视这种责任的持久性。腾讯公益慈善基金会的成立，正是长久保持这种责任和义务的最好体现，它不仅把互联网与慈善公益事业的深度融合推向了一个新的高度，也使公关的目的性无形地隐藏于公益慈善活动中。腾讯创立公益慈善基全会，结合公益之名义，在承担社会责任、为社会做出贡献的同时，重点打造了其公益形象，提升了自身知名度及美誉度，成功地塑造了其在腾讯用户心目中的完美形象。[①]

拍案三　百度贴吧反垃圾信息

2011年3月10日，由百度贴吧发起并联合开心网、搜狐社区、网易论坛、腾讯论坛、天涯社区、猫扑、凤凰论坛、西祠胡同、京探网、19楼空间等社区平台共同参与的"反垃圾信息网络社区联盟"正式宣告成立。

在社区化的时代下，垃圾广告、不良交易、欺诈等信息开始被不法分子瞄准，不断通过手机短信、邮件等形式和各种手段投递至网络社区平台，干扰公众的正常生活。在这一背景下，国内网络社区行业率先行动，百度贴吧领头打破门户之见，第一次将"反垃圾信息"变成整个行业共同面对的问题，终结了"单兵作战"的尴尬局面。为保障网民更畅快地交流体验，共同净化网络环境，各大社区平台也纷纷响应，将各自看家的反垃圾信息手段及策略拿出来与其他的成员共享。

联盟发起方百度贴吧事业部总经理舒迅表示："垃圾信息是整个互联网的公敌，非法广告、欺诈信息都是其中最常见的内容。百度贴吧目前的垃圾信息存活量不足1%，处于全球社区最高技术水平，为了创造更好的网络环境，贴吧愿意分享多年来投入巨额资金积累的技术成果、经验和资源。"于是，作为联盟的发起者，百度贴吧率先公布了自己治理垃圾信息的经验。百度贴吧已建立了包括机器识别、特殊事件处理、人工协同以及垃圾信息警示等机制在内的立体网络。针对爆吧、大批量垃圾信息发送者，百度贴吧拥有一套完整的预警机制，能够自动响应并做出相应的防御部署。而在信息验证方面，百度贴吧拥有独创的"神兽"和"静止蛙技术"，通过开启超级验证码和关闭对旧帖子的回复等功能，有效整治了垃圾信息。

其他各大网络社区对抗垃圾信息的最新举措和技术成果也随之首度向外界披露。例如，开心网通过增加验证次数，甚至关闭注册地址的方式

① http://gongyi.qq.com/tccf/。

限制“马甲”用户恶意灌水；天涯社区实施重点监管巡查，对于可疑 IP 及 ID 实现了批量注销处理；在搜狐社区，庞大的人工审核团队能 24 小时不间断地对社区言论进行监控，做到了不漏删、不误删、不积压的原则；西祠胡同则通过关键词的检索和过滤，可以直接筛除垃圾信息。

“反垃圾信息网络社区联盟”的成立，意味着以百度贴吧为代表的网络社区领域已在整治垃圾信息方面开放分享技术手段，结成统一战线。

点　评

“反垃圾信息网络社区联盟”的成立，无论是以“保证用户良好体验”为出发点，还是“开放共享技术”的实际操作，都可以看做是互联网社区的一个里程碑事件。这正是百度贴吧为其良好形象塑造进行对外形象管理的体现。百度贴吧在该联盟中扮演领头羊的角色，率先发起此次互联网的“大清洗”运动，并向业界分享了自己领先的治理垃圾信息的技术手段和经验，拉开社区合力治理垃圾信息的序幕，从而赢得广大用户的信任和称赞，很好地树立了“领头人”的形象。①

回味隽永

如今，公益营销已经成为企业营销的重要手段之一。公益行动既是表现企业社会责任的最好方式，也是赢得政府认同、打造企业品牌影响力的有效途径。随着互联网技术的发展，网络交流平台和工具日益丰富且竞争日益激烈，公益、慈善等活动也成了网络社区和网络论坛等进行网络

① http://tech.ifeng.com/internet/detail_2011-03-16/5182266_0.shtml。

群体性公关的新宠。

回顾前文所讲，这些依托公益进行网络群体性公关的成功案例，大致可以概括为以下三个方面。

第一，确定合适的公益主题。网路社区和网络论坛等要举行大型公益活动，势必要借助大家熟知的公益主题，最好是经久不衰的传统公益主题，如搜狐白社会倡导“绿光森林·我们的贡献”的环保活动、“关爱大熊猫·我们在行动”的珍稀动物保护活动，AOL 关注贫困的 LIVE8 音乐会以及各种形式的捐助活动和志愿者活动。

第二，把握适当的活动时机。例如，搜狐白社会在西南干旱时组织“一人一滴水，清洁饮水献旱区”活动、YouTube 在日本地震时推出视频寻人、腾讯公益慈善基金会在汶川大地震时期推出 QQ 祈福版等。把握时机，在适当时候出手才是关键。

第三，寻找有力的战略伙伴。有时孤军奋战显得力不从心，联合作战方显浩大声势。例如，百度贴吧联合开心网、搜狐社区、网易论坛、腾讯论坛、天涯社区等社区平台成立“反垃圾信息网络社区联盟”、搜狐白社会联合电视媒体湖南卫视《天天向上》栏目建立“向日葵俱乐部”等，联合相关的非政府组织也是一种有力措施。

总而言之，公益是网络社区和网络论坛等进行网络群体性公关的有效途径。一方面，参与公益活动是承担社会责任的表现，真正有利于社会的进步；另一方面，积极参与公益活动，有利于树立良好的道德形象，赢得广大网民的信任。

第十八篇

借风使力　推波助澜

俗话说：“好风凭借力，送我入青云。”如今，互联网行业所面临的，不仅是日趋完善的软硬条件、日益庞大的用户市场，还有史无前例的激烈竞争和诸多潜在威胁。任何一个网络社区要在这样的环境中求得一席生存之地，光靠自身的力量往往难以奏效，还需要运用“借术”来取人之长、补己之短。通过借政府、媒体之力，抓住适当的时机，借势而为，顺时而动，从而有所作为，这就是网络群体性公关的又一表现。

开篇导例

开篇之述：强国论坛"E 两会"传民意

全国"两会"，即全国人民代表大会和中国人民政治协商会议，历来是全国人民关注的焦点。代表和委员们可能会提出怎样的提案，可能给老百姓解决哪些民生问题，这些内容都是全国人民最为关心的。2009 年的"两会"，不仅会场上热闹，网络上更是格外精彩，最大的亮点莫过于人民网强国论坛推出的"E 两会"板块，直接把"两会"从人民大会堂延伸到了网络。

"E 两会"(也称"网上两会")，从 2002 年新华网推出"两会建言"栏目开始算起，网络与"两会"的互动至今已有十一年之久。而 2009 年人民网第一次鲜明地提出"E 两会"的概念，则让"两会"与网络的交融迈上了新的台阶。"E 两会"邀请网民模拟"两会"代表，按照正式"两会"提案的格式填写，在线提交自己的建议(相当于人大议案)，真正加入到"两会"互动当中。据悉，只要注册成为人民网强国论坛的用户就可以参与人民网的"E 两会"，通过选择自己的专属团而获取自己的会员证编号和会员证，随后就可以去"E 会大厅"参与网民自己的"两会"了。并且，网民可以直接发表提案、投票联署、拍砖评论、互动调查。"E 两会"倡导"网友您提案，版主我来传"，即人民网通过对网友们的"提案"进行筛选，选择一些网民关注的和极具代表性的热门提案，由版主带到全国"两会"上，直接呈报到全国人大，与各界代表委员共同探讨，为国家发展献计献策。从这个意义上讲，网民可以自由地表达自己的政治主张，真正由"两会"单纯的旁观者变成直接的参与者，网民的参与热情空前高涨。

据了解，2009 年"两会"还未召开，中国 3 亿网民的"E 两会"早已如火如荼地进行了一个多月。截至 2009 年 3 月 19 日，"E 两会"提案总数达到 3564 件，版主递交 59 件，代表委员回应 20 件。单篇提案点击量最高达 116 870 次，联署签名人数最多达 2062 人，提案跟帖最多达 1603 条。同时电视、广播、报纸、网络等数十家媒体对“E 两会”进行了百余次的报道。“E 两会”受到了广大网民的热烈欢迎，并在社会上引起极大的反响。①

开篇之论：抓住机遇，打造“网络问政”新品牌

毋庸置疑，推出“E 两会”这个特殊的板块和频道，是强国论坛借助“两会”这一契机开展网络群体性公关的举措。看准时机，打造属于自己的新品牌，掀起网民的关注热潮，这也是人民网强国论坛能成为目前影响力和知名度最高的中文时政论坛的重要王牌。

首先，强化品牌意识，打造“网络问政”第一品牌。“官民在线交流”一直是强国论坛的社区品牌。有很多国家领导人做客强国论坛，直面网民进行在线交流。特别是 2008 年 6 月 20 日，胡锦涛总书记做客强国论坛，并与网民进行了长达 10 分钟的在线交流，这对于广大普通网民、中国互联网乃至中国新闻传播业都是意义非同一般的事情，对整个国家和社会更有着极高的示范效应和巨大的推广动力。“官民在线交流”充分地显示了强国论坛的品牌意识，利用“网络问政”第一品牌，赢得良好口碑，塑造鲜明形象。

其次，抓住机遇，孵化新亮点，构建真正的品牌传播力。在“官民在线交流”的基础上，强国论坛在 2009 年“两会”期间推出了“E 两会”，之后又在 5 月推出常态化的“E 政广场”。此外，还有《我有问题问总理》、《“两会”热点调查》和《小白闪报》等栏目都是“两会”期间的热门板块。强国论坛一直致力于孵化新亮点，依靠新品牌发挥新效应，达到品牌公关的目的。正如专家闵大洪所言，“这是一次全新的探索，正在孵化出一个新的品牌。老品牌要不要孵化出一个新的品牌，老品牌能不能孵化出新的品牌，我想强国论坛给了我们一个新的启示。”

① http://media.people.com.cn/GB/22114/44110/142321/10512894.html。
http://media.people.com.cn/GB/10429858.html。

史镜今鉴

奥巴马访 Facebook

如今在一些欧美国家，在 Facebook 上交流已经成为一个流行的趋势。最近，Facebook 网站多了一位特殊的网民，他就是贝拉克·奥巴马。据媒体报道，美国当地时间 2011 年 4 月 20 日下午，美国总统奥巴马前往加州硅谷对社交网站 Facebook 总部进行访问，举行了一场网络市政厅式的会议和民众交流，就美国经济和创新等问题发表讲话。此次访问是奥巴马与 Facebook 首席执行官扎克伯格在两个月内的第二次见面，而且 2011 年 1 月在国情咨文当中他还把 Facebook 作为创新典范特别提出来，把它跟灯泡、飞机等重大发明相提并论。据美国媒体评论称，奥巴马此次访问 Facebook 旨在“讨论必须做出的选择，以推动美国经济走上更负责的财政之路，并继续加大创新领域的投资，使得美国经济得以成长并更具竞争力”，为其 2012 年大选打下坚实的政治基础。另外，对于 Facebook 来讲，Facebook 受到奥巴马如此青睐，这对其重塑形象有着非凡的意义。

历经七年的岁月穿梭，Facebook 已逐步发展成为全球用户超 6 亿、潜在市值超过 500 亿美元的互联网巨头。然而，随着 Facebook 的名声大噪，这家社交网站正面临越来越大的压力，各种负面信息扑面而来，关于其侵犯网民隐私的新闻不绝于耳。例如，2010 年 4 月，美国参议院 4 名民主党议员表达了对 Facebook 将用户个人信息提供给第三方网站的担忧，他们认为这将对该网站超 6 亿用户的隐私构成威胁；2010 年 5 月，因没有向用户明确解释与第三方开发者分享信息的政策，加拿大方面称 Facebook 违反了加拿大的隐私法律；2010 年 7 月，Facebook 爆出大量用户隐私外泄事件，Facebook 约 1 亿用户隐私资料遭黑客劫持外泄；2010 年 7 月，德国以泄露用户数据的罪名把美国社交网站 Facebook 告上了法庭；2010 年 12 月，韩国监管机构要求 Facebook 改善隐私政策；2011 年 3 月，欧盟警告 Facebook 应严格遵守新隐私法，若不遵守尚在修订中的新欧盟隐私法律，就可能被起诉等。因此，Facebook 的公共形象也日益受损。

Facebook 急需重塑自身的公共形象，为自己正名，而奥巴马此行正圆了 Facebook 的形象梦。有媒体称，奥巴马的此次访问对于 Facebook 来说是天赐良机，趁此时机，Facebook 或许能走上一条重塑形象之路。确实如此，奥巴马的此次访问是 Facebook 化解形象危机、走出困境的有利时机。借助总统访问带来的信任和机遇，加大政府公关力度，进行危机公关处理，Facebook 才有望重塑良好的形象，赢得更多的用户。美国媒体评论称，这样的访问对奥巴马和 Facebook 无疑是双赢，即“总统将与潜在的投票者直接交谈，而 Facebook 可以获得巨大的认可”。在 2012 年美国总统选举之前，奥巴马正是通过此举凸显他高科技、“赢在未来”的形象，从而赢得了更为广泛的选票支持，成功地连任总统，而 Facebook 则可以借此证明它作为一个知名的社交网络在这个国家所扮演着不可替代的重要角色。[①]

三刻拍案

拍案一　阿里巴巴的父亲节

2009 年 6 月，国内著名电子商务网站阿里巴巴特地在 2009 年父亲节前夕制作了父亲节专题《与父亲有关的日子——亲情三部曲》。其中，两部曲分别是歌曲 MV《舞鞋》和情感短片《日记》，这两部曲从头至尾都贯穿着父爱的主题，深受大众喜欢，在父亲节当日深受媒体的关注和热评。

据介绍，阿里巴巴特别关注商人们的生存环境和生存现状，因为其大部分会员都已经身为人父，他们承担着家庭中大部分的责任。阿里巴巴

① http://www.jfdaily.com/a/2094434.htm。

希望通过这两部作品，号召天下的子女能够理解父亲、关爱父亲，能够在享受父爱的同时尽可能给予父亲帮助。歌曲 MV《舞鞋》讲述的是一个清贫的单亲家庭，父亲在家又当爸又当妈，带着热爱舞蹈的儿子去各大舞蹈学校面试，被拒绝无数次之后终于用诚意感动了一位老师，为儿子开启了通向舞蹈世界的大门。当儿子穿着父亲亲手做的舞鞋在比赛中获奖时，第一念头就是向父亲报喜。当父亲看到拿着奖杯的儿子向他报喜时，禁不住热泪盈眶，回想起过往的点点滴滴。

情感短片《日记》一经播出便聚集了超高人气，被网友们评价为"史上最感人亲情短片"。《日记》这部短片讲述了一个女孩通过日记回忆自己和父亲相处的故事，在她小的时候，她在日记本里写到"爸爸不讲理，我不喜欢爸爸。"长大后，逐渐懂得了爸爸的"不讲理"只是为了让自己更好地成长。但是父亲在身边的时候，"爸爸，我爱你"还没说出口，父亲已经去了外地。这部情感短片引起了许多人的共鸣，一个名叫小飞的网友在评论里写到，"这个短片拍得很温馨，并没有拼命煽情，看完了却让人眼睛湿湿的。"因为《日记》表现了如山的父爱，父亲对家庭的付出，对子女的关爱，让我们在感动的同时又陷入深深思考，我们能够为父亲做些什么。

阿里巴巴推出《与父亲有关的日子——亲情三部曲》的目的是希望广大网友们用实际的关心回报父亲的爱，号召子女们在享受父爱时也要多关心父亲这座大山。我们不仅是父亲坚实的后盾，同样，我们还可以教会他怎么利用坚实的后盾减轻自己的负担，这也是我们成为父亲坚实后盾的缘由。

点　评

阿里巴巴推出《与父亲有关的日子——亲情三部曲》，其直接目的是希望广大网友们懂得父亲的爱、回报父亲的爱。实际上，这是一次典型的网络群体性公关策划，阿里巴巴利用父亲节这一特殊的节日，在网络上掀起了一股"关注父爱"的浪潮，以别样的形式向社会大众展现了阿里巴巴关注商人、"对社会负责"的服务宗旨，成功地形成了以父亲节为契机的感情公关模式，从而使阿里巴巴得到了广泛的关注。①

① http://www.dahe.cn/xwzx/csxw/zz/t20090624_1587874.html。

拍案二 十大网站响应网络文化建设号召，开创“网上大讲堂”

2007年5月27日，由新浪网、搜狐网、网易网、千龙网、Tom网、中华网、西祠胡同、和讯网、中国雅虎网和第一视频10家网站共同推出了网络文化栏目“网上大讲堂”。栏目启动至今，共计推出了近200期、近2000堂讲座，涉及历史、文学、美术、摄影、戏曲、心理、金融、体育、健康、军事等多方面内容，为网民提供了丰富、专业的信息和服务，赢得了广大网民的支持和社会各界的认可。

“网上大讲堂”的内容丰富，10家主办网站从网站自身的优势和特点出发，一展所长，吸引网民们的眼球。在创办之初，栏目就选定了20余个大讲堂的课程方向，如新浪网依靠丰厚的文人博主资源，选定了文化和文学；中华网依靠健康频道，选定了医疗、卫生、保健等；和讯网作为金融专业网站，选定的是金融理财项目；西祠胡同则锁定旅游；其余主办网站也各有侧重，用搜狐网“网上大讲堂”栏目负责人的话说，栏目的目标就是“不论喜欢萝卜还是青菜，我们都能提供。”

同时，各主办网站负责人根据网民的建议，将讲座的内容范围作了进一步拓展。例如，千龙网在春节前后为网民推出了老北京民俗系列讲座，介绍京腔京韵、老北京小吃、鬃人制作、过年风俗等，让网民感受到浓郁的古都文化气息；Tom网在结束美术、摄影系列后，应广大体育爱好者的要求推出了“篮球系列”，邀请了多位篮球方面的资深媒体人为篮球球迷们详细介绍了NBA文化、球星、球队等。

另外，各主办网站还努力尝试将讲座与网络上的焦点、热点灵活结合。例如，汶川地震发生后，各主办网站围绕灾后防疫、灾后保险、心理救援、地震自救和搜救等内容，推出10余期特别访谈，为关心、关注灾情的网友提供了及时有效的信息；为配合北京奥运会、残奥会的举办，“网上大讲堂”主办网站共计推出6个系列、近90堂讲座，做客“网上大讲堂”的嘉宾有菲尔普斯、桑兰、庄则栋等体育明星，韩乔生、白岩松等著名主持人，还有来自世界各地的奥运火炬手、奥运支持者，奥运场馆建设者、奥运志愿者、奥组委官员、奥运服装的设计者、奥运开闭幕式的参与者等。

“网上大讲堂”栏目自推出以来点击量稳步上升，聚集了一大批忠实的网民，他们伴随着栏目的成长。在2008年11月进行的一项网络调查中，近62%的网民表示看过“网上大讲堂”栏目，近70%看过这个栏目的网民认为其“内容好、实用性强”。截至2009年1月，“网上大讲堂”累计点击量突破 2 亿人次，这是对讲座内容和形式的高度认可，也是对主办网站的高度肯定。

点 评

“网上大讲堂”入选为“2007 年中国网络文化建设大事”，此次评选活动是在国务院新闻办公室的指导下，由互联网新闻研究中心、中国互联网协会主办，旨在展现 2007 年我国网络文化建设成果，推动网络文化建设取得更大发展。“网上大讲堂”是在胡锦涛总书记关于加强网络文化建设的重要讲话精神，为推进北京学习型城市建设的背景下创立的。由此可见，“网上大讲堂”也是十大网站以党和国家建设网络文化的号召为契机，进行网络群体性公关的产物。①

拍案三　借力春节的天时与人和，各网站微博热情促团圆

微博进入国内互联网已有四年之久，在沉浮之后终于迎来了用户爆发式增长。最近一年半，微博活跃注册账户数从不足 100 万一举突破 6500 万，增长速度创下国内互联网应用发展之最，微博对社会公共事件的影响力也在不断扩大，新浪网、搜狐网、网易网、腾讯网等门户网站大举发力微博。从直播日本大地震、利比亚战争等标志性社会事件，到关注甘肃舟曲泥石流、云南盈江地震，微博正将全民“围观”迅速升华成一种社会普遍姿态的力量，提供关注社会公共事件、讨论社会问题的全新民意传达渠道，也对加强舆论监督、政府提升执政水平、改善社会民生、传播社会温暖起到有力的推动作用。“我相信它是传播真实信息、启迪民智、推动人民形成公民意识并参与公共话题讨论和加快公民社会形成的建设力量。”相关专业人士认为，微博本质上还是一个传播渠道，既然是渠道，那么就有正反两方面的社会作用。客观上讲，微博的正面功能更突出，它是互联网时代表达民意的一道最亮丽的风景线。

特别值得一提的是 2011 年春节前后发起的微博打拐解救乞讨儿童

① http://news.sohu.com/20091204/n268712433.shtml。
http://news.163.com/0910121/14/506HHA5T0001124J.html。

行动。春节前夕，网络意见领袖于建嵘在微博上倡议“随手拍照解救乞讨儿童”，迅即获得了许多微博达人的支持。十余天时间，数十万网友参与，引发报纸、电视、广播等传统媒体全面跟进，网友们零碎的、非专业的行动，与公安部门、媒体、人大代表及政协委员等社会力量结合在一起，迅速形成舆论焦点。一起由微博引爆的事件，最终演变成为一场微博、传统媒体和政府三方之间合力互动，由个人行为转化为网络公共事件，最终完成向社会公共事件的嬗变。

点　评

新浪网、搜狐网、网易网、腾讯网等门户网站大力支持和响应在春节前后进行微博打拐是有其原因的。这就是借助春节这个传统节日的有利时机，增加广大微博用户的关注度和参与度，抓住机遇，使其网络群体性公关活动一举成功。

首先，春节为“微博打拐”能量迸发提供了有利的天时因素。春节前后的 2011 年 1 月 25 日到 2 月 22 日，微博“随手拍照解救乞讨儿童”的粉丝数量由 7000 暴增至 24 万。根据互联网的六度分割理论，在春节这样一个用户大量集中的时段中，一个人的微博跟其他人的微博套叠，一个人群跟另外一个人群套叠。因此，“微博打拐”这样具备穿透性的信息得以激起大家的兴趣、关注，事件在很短的时间里就得以广泛传播。节假日是微博使用的高峰时段，人们可以有更多的闲暇时间在微博上发布、接收和传递信息。

其次，春节的“人和”因素促使微博“打拐”行动升级。“春节”在中国的传统文化中意味着合家团圆，通过微博“晒团圆”、“晒幸福”，这也成为 2011 年春节亮点之一。发生在春节期间的“微博打拐”，成为高举道德与法律旗帜的公共事件，为兔年春节涂抹了一层人文的亮色，寄托着人们渴望团圆、向往美好的理想和期冀。这种“人和”的因素与群众的普遍心理相契合，通过“微博”这一媒介迅速爆发，体现了我国公民意识的觉醒，产生了巨大的蝴蝶效应，致使事件升级。[①]

---

① http://nedia.people.com.cn/GB/22114/49489/219907/1488197.html。
http://gb.cn.cn/30524/2011/04/29/529/s3233595.htm。

回味隽永

在《博弈论的智慧全集》一书中有这样的话："在利益博弈时代，博弈的本质就是在进行一场生存的游戏，在日益激烈的竞争、对抗、冲突中，怎样寻求最佳的行动，确定最佳的策略，使自己的利益最大化，这就是博弈的智慧。"从博弈论的角度来看，"莫做独行客，学会借风使力"是博弈的一种策略和智慧。然而，在互联网的利益博弈中，"借风使力"也是网络个体发展和制胜关键的公关手段。

首先，借助政府的公信力和领导人的影响力。强国论坛为了圆广大网民向全国"两会"提案和谏言之梦而推出"E 两会"，实际上是借助国家的政治制度和政府的公信力而进行的政府公关；而对于 Facebook，因为奥巴马的来访才使广大 Facebook 的用户对其有了重新认识，Facebook 借此机会有望摆脱重重危机。

其次，借助媒体的号召力和宣传力。借力东风，推波助澜，巧借媒体进行炒作，无疑是一个弱势变强势的有效的公关策略。

最后，借助有利的活动时机，增强公关实效。"机遇"可遇而不可求，但是一旦机遇降临，就要马上抓住机遇，顺势而为，注重网络公关的即时性。阿里巴巴瞄准父亲节推出了父亲节专题《与父亲有关的日子——亲情三部曲》，大打感情公关牌，利于形象的塑造和管理；新浪网、搜狐网等网站趁"建设网络文化"之机联合打造"网上大讲堂"品牌栏目，以及各网站在春节前后发起"微博打拐"行动，都是不失时机的公关表现。

第十九篇

微博开启政府网络公关新时代

近年来，我国的互联网得到了快速发展，网民群体的迅速壮大，尤其是随着微博的兴起，越来越多的网民可以通过微博来表达自己的观点和看法，可以说微博已成为思想文化信息的集散地和社会舆论的放大器，是政府不可忽视的舆论宣传阵地。加强网络社会管理，争取公众对政府工作的理解和支持，在公众中塑造良好的政府形象，这是当前政府网络公关的着力点。令人欣喜的是，政府机构和官员已开始尝试通过运用微博这种传播和沟通的新渠道来加强与社会公众的沟通交流，以此争取社会公众的信任、理解与支持，体现了网络时代政府公关的重要意义。

开篇导例

开篇之述:“公仆微博”架起民意沟通新桥梁

河源“公仆微博”由《河源日报》旗下的河源网创建和管理,2010 年 4 月 1 日正式上线。2010 年 4 月 3 日下午 5 时 19 分,一条简短的微博在河源网“公仆微博”上引来网友的围观:“大家下午好! 我是新加入的成员陈×,欢迎大家来 Follow! 请网友们一如既往地支持和教我如何‘围脖’。”看到署名陈×的微博,网友们在欢迎赞赏之余也发出疑问:“请问,您是书记本人吗?”“是我本人。谢谢你的鼓励!”陈×一一做出回应。两天后,经该报记者采访证实,“织围脖”确实是“华哥”(网友对河源市政府领导陈×的昵称)。正是“华哥”的一条微博让刚刚开通不久、人气尚不旺的“公仆微博”一下子火了起来。据统计,截至 2011 年 2 月 25 日,河源网“公仆微博”的注册人数为 4342 人,帖子数量超过 10 万,影响日益扩大。

河源市政府领导陈×几乎每天都会抽时间关注“公仆微博”,博友的数量不断扩大,大家讨论的话题更是越来越宽泛和大胆,从小区卫生到公园建设、从举报投诉到赞誉表扬,可以说是无所不谈。

2010 年 9 月 14 日,“华哥”连发两条微博,邀网友“周末登梧桐山”。第二天,“华哥”再次发出邀请:“周六早上 8 点登梧桐山,有缘者见。”2010 年 9 月 18 日,梧桐山公园开园,“华哥”“一顶草帽、一条毛巾”登山。当晚,网友“晋元”就在微博上发出了自己与“华哥”的合照,并为合照取名“有缘者见”和“华哥你好”。网友“响水”评论道,“‘华哥’相邀,真的有缘”。登山之余,网友们也不忘“挑刺”:号称“梧桐山”,怎么就见不到梧桐树呢? 公园配套设施还有待完善……随后,网友们在“公仆微博”中向“华哥”提问:梧桐山郊野公园能否种植梧桐树,使之成为名副其实的梧桐山?“建园时就有此一说。”陈×在微博中回应网友说,“大种梧桐树,使之成为名副其实的梧桐山,我一定带头种梧桐,后人好乘凉。”很快,网友们的提议就得到了部门的回复：市林业部门经过论证后，决定在梧桐山公园及周边种植梧桐树，公园二期建设将彻底完善所有配套。

不仅如此，陈×还经常公开自己的行程，如去什么地方开会、去哪里考察、到哪里学习、有什么心得、什么好消息等，他时常会通过“公仆微博”直播。因此，有网友感慨道：在河源，与市领导“见面”很方便，几乎天天可以聊一聊。

“从‘华哥信箱’到‘公仆信箱’，从‘公仆信箱’再到‘公仆微博’，河源的网络问政再次获得业界高度认可，河源“公仆微博”也为此荣获‘广东网络问政十大经典案例’”。[①]

开篇之论：良性互动，和谐共建

人人都是媒体，中国已进入全媒体时代。伴随着传媒科技的迅速发展，媒体生态发生了巨大变化，尤其是微博的广泛使用，一些“网络意见领袖”的“粉丝”、“听众”达几万、几十万甚至几百万，个人微博的影响力甚至比一张传统出版的报纸的影响力还大，作为政府应当重视并充分利用这一新媒体，加强与公众的互动交流。河源市政府领导极力推行的“公仆微博”，体现了网络时代政府公关的新特点，政府官员借助微博与网友真心、真情地互动，以此来集中民智、陈达民意，推动各级、各部门重视和解决老百姓关心的热点、焦点的民生问题，大大拉近了民众与官员的距离，取得了良好的社会反响。这充分说明“公仆微博”是老百姓了解政府发布信息、完善问政体系的新载体，是了解民情民意、与群众交流沟通的新平台，更是政府坚持以人为本、执政为民的新举措。可以说微博开启了政府网络公关的新时代，也开启了新的互联网问政时代，这有利于社会上下之间、官民之间、贫富之间、强弱之间的良性互动与和谐共处，更好地维护了群众的知情权、参与权、表达权和监督权，具有重要的历史意义，彰显了政府公共关系建设的一个巨大进步。

---

① http://www.heyuan.cn/xw/20110325/53870.htm。

史镜今鉴

各国政要感受微博新时尚

哈佛大学尼曼新闻学者、美国《纽约时报》、《华盛顿邮报》研究员安替认为，Twitter 在 2006 年刚出来的时候，几乎没人会认为 140 个字符和手机相联系的这个产品会产生如今天翻地覆的结果。

在信息爆炸的今天，无论什么长篇大论，其实都不如一句话的“围脖”容易被记忆、被传播。如今已不是能控制一切言论的时代，这是逼得总统也要话痨的新民意时代。我们可以从下面的各个小例子共同感受微博新时尚。

俄罗斯总统大秀亲民送祝福。2010 年，俄罗斯前总统梅德韦杰夫首次以普通微博用户身份祝一名女大学生生日快乐。据悉，这名女大学生名叫奥莉娅·奥列伊尼克，目前在莫斯科国立大学就读。她在微博中向俄总统发出请求：“德米特里·阿纳托利耶维奇！今天是我 17 岁的生日，请您祝贺我吧！我是奥莉娅。”对此，梅德韦杰夫在微博中回复道：“是的，奥莉娅，生日快乐！祝您幸福！”这位女大学生显然没想到总统会对自己的请求做出答复，因为她后面的留言这样写道：“梅德韦杰夫在微博中祝福了我！我高兴得快疯了，因为我没想到这一天会有如此美妙的开始！”

元首微博“人气王”奥巴马的粉丝超 400 万。尽管阿根廷总统笔耕不辍，但仍远不及偶尔为之的美国总统奥巴马受欢迎。目前，奥巴马的追随者高达 400 多万人，堪称元首微博的“人气王”。2010 年 1 月 17 日，奥巴马在参观美国红十字会总部鼓励援助海地时发表了第一篇微博。当时，美国红十字会新媒体组工作人员先在微博客网站上敲下了如下文字：“总统奥巴马和第一夫人正在参观灾难应急中心”。然后让奥巴马单击“更新”按钮，这条消息就被发送到微博客网站上了。不一会儿，工作人员又贴出第二条消息：“上一条消息由总统奥巴马亲自按下按钮发出。这是他首次发表微博”。紧随奥巴马其后的是布朗，虽然其微博在他下台后便停止使用，但他在任时的追随者人数达174万之多，至今仍稳坐亚军位置。

委内瑞拉总统的粉丝增速如光速。委内瑞拉前总统查韦斯于2010年4月29日发表了第一篇微博，在发表后的24小时内就吸引了6.4万名粉丝。媒体形容粉丝的增速堪比“光速”，如今查韦斯的粉丝人数已突破80万。值得一提的是，查韦斯雇了200人来监控他的微博留言。查韦斯开微博的目的很明确，就是为了反击网上的批评之声。但他可能需要拉更多的同僚加入战斗，因为据统计，委内瑞拉国内90%的微博用户都是查韦斯的反对者。除了政治斗争，查韦斯曾在微博上“调侃”玻利维亚总统莫拉莱斯说：“埃沃，你还没微博吗?”结果此言迅速成为“金句”——第二天，南美各大网站的重要新闻标题都引用了这句话。

智利总统俨然官方通讯社。随着智利33名被困矿工重见天日，智利总统皮涅拉的微博人气也日渐高涨。拥有一家电视台的皮涅拉极富新闻策划头脑，善于通过发布“独家消息”来吸引大众的眼球。自智利矿工被困以来，他时常在微博上发布最新营救信息，俨然官方通讯社。在2010年年初的智利地震中，皮涅拉的微博更成为全世界了解灾情的实况窗口，还拉来不少国际募捐。

阿根廷总统每日至少写7篇微博。阿根廷总统克里斯蒂娜开微博的头三天一个字也没有写，却已吸引了4万名粉丝。这惹得媒体忍不住大喊：“总统大人，你别吊我们胃口了，否则会显得言而无信的!”此后，自9月9日开始的30天内，克里斯蒂娜共发表博文205条，平均每天7条。总体看来，克里斯蒂娜在博文中严厉地批评阿国内的反对派、法官和新闻媒体，她甚至还在微博上称“英军”为海盗，引起了不小的风波。阿根廷内阁部长们也纷纷跟风效仿，将发表微博作为打击“政敌”的一种工具。另外，这位时尚的女总统也经常描写日常生活中的逸事，相信民众会很乐意和她在微博上讨论最新服饰潮流。更新速度紧跟克里斯蒂娜的是两位邻国元首：一位是委内瑞拉前总统查韦斯，然后是墨西哥总统卡尔德隆。[①]

英国首相卡梅伦屈居第二，但由于他在推特网上被用户讨论得最多，也被戏称为“话题王”。日本前首相鸠山由纪夫开微博后，社会反响很好，一时间日本政界名人都开始使用微博和市民拉近感情。有分析认为，在

① 张秀：《微博：政府宣传新时尚》，载《公关世界》(下半月)2010年第11期，第42—43页。

各国国内,微博是大多数政要树立他们自身形象及与民众现实互动的最快的捷径。许多粉丝感叹:有了微博,我们不再仰望首脑,而且还有机会向首脑发出自己的声音。各国政要通过多媒体公关大大拉近了民众跟政府的距离,不仅为领导人树立了良好形象,而且推动了政府的透明和开放。

三刻拍案

拍案一　广开"盐"路退谣"盐"

2011 年 3 月 15 日,由于日本地震导致的核电站泄漏事故,因此有谣言称日本核辐射会污染海水导致以后生产的盐都无法食用,而吃含碘的食用盐可防核辐射。于是,在担心无盐可吃和盐价会越来越高之下,一场抢盐风潮以排山倒海之势袭来。据《法制晚报》报道,从 3 月 16 日起,浙江、广东、山东等地居民前往超市、便利店抢购食盐,致使这些地区当天食盐的销售量比平时猛增了十几倍。3 月 17 日《华西都市报》报道,从 3 月 16 日开始,各地出现了一波又一波食盐抢购潮,多数超市货架上的食盐已被抢购一空。该报记者还不断接到成都市、达州市等地的市民打来的热线,称其所在地超市的食盐也被抢购一空。与此同时,各 QQ 群、微博、网络论坛里关于抢购食盐的消息满天飞。3 月 16 日,微博上有关抢盐的信息已达 25 033 条。

当微博上到处弥漫"抢盐"的消息时,一名网友与浙江省领导的对话成为当天一段"抢盐"佳话。16 日 19 时 18 分,网友"方宇琦"在微博上向浙江省委常委、组织部部长蔡奇说:"蔡部长,现在全省在哄抢食盐,请省领导关注"。19 时 20 分,蔡奇回复:"请继伟省长关注。"很快,浙江省副省长郑继伟在微博上说:"已部署。"并告诉网友,"盐会有的,请参阅浙江在线。"21 时 12 分,蔡奇再次发布微博:"据环保部门监测,目前浙江全省没有核辐射影响，食盐保证供应，望浙江同学转告。”当两位省领导发布权威消息后，网友纷纷通过微博转发。截至22时30分，蔡奇那条“食盐保证供应，请浙江同学相互转告”的微博已有近1000人转发或评论。

这次谣“盐”风波，传播速度之快、范围之广可谓罕见。值得肯定的是，政府在短时间内让风波迅速得到了平息。

3月17日，国家发改委就发出《关于稳定食盐等部分商品市场和价格的紧急通知》，要求立即开展市场检查，对恶意囤积、哄抬价格、扰乱市场等不法行为严厉查处。同时，保障盐的供应，稳定价格，澄清谣言。随后，北京市发改委、市疾控中心以及警方均立即采取行动、发出提醒，表示通过食用碘盐防辐射“不靠谱”，一个人一次食用1000克含碘食盐才能获得35毫克的碘，含碘食盐不具备抗辐射的功效。其间，市疾控中心主任邓瑛发了两篇有关盐的博文，截至3月底已引来近10万网民的关注，好似给茫然的人们吃了一颗“定心丸”。网民评价“就需要这样有学问的人给上上课!”。

3月17日下午，各地政府也紧急召集媒体召开新闻发布会，与以往不同的是，新闻发布会较为详细的数据，让市民更加信服。各大媒体也纷纷进行了辟谣报道，而且记者在走访超市时发现，各大超市还专门贴有辟谣告示，一些大型超市甚至播放广播不断提醒市民，甚至各大通信网络也纷纷向市民发送手机短信提醒。

3月18日，中国盐业总公司开通微博，并在微博上回答网民的提问，而各地相关部门也通过微博等传播技术及时出来辟谣。除辟谣外，同时中国盐业总公司增加市场供应也成为稳定盐业市场的重要手段。

由于政府的辟谣微博浮出水面，各种专家汇集在不同的场合阐述各自的观点，各路媒体也纷纷拿起传声筒，一遍遍地呼吁不要恐慌，各地工商等部门也表示要严惩哄抬物价者，政府在短时间内，让风波迅速得到了平息。从3月18日起，全国盐市逐渐回归正常。

点评

2010年被称为中国的微博元年。随着相关技术的不断成熟，随着微博注册用户数量的不断增加，微博平台越来越呈现出影响舆论甚至制造舆论焦点的力量。在2010年的多起公共事件当中，微博的功能展现可圈可点。抢盐风波正是随网络传播快速卷起，对政府应急、公关机制形成了极大的考验。历经数次网络事件风波后，政府的应急机制正逐步走向成熟。面对抢盐风潮，政府占据先机快速传播，从被动到主动的转变，采取联动的应急机制，不仅停留在新闻发布会或者通过专家来辟谣，而且充分利用网络、微博、手机短信等形式，进行宣传辟谣，使正确的舆论尽可能地覆盖市民。政府通过媒体、网络、微博等渠道快速平息抢盐事件，可谓是政府危机公关的又一次成功实践。

拍案二　领导"微语"推动官民沟通

2010年以来不断有政府机关和官员开通微博，在全国"两会"代表、委员中也已经有数百人开微博征询民意。但在省部级官员中用实名开微博的，全国人大代表、新疆维吾尔自治区党委书记张春贤还是第一位，也是目前开通微博行政级别最高的官员。

2011年3月，在北京出席全国"两会"的全国人大代表、新疆维吾尔自治区党委书记张春贤开通了微博，并以《张春贤给网友写信：民生连着民心》为开场白，张春贤写道："最近一个民族群众给我写信，她说，在这一年中，我们老百姓慢慢感觉到团结的温暖，爱心的温暖。我们现在哼着歌下班，在回家买菜的路上哼着歌，哼着歌在家里做饭……因为我们身边发生着很多让我们高兴的事情。这些朴实的话让我既开心又感动。"

开通微博后，张春贤连发了4条微博。2011年3月6日晚上，张春贤发了第一条对政府工作报告的看法的微博："昨天温总理的政府工作报告集中民智、体现民意、振奋人心。特别是用了很大篇幅谈民生，在就业、收入分配、社会保障、住房、卫生、社会管理等方面都有很多具体的举措，比如仅保障性住房的补助资金就超过1000亿。这对各地加强民生建设是一个重要导向。我们要多做实事，切实提高各族人民的幸福指数。"

3分钟后，他又发了第二条："'两会'期间开通微博，是想多个渠道更广泛、更直接地了解大家对新疆民生建设等方面的建议和意见。短短几天，众多网友收听、转播、评论，建言献策，表达心声，甚为感动。虽没有回复，但都是认真对待的。不瞒大家，因白天忙于参会，连续几个晚上看大家留言至凌晨两点多。"在媒体的"渲染"下，张春贤的"听众"激增，截至3月8日发稿时，他的"听众"已经达到了11.6378万人，并有1218人收录他。不过，张春贤也收录了其他人的微博。

3月8日，张春贤在新疆代表团讨论会后首度开腔谈及开通微博“问政于网”的情况：“第一，微博是最大的信息源，通过这个微博，方方面面的信息都能获取，这很便捷；第二，它很大的一个特点是把思想碎片化，随手拈来，拿出来一点就可以发布，让大家去共享，还有就是沟通确实比较便捷。”

点　评

随着互联网普及率的提升，网民的互联网使用方式也发生了深刻的变化，Web 2.0 时代诞生了一系列新的传播形态，如微博、SNS、网络论坛等，而这些传播形态的核心就是有效的互动。在这样的时代背景下，政府如何借助现有的平台实现与网民的有效互动，如何让开放和透明带来的效应深化，成为了摆在每个施政者之间的问题。以上案例中新疆维吾尔自治区党委书记张春贤利用微博“问政于网”、问计于民，利用现代科技和传播手段去依法执政、民主执政、科学执政。这正是张春贤开微博的要旨所在，充分体现了政府职能官员运用网络渠道推动政府公开、加强与民众互动的新形式，必将推动政府网络公关水平的提升。

拍案三　“微博110”开启全警公关时代

据广州日报1月21日报道，数据显示，全国有近500家公安机关开通微博。2010年2月，全国首个公安微博“平安肇庆”在广东诞生，这种时髦的警民互动方式迅速引发了外界的广泛关注。有媒体甚至称，“平安肇庆”引发了一场中国警务革命。

“平安肇庆”微博开通后，他们就针对网民最关注的交管、治安、法制、户政、出入境、督察、派出所等部门的业务，在最短的时间内解难释疑，赢得了广大网友的普遍赞誉。肇庆市公安局通过微博对鼎湖山观音开库这一盛况的安保情况进行了实时直播，第一时间把人流动态、管制措施、警方温馨提示等告知群众，并播发了大量民警为民助民的文字、图片，广受全国网民的关注。而且他们还随时通报最新警情，把包括刑事、治安、交通等能向社会公开的各类警情毫无保留地公开，并适时对网民关注的热点治安话题公开研判和防范提示，使老百姓真实地了解治安状况和公安工作，真切地感受到公安机关主动作为推进平安建设的信心和决心，取得了良好的社会效果。

随着“平安肇庆”微博的良好示范效应的显现，“平安北京”、“厦门警方在线”等公安微博也纷纷成立。

据警方介绍，今后将通过博客、微博等形式，向民众公开警务信息，并广泛听取民众的建议和呼声。目前，微博和博客尚在建设中，近期将上线。警方有关负责人称，博客、微博只是公共关系工作的一部分，警方还将制作推广形象宣传片、设立形象大使、开办警民互动基地、推进警务公开和警营开放。据报道各公安局及下属单位都将建立相应的公共关系机构，同时对每名民警进行公共关系意识和形象意识的培训。

“警方博客、微博等互动交流平台的设立，可以让警民双方通过现代新媒体手段，达到政令通达与民意反馈的即时汇通，更好地促进警民关系发展。我认为这是一个很好的尝试。网民的舆论力量非常强大，其中也不乏苛刻的‘拍砖’，甚至充满谩骂。这对民警来说，需要民警提高自身素质，树立为民服务的意识，正确对待和处理这些问题。只要警察把本职工作做好，相信更多人会理解、支持警方的工作。”北京大学社会学系教授夏学銮说道。

国家行政学院教授汪玉凯接受《新京报》采访时表示，公安开微博，是对“110”一个很好的补充。“110”只是简单接警，但微博可让公安更深入地了解复杂的社会心理和社会矛盾。公安部门开微博与一般政府部门开微博意义很不一样。公安部门与民众安全直接相关，民众更希望了解公安部门的工作运转，通过微博这样一个迥异于官方文件的民间形式，沟通和交流将更便捷。利用网络微博，多倾听民众声音，有助于化解社会矛盾。

不过中国人民公安大学教授王大伟认为，公安微博直播特殊案件现场也应谨慎。他介绍，俄罗斯警方曾电视直播劫持人质案。因劫持人质者也看到了直播，导致警方行动失败。

点 评

随着互联网时代的到来，公安机关执法活动处在全面开放、高度透明的社会环境中，涉警舆论成为媒体和民众的热点，在此背景下，需要警方有效地运用现代化的传播手段和技术，与公众特别是与媒体、普通群众和弱势群体进行交流和沟通。公安微博及时公布百姓关注的话题和热点问题，有利于释疑解惑、密切警民关系，也有利于监督民警文明执法。正如北京市公安局局长傅政华在一新闻发布会上说到的“运用现代科技，我们可以更好地跟公众进行沟通和交换信息，这样也就有助于我们在公众心目中建立一个良好的形象，并赢得公众的信任与支持。“微博110”开启了全警公关的新时代，尽管目前来说，警察公共关系对我们来讲，还是一门全新的课题。相信通过加强警察公共关系教育培训，培养全警良好的公关意识和形象意识，必将有助于维护新形势的社会治安，推进警民关系、社会关系的和谐发展。

回味隽永

伴随着传媒科技的迅速发展，媒体生态发生了巨大变化：媒体种类不断增加；符号系统日益丰富；信息以秒计，全天候24小时不间断传播；克服空间阻隔，信息瞬间到达“地球村”每个角落；尤其是微博的广泛使用，一些网络意见领袖的“粉丝”、“听众”达几万、几十万，甚至几百万，个人微博的影响力甚至比一张传统出版的报纸的影响力还大，可以说微博已经成为当今网络社会的一个热门现象，也对新时期政府的公共关系建设提出了新的要求。政府机构及其官员微博日益开通更令人耳目一新，拉近了官员与民众的距离，此举不仅时尚新潮，而且平等亲民。政府借助网络平台实现“网络问政，更加快捷方便，符合社会发展特性，更加巧妙地和经济社会政治文化的需求相结合，有效搭建了官民互动、上下沟通的桥梁，扩大了参政议政的范围，更好地维护了群众知情权、参与权、表达权和监督权，具有重要的历史意义。”

但是同时人们也对这种“遍地开花”的官方微博的规范性、持续性表示担心，“现在还没有法律法规对网络这个虚拟的环境加以规范，很有可能出现一些不法网络分子冒用政府之名，歪曲信息的真实性，唯利是图，提供欺骗民众的虚假信息来伺机侵犯群众的利益。”“对于官方微博可以坚持多久我们很担心，以前也是政府网站普遍建，很久都不见更新。老百姓在网上反映问题，很多答复都是固定的、程式化的。怎么把好事办好，让政府网站也好、官方微博也好，真正成为老百姓参政、问政、沟通交流的有效途径。”

政府网络公关在我国还处于不断发展和完善的过程中，一些政府公务员对于网络公关的理解不足，造成在公关活动中一些做法失当，应该引起我们的反思。一是网络公关不是删帖。一些负责政府网络公关的工作人员认为只要将不利于政府利益的微博内容删除，就达到了网络公关的目的。事实上，删帖只是针对那些不实的、具有明显的煽动性和欺骗性、恶意损害政府形象的帖子，而若一味地删帖既损害了公众的言论自由权、监督权，削弱了公众参与的积极性，也损害了诚信正义的政府形象。面对网上出现的一些负面反应，有关方面应该正确地辨别言论的真伪，然后根据其真实程度给予及时的答复。二是网络公关不是封堵。一些政府部门中都设有专门的岗位或办事人员，审查政府微博、网络论坛上的公众留言。符合要求的发布，不符合要求的禁言。导致某些信息不畅引起网络社会骚动，造成一些意外情况，因而广开言路，对于网络公关而言非常必要。

第二十篇

网络公关塑造国家新形象

政府网络公关作为政府公共关系的一个重要方面，指的是政府为了更好地履行其职能，利用网络传媒与公众建立相互了解、相互适应的持久联系，以期在公众中塑造良好的政府形象，争取公众对政府工作的理解和支持的一系列活动。政府网络公关工作是沟通政府与公众联系的桥梁，是塑造政府乃至国家形象的有效手段。

开篇导例

开篇之述：国家形象宣传片“网络首播”

2011年1月17日，一抹亮丽的“中国红”在高楼林立的美国纽约时代广场的电子屏上格外显眼，6块电子显示屏同时播放一则醒目的中国国家形象宣传片的上集——《人物篇》，引起了国际社会的广泛关注。国家形象宣传片选择在纽约市中心播放，既是因为它是一个非常重要的繁华区域，更因为纽约对世界具有很强大的辐射力，有非常强大的世界示范意义。说到美国，纽约是人们首先要联系到的城市，而谈到纽约，人们自然会想到曼哈顿，而时代广场又是曼哈顿的标志性地域。它对于世界的象征意义和影响力，甚至不下于凯旋门、埃菲尔铁塔，在世界人民的心中具有广泛的认同感。

在纽约时代广场这个具有广泛辐射力和穿透力的地方播放国家形象片，可以影响更多的人群，吸引更为广泛的受众，这仅仅是其一。其二，在这个地方播放国家形象片，也代表一个国家开放、自信、包容的形象和姿态。它不但是在向美国人展示一个更加丰富的中国形象，同时也是在向世界展示中国形象的多元和丰富。

紧随其后，国家形象宣传片的下集《角度篇》于2011年1月23日在网上开始展示。相比简短而气势恢弘的《人物篇》，将用于外事活动展示的《角度篇》则引入了更多普通百姓的面孔，力图从多角度更全面深入地展示当代中国。

和《人物篇》一样，《角度篇》在网上一经公布便引发了如潮热议，不少网友认为该片较到位地展现了今日中国，一句“每个有梦想的人，都会得到别人的尊重”更是赢得不少人的拥趸，但也有人中肯地提出，希望融入更多打动人的细节与故事。

在网上首播的《角度篇》共17分钟，800多个画面共分为8个主题，每个主题约为2分钟，涉及中国的经济、政治、社会、文化、科研、教育、环境等多方面内容。宣传片用英文旁白，以“传统是一种背负，还是一种推动发展的动力”“文化的传承是太受到关注，还是太漫不经心”“你看到的是冲突还是融合，是回忆还是未来”三个问题开场，并通过“开放而有自信”“增长而能持续”“发展而能共享”“多元而能共荣”“自由而有秩序”“民主而有权威”“贫富而能互尊”“富裕而能节俭”八大篇章多方位阐述和展示了当代中国的成就、理念以及以价值观、道德观和发展观为核心的当代中国精神。与已在美国纽约时代广场播出的《人物篇》明星大腕云集相比，《角度篇》更多的角色选择中国各个阶层的普通人，如北京胡同内正在踢毽子的街坊邻居、在街边广场练太极的老人、在北京798艺术区观看先锋艺术作品的外地游客……

网友热议：展示到位；比较亮眼；盼有更多感人细节。自《人物篇》在海外亮相后，不少人就开始坐等《角度篇》的面世。当《角度篇》的完整版一经曝光便在网络上引发了热议。在片中，从传统到现代、从国情到民情、从物质到文化的综合展现让不少网友眼前一亮，认为这是一次“比较到位的展示”，尤其是“贫富而能互尊”篇中，那句“贫富的改变，可能在旦夕之间；永远不会改变的，反倒是人与人之间的互尊与互爱，每个有梦想的人，都会得到别人的尊重”，获得了很多的拥趸。但也有网友指出，该片在摄制上还是偏于泛化，略显单薄，希望能有更多打动人的细节和故事来支撑，而不是简单地以各年龄层、各岗位人士的一句肺腑之言来展现。还有不少热心的网友贡献出了诸多具体故事，如有摄影师在江西九江火车站捕捉到的感动一瞬——一对在外地打工赶回抚州过年的小夫妻在风雪回家路上所表现出的普通中国人的乐观、坚韧、勤劳以及折射出的中国人对于团圆的重视，“也挺适合拍进形象片的”。

据悉，60秒的《人物篇》和17分钟的《角度篇》各有妙用。《人物篇》将会在国际主流媒体上播出，以“中国人”概念打造中国形象。目前已经在美国CNN及英国BBC等国际主流媒体的网站和电视上播出。《角度篇》则将用于驻外使领馆节庆、外交酒会等外事活动进行展示，而中国驻美国大使馆及驻芝加哥、洛杉矶、纽约、旧金山等地的总领事馆将率先使用。

开篇之论：主动出击，开展国家形象公关

近年来，随着我国综合实力的日益增强以及融入全球化的程度越来

越深，中国对世界政治、外交、金融等方面影响越来越大。但是由于东西方历史文化的差异，当面对外界的纷繁复杂，中国人却时常在国际舆论中“失语”，外国对中国的了解较为片面，有时甚至还有不少误会，一些西方媒体对中国的报道也时有偏颇，经常存在不准确和过分夸大问题，甚至报道谣传。这尽管有西方媒体的报道有偏差的原因，还有一个重要因素是我们自己的宣传力度还不够，距离“让世界全面了解中国”还有一定的差距。中国从 2003 年抗击“非典”到 2008 年奥运会再到 2010 年的世博会，政府公关能力逐渐成熟。此次拍摄中国国家形象宣传片，表明政府塑造国家形象主动意识增强，在塑造国家形象方面越趋专业化，进入了注重内涵的新发展阶段。17 分钟的专题片(《角度篇》)，以“以人为本、科学发展”的理念为核心，涉及政治、经济、社会、民族等多个领域，多角度、全景式地展示当代中国的建设成就。60 秒的广告短片(《人物篇》)则集中了各行各业享有国际盛誉的中国精英，展现了当代中国生机勃勃的国家形象。国家形象宣传片的网络首播充分体现了“中国国际形象公关”的主动出击，通过它向世界展示一个真实的中国，相信可以帮助外国友人了解真实的中国。

史镜今鉴

日本政府倾力打造“酷日本”形象

2010 年 6 月 12—23 日，以“可爱”与“和平”为主题的日本流行文化主题活动在上海世博会日本馆举行。在此期间，一系列以日本著名模特、动漫歌曲和流行歌手为主打的特色活动与观众见面。这是日本政府宣传“酷日本”(Cool Japan)的又一次努力。

近年来，“酷日本”这个说法在日本被炒得十分红火。日本政府推出了一系列“酷日本”的推广活动，希望通过输出流行文化产品来“打造日本形象，推销日本梦想”，以此吸引海外民众尤其是年轻一代，让他们听到“日本”立刻联想到“酷”这个词。日本最新出炉的一份调查报告显示，大多数受访者表示，最想向世界展示的日本文化是动漫，其次是日本料理、日本风光、日本电玩和日本的传统艺术。《七龙珠》《机器猫》《机动战士高达》则是受访者认为最能代表“酷日本”的具体作品。

日本的流行文化在亚洲乃至全球引起人们的广泛关注并不是什么新鲜事，可是日本政府倾力打造“酷日本”的形象却是从近年才开始的。2002年，一个名叫道格拉斯·麦克格雷的美国人在著名的《外交政策》杂志上发表了《日本国民酷总值》一文，指出“国民酷总值”(Gross National Cool)也是软实力的一种形态，可与国内生产总值(GDP)一样作为衡量国家实力的一项指标。这篇文章引起了日本众多政府官员、学者和企业家的讨论。日本随之发起了一轮又一轮宣传“酷日本”的活动。2010年4月，日本经济产业省出台的“文化产业大国战略”最新的战略方案首次明确提出要在“酷日本”的框架下提高文化产业的竞争力——把日本料理打造为世界三大料理之一，为日本餐饮业进军海外提供支援；日本官民两方将设立基金，辅助日本企业向海外发展文化产业；在亚洲主要城市举办活动，推广日本流行文化和生活方式等。经济产业省还计划将此战略方案作为当年出台的新经济发展战略的重要内容。

一国的国家形象及其影响力，的确取决于一国的综合实力。但与此同时，“文化形象”对国家形象塑造影响深远，“文化形象”在某种程度上甚至成为国家形象的“核心名片”。日本政府较为成功地打造“酷日本”形象，体现了日本国家公关策略日渐成熟，日本的国家品牌形象通过政府乃至民间的携手努力得到了大大提升，进而促进日本制造业、服务业走向全球化。如今，日本已经成为超级动漫大国，柯南、灌篮高手等动漫形象为日本赚足了人气。此外，近年来，日本对饮食文化的推广也卓有成效，在全球塑造了类似“日本食品＝健康＋知性＋时尚”的良好印象。[①]

---

① http://world.people.com.cn/GB/11732540.html。

三刻拍案

拍案一　诚恳态度造就政府危机公关的成功样本

2011年6月26日晚，有网友在天涯论坛上爆料称，四川省会理县政府网站上的一张领导视察的新闻图片是用PS合成的，并附上了疑用合成照片的新闻页面以及会理县政府官网截图。照片中的三位县领导悬浮在公路上，PS痕迹十分明显。照片下方的图片说明称这几位领导正在当地某乡镇检查新建成的通乡公路。事件曝光后，广大网友纷纷跟帖，并通过微博转载。更有网友在短期内创作了上百张PS照片，瞬间在网络上引发了对会理县领导的PS恶搞狂潮。四川会理县PS事件的影响范围迅速扩大。

6月27日，会理县宣传部工作人员回应，照片确系PS合成，但领导视察却是事实。下午17点22分，天涯论坛上出现了该事件的致歉帖，称检查工作确有其事，但"由于照片效果不佳"，便对照片作了"拼接、修改，造成照片失真，带来了不良反应和影响……向有关网络媒体和广大网友表示深深的歉意，恳请谅解，并保证在今后的工作中绝不再发生类似情况。"致歉帖中还贴出了原图和经过PS后的图片。致歉信的署名是孙正东，也就是PS照片的当事人。

随后，四川会理县政府在新浪开通官方认证微博，从27日18点24分开始连发3条道歉微博并贴出照片原图。"希望对此事道歉，并澄清"，并且表示会"以此为鉴，更为谨慎努力地工作"，多数网友对会理县的迅速反应及诚恳道歉表示肯定。在会理县政府官方微博开通的时候，一个叫"会理县孙正东"的微博账号也同时开通了，从当晚18点55分开始，"会理县孙正东"共发布7条相关的微博。不仅在微博上道歉，承认是"自身工作态度问题"，而且不回避网友创作的PS照片，主动转发并进行点评调侃，戏谑的语言和坦诚开放的态度赢得了网民的好感。

6月28日起，会理县政府的官方微博和"会理县孙正东"开始用图文并茂的方式，在微博上转发会理风光，介绍会理的旅游资源。大多数网友不仅对会理县政府的做法表示赞赏，并表示有机会要去会理旅游。从事件发生到成功化解，由始至终仅用了不到48小时，作为“领导悬浮视察”照的始作俑者，四川省会理县不仅成功地化解了汹涌的舆情危机，还在与网民互动、交流中“借机”对当地的旅游资源进行了宣传和推介，在化危中赢得商机，达到了一举多得的目的，完成了一次漂亮的“逆转”。

点 评

会理PS事件成功解决的关键就在于当地政府以闻过则喜的诚恳、坦然的态度接受质疑、批判，承受压力，并以实际行动来接受监督，而不是以对立的态度来压制、指责、躲避，从而使得问题得到平稳化解，网络传播中的不满情绪得到及时平息，有效防止网络不良舆论的扩散，使得政府的正面形象得以树立。使会理县政府能够在舆情旋涡中实现华丽转身的核心原因无非有二：一是态度诚恳，主动应对；二是会理县政府懂得并积极利用危机传播规律，善于运用新媒体进行危机公关，在网络舆论运动和传播中接受监督，传播正面形象。由于会理县政府能够充分发挥主动性，利用微博这一平台积极回应、坦诚面对、持续关注，最终转“危”为“机”，此次会理PS事件的圆满解决堪称“政府公关危机的经典案例”。这也带给我们一个启示：在“微博问政”渐成趋势的新时期，政府的网络公关不但要坚持真实性原则，实事求是面对质疑、阐明事实，而且要有“公仆心”，以诚恳的态度来与民众交流、沟通，营造良好有序的互动关系，通过正面形象的树立来促进误解的消除和共识的达成。

拍案二 官员形象从“官腔”到“网语”

据新华网消息，“神马都是浮云、科学发展才是真经”“拍砖使人进步、灌水使人落后”“手握鼠标、胸怀天下”……这些令人忍俊不禁而又发人深思的“网络语言”，并非出自普通网友之手，而是来自国内多个地区的党政领导干部。

懂得使用网络语言已经成为许多领导干部和网友们交流的必备技巧之一。2011年春节前夕,不少地方的省委省政府主要领导都频繁采用网络时髦语言向网友道喜拜年。例如,江西省委省政府的“希望各位网友一如既‘网’关注江西、一‘网’情深支持江西”;云南省委省政府的“神马都是浮云,科学发展才是真经,转变发展方式最给力”,全然颠覆了传统“官话”,一时引发大量转载和跟评。而在网络问政工作中,越来越多的领导干部也开始打破“文件语言”和“太极”作风。“拍砖使人进步,灌水使人落后”“当领导不是过路打酱油的”……这些幽默活跃、在网上流传一时的网络语言就是出自于广东省河源市委书记陈建华之口。从“官腔官调”到网络语言不仅仅意味着官员表面上变得“活跃、幽默”,更体现出他们正在积极掌握互联网时代的执政技巧,正在学会以平等姿态对待网民群体,正在以宽容胸怀容纳来自不同方面的意见。

网友评价说,网络语言无形中拉近了官民距离,融合了民情、民心,深受民众欢迎。这种趋势恰恰说明网络问政已经深入人心,政府官员越来越关注网络舆论。网络语言不是政府官员的装饰性语言,而是沟通社情民意的必备工具和手段。但愿官员平日多上网,多熟知网络世界舆情,多“潜水”、“拍砖”,多与网友调侃,当一个受网友喜欢的网民,人民喜欢的好官。

网络上的声音,有真话,有直话,有时也免不了有怨言、狠话。“中国网事”记者发现,在直面质疑和诘难的交锋中,宽容而理性的姿态越来越多,针锋相对的雷人回应越来越少。

广东省公安厅分别在新浪网和腾讯网上开设“公安微博”,当前日平均点击量已达108万,“粉丝”总数超过370万。面对各种各样的网友声音,广东省公安厅坚持“不删帖”。广东省公安厅宣传处处长邓建伟说:“反对意见不管你听到还是听不到都客观存在,不能遇到一点批评意见就承受不了,要有开放包容的心态。没准挑刺的人,就是真正最关心我们的人。”

网友评价说,互联网时代,官员有了与网友平等交流的平台和窗口,官员必须具有一种海纳百川、胸怀天下的宽阔胸怀,对网民的一些尖锐批评、负面声音要有足够的心理准备和周全的应对预案,要本着实事求是和善意沟通的态度,不随意删帖,未经调查核实不随意表态和发表意见。这样才能实现官方与民众的便捷沟通和交流,才能畅通民意表达渠道,解决社会矛盾纠纷,密切党群干群关系,赢得群众信任支持。

全国政协委员李竞先对“中国网事”的记者说:“网络上什么声音都

会有，任何一件事情都很难在网络上获得百分之百的赞成或者反对，这是一件正常的事情。打个比方，一首歌曲如果只有一个音符一定不好听，所以网络问政一定要有民主、宽松、和谐的政治生活氛围，对不同意见的声音要包容，这体现了我们政治文明的进步。当然，要想使网络问政长期有生命、有前途，必须从根本上培养和确立群众第一、以人为本、以民为先。”

点　评

沟通是政府公共关系的前提。完善沟通机制，疏通沟通渠道，这是促进政府与公众信息交流的基本方法和保证。加强双向交流，增进信息传递，这是协调政民关系，塑造政府形象的根本方法。从“官腔官调”到网络语言正是政府形象公关的一种努力。政府通过网络语言的应用，加强与民众的联系和沟通，使体现政府形象的各项政策、法规在民众中得到很好的宣传和接受，使政府的各种决策活动和行为受到广大民众的支持和拥护，从而建立起了良好的政府形象。它不仅仅意味着官员表面上变得“活跃、幽默”，更体现出他们正在积极掌握互联网时代的执政技巧，正在学会以平等姿态对待网民群体，正在以宽容胸怀容纳来自不同方面的意见。尽管有时网络言论有一定的偏激，但是总体所起的积极作用不可小视。[①]

拍案三　网络助力中国从利比亚成功“撤侨”

2011 年 2 月 19 日，中国外交部接到中国驻利比亚大使馆的紧急报告：驻利中资企业遭袭。领事司黄屏司长立即预感到事态严重。他在心里大概估算了一下，在利比亚的中方人员超过 3 万，如果形势危急，需要启动撤离，这将是一场规模空前的行动。

除传统努力以外，领事保护中心还尽可能通过微博和 QQ 群的形式摸清每个公民的情况。在利比亚时断时续的通信条件下，网络平台成为许多撤离公民的生命线。

---

① http://news.xinhuanet.com/lianzhen/2011-03-14/C_121183046.htm。

2月24日，从微博上传来48名中国工人被困在利比亚塞里尔电厂的消息。领事保护中心负责网络联络的邹瑜将这一信息与其他在利比亚撤离行动官方QQ群上的各类个人和机构的求救信息汇总，同时交由驻利使馆和前方工作组立即核实。前方很快与所有受困的中国工人取得联系，并指引其一行赶往最近的撤离集散点。

2月25日，有网民通过微博反映利比亚米苏拉塔地区有800余名中方人员请求协助。领事保护中心指示前方工作组提供帮助。据前方工作组报告，该批人员是长江岩土公司员工，工作组已与他们取得联系并正协助他们乘船撤离。

2月26日，有网民反映位于利比亚西北部的黎波里地区中国通信服务公司80余人请求协助。领事保护中心立即要求中国驻利比亚使馆联系核实。后来，中国驻利比亚使馆与他们取得联系，并协助他们与其他公司人员一同经陆路撤离。

外交部领事保护中心表示，领事保护中心将继续关注微博等各种渠道发来的信息，尽最大努力保障在利比亚中国公民和机构安全。外交部领事保护中心提醒网民和博主，发布求助信息时应尽可能包括时间、地点、电话、手机等具体信息，以便联系核实并提供帮助。[①]

点　评

我国政府在短短八天内，在如此复杂、动荡的局势下，如此迅速、有条不紊地完成这次自中华人民共和国成立以来规模最大的海外撤侨行动，赢得国内外舆论的广泛称赞。在此次“撤侨”中，网络在这次撤侨行动中发挥了重要作用。在此次撤离中国在利比亚人员的行动中，除了通过两部热线电话和传真等传统方式了解公民的求助信息以外，领事保护中心还高度重视中国在利比亚公民和机构通过网络和微博发出的信息，及时协调驻外使领馆和前方工作组联系核实，为他们提供帮助。可以说网络助力中国从利比亚成功“撤侨”，体现了政府充分发挥网络在建设公共关系中的重要作用，为国家形象的塑造起到了积极影响。

① http://news.xinhuanet.com/world/2011-03-10/C_121172445_2.htm。

美国《侨报》发表文章称，利比亚“撤侨”，不仅是中国走向世界大国的一次成功预演，同时也是一个最真实的国家形象宣传片，显示出“以民为本”、关注民生的执政理念，并非一句空话，而是切切实实国家行为。这将大大提升中国的世界影响力，改变世界对中国的传统看法。

回味隽永

国家形象是国家文化软实力的重要组成部分和显著标志，在综合国力竞争中的地位越来越重要，在维护国家核心利益等方面的作用越来越突出。尤其是随着数字化、信息化、网络化进程的加快，现代传媒得到迅速发展。与传统媒体相比，现代传媒无论在内容上、形式上还是在技术手段上都发生了重大变化，显示出强大的传播力。世界上许多国家都充分借助网络媒体先进的传播理念和技术手段，努力加强国家形象公关来营造良好的国际发展环境，赢得国际竞争的主动权。我国如何抓住网络传媒蓬勃发展的良好机遇，做好国家形象的公关，不断增强我国的亲和力、吸引力、影响力和竞争力，是对我国政府公关的一种考验。有学者认为，在网络时代下，政府形象公关应该要做到以下几点。①

第一，加强国家形象公关要立足中华民族优秀文化传统，不断提出具有中国文化特质、符合时代发展要求、容易为世界所理解和接受的思想观念，并通过网络等便捷渠道和手段积极加以传播，及时有力地发出我国的主流声音，积极向世界传播我们的文化理念和价值观念，着力增强中华文化国际影响力，营造良好的国际形象。

第二，国家形象公关是一项系统工程，政府从传播思路的理顺到推介

① http://theory.people.com.cn/GB/G13/14110462.html。

框架的形成，从团队合作到舆论营造，从传播艺术的提升到受众群体的划分，从新闻发布制度的具体落实到新闻发言人形象的塑造，从政策的实施到经验的总结等各个环节、各个步骤，都需要精心策划并根据情况及时做出调整。

第三，加强国家形象公关，还应抓住重大事件、重大活动、重大项目等有利契机集中展示国家形象，也应采取春风化雨、润物无声的方式，将其融入日常性的外宣工作和活动中，达到潜移默化的效果。

第二十一篇

网络问政塑造政府网络公关新途径

随着网络的日益普及，互联网已成为中国公民行使知情权、参与权、表达权和监督权的重要渠道，网络技术的发展为政府加强与公众沟通、问政于民提供了强有力的支持。为此，政府通过互联网做宣传、做决策，了解民情、汇聚民智，保持与民众良好的互动沟通，维护政府网络时代的全新形象。

开篇导例

开篇之述:“直通中南海留言板”

人民网、中国共产党新闻网于2010年9月8日正式推出“直通中南海——中央领导人和中央机构留言板”。该留言板突出互动性,旨在让广大网友对中央领导人倾诉心声,给中央机构提出意见和建议。

“直通中南海——中央领导人和中央机构留言板”以“中南海新华门”和“为人民服务”影壁动画页面为封面,网友点击进入留言板首页就可以给中央领导人和中央机构留言。留言板右侧是中央政治局9位常委的照片,照片下有领导人的最新动态新闻和“点击留言”按钮。网友留言可以以个人的身份,也可以“党组织”或单位名义。此外,在中央政治局委员及书记处书记的名字一侧也有“留言”按钮,网友点击即可进入留言页面。在同一个页面,网友还可以给各中央机构留言,包括中纪委、组织部、宣传部、政法委等机构在内,网友均可以点击进入。除了留言功能外,“直通中南海——中央领导人和中央机构留言板”的首页还设置了很多可读性很强的互动栏目,如“高层动态”、“领导活动”、“基层党建”、“党史频道”等,将中央领导人与网友交流的有关新闻、中央机构推动党务公开的最新信息加以展示。同时,作为呼应,网友有关中央领导人和中央机构的帖文、留言摘选在首页也得到体现。

为了保证留言板功能的正常发挥和有序运行,“地方领导留言板”主要以“网友匿名留言—领导或政府机构将回复传递至人民网—人民网确认来源及内容无误—由管理员统一发布回复”这一机制,人民网“地方领导留言版”居中充当一个桥梁和纽带的作用,将官民两端的信息及时有效地链接起来,并为双方的互动提供一个相互值得信赖和依托的平台,在使双方之间的交流更通畅的同时,也使他们之间的权益得到相应的保障。比如,针对网友的留言,一旦经过相关部门的回复之后,人民网的编辑就会采取多种方式进行信息及其来源的确认和核实，确保每条意见回复都具有权威性、真实性。事实表明，这一机制既是对党政相关部门的负责，又不负网友的期望，取得了良好的成效。凡党政部门发来的留言回复，刊发前都经过多种方式进行来源确认，切实保障每条回复都具可信性、权威性，也充分保障网友的权益。而实践显示，这一机制发挥了有效的作用。

事实上，“直通中南海——中央领导人和中央机构留言板”并非偶然。在“直通中南海——中央领导人和中央机构留言板”推出之前，人民网地方频道曾于2006年开设“地方领导留言板”，恰恰是这一举措为“直通中南海——中央领导人和中央机构留言板”的推出奠定了基础。据“地方领导留言板”栏目负责人杨佳介绍，这个栏目脱胎于人民网地方领导资料库页面，每位领导干部的页面上包括一份简历和一个留言入口。从2005年开始，在这些地方高官的页面上陆续有网民跟帖发表留言，且数量不断增多。受此启发，人民网尝试将这些留言以地域和官员为单位进行汇集，开始探索这一官民互动的新鲜模式。

开篇之论：网络“问”计民生“政”通民意

“知屋漏者在宇下，知政失者在草野。”随着互联网“麦克风”时代的到来，网民可以不加掩饰地表达自己的观点。因此，网络监督风生水起，网络反腐方兴未艾。

网络民意的崛起，在某种程度上开始悄然改写中国的政治景观。党和国家领导人的相继“触网”，各级官员纷邀网民“灌水拍砖”，直至今日的“直通中南海——中央领导人和中央机构留言板”的出现，显示出网民的知情权、参与权、表达权、监督权正获得越来越多的尊重，也显示出政府实施征询型公关的优越性。政府的网络公关能促使政治生态嬗变，为政治文明推进做好铺路。

网络空间是各种社会思潮和利益诉求的集散地和意识形态较量的战场，它是网民参政议政、指点江山、谈是论非、说真话、说实话、说心里话的公共平台。在新的历史条件下，网络已经成为重要而独特的渠道，以网络为媒介的“政府-公众”新互动模式已经成为中国政治文明的重要元素，也成为政府可以积极有效加以运用的渠道。“直通中南海——中央领导人和中央机构留言板”的设置，使民众可以在这里给高层领导人留言，使其能以“键盘加鼠标”的方式反映民情参政议政，这表明政府愿意听取方方面面的意见，吸纳各个阶层的建议，展现了一个亲民、民主政府的良好形象，同时也为政府的各项方针政策起到更好的宣传作用。"直通中南海——中央领导人和中央机构留言板"的开通是党和政府将宣传工作与互联网时代的公关技巧相结合的最新尝试。由此一来，在网络传媒的链接下，政府和民众之间的关系更加亲密亲近，更加体现民主政治的平等对话的特征。正是因为"地方领导留言板"促进问题解决的及时性和有效性，使得政府在群众之间具有了国家民主、开放的形象，也赢得了良好的群众声誉。

史镜今鉴

网络公关助力奥巴马赢得大选

奥巴马的竞选是网络的一场革命，让网络正式登上政治舞台。从奥巴马与希拉里的党内候选人之争到与麦凯恩的两党候选人战争的胜利，网络营销都起了决定性的作用。《纽约时报》向我们揭开了奥巴马如何在Facebook 创建人的指导下，借网络一步一步迈向成功的内幕。

奥巴马在竞选中实施的新传媒战略的中心就是"我的奥巴马"网站(MyBo)，支持者可以在这里加入当地团体，举办活动，注册更新，还可以创建个人筹款页面。虽然其他的候选人也通过网络与支持者接触，但MyBo 的独特之处在于支持者可以与其他的支持者接触。休斯说："如果没有网络组织工具，我们要走到今天这一步将会更加困难。"

MyBo 创建的头几个月，成员只有数千名。那时，奥巴马新传媒竞选团队负责人之一的休斯把焦点放在初选第一州——艾奥瓦州上，集中突破。最后，奥巴马赢得了这里的初选。艾奥瓦州的获胜促使更多新的支持者登录 MyBo。

在一些州的初选和"基层党团会议初选"中，网络志愿者还利用网络提前数月在竞选工作人员到达之前就自我组织起来做好前期工作。

虚拟电话银行也帮了奥巴马大忙。在初选中，志愿者可以在网上登记，得到一份电话号码名单，然后进行通话。

同时，奥巴马新传媒竞选团队还花费了300万美元在网络上做广告，吸引选民投票。并且为了应对更加激烈的大选，该团队后来还建立了一个“反诽谤网站”，开始全面反击针对奥巴马的各种谣言。

不仅如此，奥巴马还延揽了一批互联网营销方面的专家。硅谷风险投资者马克·戈伦博格加上加利福尼亚州前审计长、eBay创始人之一史蒂夫·卫斯理，还有其他一批网络精英，帮助奥巴马将官方网站打造成了一个支持者的活动中心——只要在网站上注册，就能得到名为“我的奥巴马”的网络即时通告，详细了解奥巴马的动态。

《纽约日报》也认可这一点：“2008年，决定总统大选结果的关键因素不是谁更懂政治，而是谁更懂网络。”因此，奥巴马的胜利，不如说是Web2.0技术的胜利，更是在Web2.0的网络背后那些真正渴望世界运转的规则发生根本变革的网民的胜利。可以说奥巴马成功的背后，是美国突破商业领域的Web2.0的广泛应用。[①]

公关讲究个人形象定位，目标受众的设定，传播环境、竞争对手的分析，以及传播策略、关键信息、事件营销等。奥巴马在整个传播过程中，清晰定位品牌形象，明确目标受众，通过网络整合营销，进行有效的品牌传播，将个人品牌的公关发挥得淋漓尽致。

三刻拍案

拍案一　区党委书记心系大学生就业

2011年是西藏自治区办理网民留言工作的开局之年。新年伊始，西藏自治区党委书记通过人民网发表了《致人民网网友的信》，信中表示西

① 侯丽华：《网络营销成奥巴马决胜利器》，2008年11月9日《深圳商报》，第A6版。

藏自治区党委、政府对网民的留言非常重视，已责成西藏自治区党委办公厅信息中心承办网民留言回复工作，希望网民通过互联网平台为西藏的改革发展稳定建言献策。

2011年8月，一名西藏大学在校大学生给西藏自治区党委书记留言："我是一名西藏大学即将毕业的大学生，目前，铁路系统就业很难，作为学习交通铁路方向的学生，只能毕业考村官、乡镇公务员，拉日线、拉林线铁路正在建设之中，我想咨询下我们学习这个专业的学生是否有机会为西藏铁路事业发展做点贡献。已经毕业2届的这个专业的学生，至今还无人进入西藏铁路系统，还有目前我们连实习的地方都没有，希望您能帮助我们与青藏铁路公司建立实习基地，完善培养西藏本地铁路人才政策。祝您扎西德勒。"

西藏自治区区党委书记亲自批示，请西藏自治区人力资源和社会保障厅给予帮助指导就业。鉴于该问题属于该区冷门专业毕业生所共同关注的重要问题，具有一定的代表性，区人力资源和社会保障厅在接到《网民留言办理通知》后，立即指派专人到区发改委支铁办、青藏铁路公司和西藏大学调查研究。从区发改委支铁办了解到：青藏铁路公司于2002年在西宁市挂牌成立，公司成立之初，由区交通厅协调吸纳了20名西藏生源中专学生到青藏线就业，2002年、2003年先后定向招录该区生源大中专毕业生550余名。随着青铁公司内部就业压力增大，此后多年未招录该区高校相关专业毕业生，其新增员工主要是从铁路系统所属院校毕业生中招录；从西藏大学了解到：西藏大学工学院交通运输系于2001年开始招生，至今已连续招生11年。自2003年开始，该专业共有179人毕业，其中150人通过分配，乡镇公务员、事业单位招考等方式实现就业。目前，该专业在校生有139人，专业细分为交通运输道路和铁路两个方向，一部分同学也有意进入青铁公司就业。经调查网友所在班级共有学生37人，其中，交通运输方向19人，铁路方向18人，2012年毕业。目前，网友本人已在旁多电站中国水利水电研究院实习。

此外，为落实自治区党委书记的批示精神，区人力资源和社会保障厅将会同区发改委支铁办召集一个由区发改委、区人社厅、区教育厅、青藏公司和西藏大学五方参加的协调会，共同协商做好西藏大学交通铁路方向专业学生的就业指导工作。一是争取青铁公司在招录员工时，将该区高校相关专业生源纳入招录范围，优先招录西藏生源毕业生。二是由教育厅牵头协助该区相关院校，在青铁公司驻藏单位建立实习基地，帮助该区相关专业学生到青铁公司实习。三是该区人力资源和社会保障厅将青铁公司驻藏单位纳入高校毕业生结业见习基地,为该区相关专业毕业生搭建就业平台。

点 评

就业是民生之本,是人民群众改善生活的基本前提和基本途径。解决就业问题就是要为一切有劳动能力的人提供就业机会,这不仅是经济发展和社会进步的重要前提,也是各级政府的重要职责和使命。而大学生作为社会上一支就业大军,其就业情况一直广受社会关注。当前我国已出台不少关于促进高校毕业生就业工作的政策,但在各种因素影响下在实际操作中仍有诸多需要完善,西藏自治区党委书记情系民生之本,充分利用网络留言平台,积极回应并解决大学生所关心的就业问题,发挥了察民情、解民忧、集民智的重要作用,得到了广大网友的好评,充分体现了党和政府对人才建设的重视和关心。

拍案二 网络民意捧出的"车船税法"

《中华人民共和国车船税法》(以下简称《车船税法》)的前身是于2007年1月1日开始实施的《中华人民共和国车船税暂行条例》(以下简称《车船税暂行条例》)。从法律的层级来看,"条例"属于国务院"行政法规"。在"暂行"了3年多之后,《车船税暂行条例》变身《车船税法》,这意味着它上升到了一个法律层级,成为一部法律。《车船税法》是税收法律家族的第四名成员。在它出台之前,我国税法体系中的3名成员分别是《中华人民共和国个人所得税法》(以下简称《个人所得税法》)、《中华人民共和国企业所得税法》(以下简称《企业所得税法》)和《中华人民共和国税收征收管理法》(以下简称《税收征收管理法》)。事实上,有关税的现行规定,可以用庞杂来形容。其中,多数规定类似《车船税暂行条例》的行政法规,也有不少的地方性法规。另外,一个不容忽视的事实是,对这些与纳税人权利和义务密切相关的税收规则的制定情况,纳税人并不知情。相关媒体在采访中了解到,公众对与税有关的规定知之甚少。一些受访者对《个人所得税法》、《企业所得税法》虽然并不陌生,但对相关规定的来历并不知情。

事实上，在《个人所得税法》、《企业所得税法》和《税收征收管理法》制定或修改之时，公开征求民意的立法理念和方式尚未出现，纳税人的“税权”意识也尚未萌发。纳税人在立法环节的缺位导致了在相关法律规定中纳税人权利和义务的不对等——义务被放大，权利被缩小。从这个意义上来说，《车船税法》在立法过程中公开征求纳税人意见之举，意义非凡。

2010 年 10 月 25—28 日，《中华人民共和国车船税法（草案）》（以下简称《车船税法（草案）》）进入了全国人大常委会的一审程序。全国人大常委会在行使这项立法权时，给了纳税人一个惊喜。在一审结束的次日，《车船税法（草案）》便在立法机关的官方网站被公布，拉开了为期一个月的征求意见活动的序幕。公开征求意见之举等于纳税人有了参与制定这部法律的机会。而面对这次机会，纳税人的表现可谓“精彩”和“令人尊敬”。从 2010 年 10 月 29 日至 11 月 30 日为期一个月的时间里，《车船税法（草案）》一审稿公开征集到 10 万条意见和建议。这 10 万条意见和建议有相当数量要求“降低税额”。三个月之后，吸纳了各方意见的二审稿一经亮相就“点亮”了公众的眼睛——私家车比例高达 87%的 2.0 升及以下排气量车辆的税率下调。

如果用一句话来概括这些数字和意见，那就是公众要做“权利和义务对等”的纳税人。纳税人为此惊呼：“尊重民意是此次（《车船税法（草案）》）‘大修’的最大亮点。”随着《车船税法》在 2011 年全国“两会”前夕经全国人大常委会审议通过，这部涉税法律的制定，或许会成为一个民众参与立法活动的样本。①

点　评

政府作为公共服务的提供者、公共事务的管理者以及公共权力的行使者，也必须处理好各方面的关系，这样才能推进社会的全面发展和进步，保持国家稳定与和谐、人民幸福安康以及国际威望的提升。政府公共关系的信息获取职能是政府进行正确决策的基础。英国危机公关专家杰斯特曾提出危机处理的“3T”原则：Tell your own tale（以我为

① http://news.qq.com/a/20110310/000844.htm。

主提供情况);Tell it fast(尽快提供情况);Tell all(提供全部情况)。显然这三方面都与准确的信息获取密切相关。政府作为公共事务的管理者,能否及时获取信息以及获取信息的数量和质量将成为政府进行正确决策的关键。作为现代民主政府公共管理职能之一的政府公共关系,其重要一方面就是获取信息,为政府及时有效地进行决策服务。《车船税法(草案)》在官方网站被公布,公开征求广大民众的意见,在一个月时间里,社会各界共提出立法意见和建议近10万条。全国人大及其常委会有关方面对这些意见和其他方面意见进行了认真梳理、归纳,并在此基础上对草案进行逐条逐句审议,在修改草案内容时尽量吸纳公众意见。这一举措体现政府真诚倾听群众呼声,真切了解群众愿望,使决策更加民主、更加科学,也更加符合群众的期待。同时,也充分说明了政府对公民参与权、表达权、参政权的重视。

拍案三 “网上信访”——广东网络问政新举措

自2009年7月广东省委省政府同意该省信访局增设网上信访办理处、开通网上信访以来,网上信访的影响力不断增强,已经成为群众信访新途径,解决信访问题的新通道。

网上信访量不断增加,由开通初期的每月500多件上升到现在的每月1200多件。2009年,广东省信访局共受理网上信访事项12 938件,占全局信访总量的20%。至于网上信访的效果如何?据时任广东省委常委、秘书长徐少华介绍,2009年该省信访局共交办网上信访事项3139件,其中2305件办结,办结率达到73%,739件的办理情况和结果在网上公开,为网民办了大量实事好事。他还说,下一步相关部门还将改善网上信访工作,使之成为名副其实的为民排忧解难的快车道。徐少华希望广大网民就合理优化网上信访平台、优化所设置的栏目等多提意见和建议。

2010年3月1日,广东省委办公厅举行了第三次“网友集中反映问题暨网上信访事项交办会”,与前两届交办会不同,这次交办会的突出特色是增加了网上信访事项的交办内容。除7件网友集中反映的问题之外,13件由该省信访局网上信访办理处接到的问题被列入交办内容。交办的问题包括国土资源与生态环境保护、医疗保障、综合治理、维护合法权益、群众生产生活困难五个方面20个问题。广东省委常委、秘书长徐少华介绍，这些交办事项要在 3 个月内办结或做出说明，并将办理情况书面上报省委办公厅。

2011 年 2 月 23 日，广东省委办公厅组织召开了第五次网友集中反映问题交办会暨网上在线接访会，此次交办会继续采用前四次交办会的形式，除了交办网友集中反映问题，还特别请来了广东省教育、公安、人社、住建、环保等八个与民生关系紧密的厅、局负责人同时网上接访群众。

据时任广东省委常委、秘书长、办公厅主任徐少华介绍，2010 年第四次网友集中反映问题交办会暨网上在线接访会交办的 12 个问题已办结，并由办公厅网络信息资源处先后 4 次在人民网、南方网、奥一网发帖回复网友，第一时间将交办问题办理的详细情况告知大家。徐少华还透露，2011 年广东省网络问政工作要体现“三个转变”。

首先，由交办具体问题向交办普遍性问题转变，通过交办会和日常工作机制，解决涉及更多群众切身利益的问题，让网民的合法诉求和合理建议不化“浮云”。

其次，由推行网上信访和手机信访向创设网上信访大厅转变。徐少华表示，为进一步加强网上信访工作，广东省将创建集网上信访、手机信访、电话信访于一体的“广东网上信访大厅”，省里将统一安排人力、物力、财力进行专门部署，力争在 7 月份试运行，9 月份正式运行。

最后，由注重收集交办向建立健全收集交办、督查落实全程机制转变。新的一年，广东省网络问政工作要进一步规范工作机制，开拓创新，继续采用集中交办、批示办理、专题交办、日常交办和网上交办等多种方式，办理网友和互联网舆论集中反映的问题。

广东省的这些新举措使网络问政不再“虚拟”、“隔空”，而是进一步贴近了现实，贴近了群众，相信更能解决实际问题，更能推进社会进步。[①]

点　评

和谐社会要求中国建立一个依法行政、公开透明、服务到位、廉洁高效、运转灵活的高效政府，不仅要起到模范带头作用，还要竭诚为群

---

① http://bbs.southcn.com/nfsq/scene/jqtj/content/2011-02/23/content_20329135_2.htm2011-02-23 17:12:27。

众服务。在政府行使公共权力时，成功的政府公关能够通过政府管理机制改进来提升其社会服务水平，在有效传播公共信息的同时，兼顾信息的反馈，最终达到协调社会各方面关系，不断满足人们的物质文化需求，缓解社会矛盾，营造良好的社会发展环境，实现和谐社会的目的，为我国社会的全面发展创造有利条件。网上信访事项交办会的开展体现了广东省网络问政平台建设迈出了新步伐，它进一步加强和改进信访工作，使人们办理的事项更加具体化，办理的渠道更加明晰化。可以说此举是广东省建立一种争取信任，体现民主公平，整合社会关系，协调矛盾冲突，树立良好形象的新举措，体现了网络时代政府公关的新特点。

回味隽永

任何事物的发展都是由其所处的环境和自身性质决定的，政府公共关系同样如此，它是随着经济社会发展而拓展出来的一项政府职能，是时代发展的要求。网络技术的发展，带来了网络问政的新时代，同时也给政府网络公关带来了新的途径。发展政府网络公共关系，政府积极与社会公众沟通，能使公众方便、快捷地获得各类信息。政府通过网络实现信息公开，可以使社会公众对政府的职能部门、运作机制有一个全方位的认识，掌握政府活动动向，了解各项政策的制定与运行，获取全面信息，参与管理国家社会事务。同时，也有利于政府获取民意，进行决策咨询，及时掌握公众反映的问题，有利于公众及时地向政府部门表达意愿，更好地维护自己的合法权益。

当前，公众的沟通越来越受到各级政府部门和领导人的重视，政府网络公共关系的建设也被提上了日程，因而应加强以下几个方面的工作。

第一,政府应设立专门的网络公关部门。“直通中南海——中央领导人和中央机构留言板”在引起一定社会反响的同时,也引发了人们对其权威性的质疑。就其地位而言,它缺乏法律保障和正式的政府授权,这使社会公众在充满热情的同时不得不怀疑它的有效性。而要想增强公众的信任感,更好地发挥类似平台的沟通作用,就需要建立有法律保障和政府授权的正式网络公关部门。

第二,公务员应树立政府网络公共关系意识。公务员是构成整个政府庞大系统的基本单位,是政府行政工作的具体施行者,公务员个人的言谈举止在很多时候直接关系政府形象,甚至关系政府的政策能否顺利地施行。因此,政府网络公共关系的建设应当重视公务员的作用,提高公务员的整体素质。

第三,政府要积极拓宽沟通渠道。政府的有效行政是靠沟通来支撑的,因而需要通过多种途径、手段来减少与公众之间的障碍,以实现政令畅通。

第二十二篇

公众名人网络个人形象推广

互联网的出现极大地缩小了人与人之间的空间距离和时间距离，使世界范围内大规模的信息沟通与交流成为可能。同时，互联网也为公共关系的产生与发展提供了必要的技术保障。公众名人充分地运用网络实现个人形象的推广，在一定程度上造成广泛的社会影响，得到了公众的心理认同。

开篇导例

开篇之述：慈善之家比尔·盖茨——借势“个人网站”，华丽转身

以前，在很多人的眼里，比尔·盖茨是一个把竞争融入企业血液的，将微软触角伸到了IT行业的每一个角落，并常常把对手们斗得狼狈不堪的“魔鬼”。他们愤怒地以垄断为名将微软告上法庭。但让很多人猜不到的是，面对浩浩荡荡的原告大军，作为公司的领军人物，比尔·盖茨依然以一种无比强硬的态度示人，这无异于火上浇油。美国一家媒体曾经称比尔·盖茨“永远不是一个利他主义者”，但从反垄断案中解脱出来后，被贴上各种难看标签的比尔·盖茨开始以行动来恢复微软和他本人的名誉，他所做的一切令人无法怀疑他的诚意。

现在，比尔·盖茨不仅投身于“慈善事业”，最关键的是他巧妙地运用网络塑造自己的个人形象。他斥资上亿美元建立基金会，他还用自己踏实的脚步烙印在非洲妇女赤脚穿梭的滚烫地面，将自己分享慈善历程的交谈呈现在个人网站，并通过Twitter和世界各国网友密切交流。

比尔·盖茨行重于言，亲身投入慈善。比尔·盖茨为公众呈现的是一个成功的慈善践行者形象。只有重视慈善事业，他才会用心地投入和花时间在慈善事业上。将自己分享慈善历程的交谈呈现在个人网站的行为，可以让全世界的人们都看到他不仅是一个倡导者，还是一个践行者。一个真正的践行者才能被人们所喜爱，被人们所崇敬和认同。慈善可以塑造良好的公众形象，进而促进企业的发展。但是如果言行相异，借着慈善幌子到处招摇撞骗的话，多年苦心经营的公众形象将瞬间坍塌，这不仅是个人声誉危机的萌芽，还是企业走向没落的转折。

比尔·盖茨利用Twitter和世界各国的网友密切交流，通过网络把自己的行动传达给世界各国的人民。让全世界的人们都知道他确实在做非常有意义的事，并不是空口说白话，给大众留下正面积极的印象。此外，比尔·盖茨的行为也起到了榜样示范的宣传作用。比尔·盖茨的善行通过网络传播，促使更多富有的人投身于慈善事业，关注贫困人员。

开篇之论：网络打造比尔·盖茨的个人风采

比尔·盖茨是网络化时代的商业奇才，更是透明化时代的世界首善。其慈善的个人形象深入人心，从垄断商才到世界首善的华丽转身，完美演绎了微软帝国的不败神话。

第一，明确个人形象的定位。首先，比尔·盖茨作为世界名人，其形象的表现内容是多方面的，是对其个人全面能力的综合反映。作为一个成功的名人，其回馈社会的任何行为都是其个人形象的外在表现，都会给大众留下深刻的印象。因此，只有具有多维性，才能使塑造出来的形象不至于过于单薄。其次，比尔·盖茨作为一个成功的企业家，在从社会取得了巨大财富的同时，能否做到回馈社会，这一点直接关系能否感动大众，取得共鸣。既振奋人心，又能亲力亲为，真实感人的慈善之行，不仅使比尔·盖茨的企业家名誉上升，还打造了良好的名人个人形象。

第二，明确目标受众的设定。比尔·盖茨的受众目标锁定在广泛的大众上。从公共关系的角度来看，塑造名人形象的最终目的就是要给被塑造者树立一个良好的公众形象，以得到更多大众的信任和支持。公众对个人形象的认知不是机械的反应和复制，在形象塑造的过程中对受众进行分析再进行定位显得格外重要。

第三，媒介活动的整合管理。做好了个人、受众定位相当于做好了形象的内在，有了内容，就需要通过各种传播途径把内在的东西宣扬出去，各种媒介的综合运用，合力宣传大大提升了比尔·盖茨个人形象传播的效果。[①]

① 陈向阳：《比尔·盖茨华丽的转身》，载《网络关系》2010年第6期，第42页。

史镜今鉴

独具魅力的温总理——网络面对面展现个人风采

2009年2月28日是中国互联网一个特殊的日子。这一天下午2时许，温家宝总理在百忙之中来到中国政府网、新华网，走进访谈直播间，亲自上网，与海内外网友在线交流，回答网友的提问。

温总理在回答网民提问前讲了这样一席话："你们好，网友们，在'两会'前夕，我非常高兴同大家进行在线交谈。我一直认为群众有权利知道政府在想什么、做什么，并且对政府的政策提出批评意见，政府也需要问政于民、问计于民，推进政务公开和决策的民主化。和网友们进行在线交流，对于我来说是第一次。第一次的事情难免有点紧张，但是我总记得母亲常跟我说的一句话，'无论是对什么人，要诚实，要用心讲话'。虽然她在前几天患了脑栓塞，两眼几近失明，但是她的这一番话我一直记在心里，我想今天的在线交流应该是一次谈心或者说用心谈话，应该诚实，就是把真实情况告诉大家，倾听群众真实的声音。"

从这一席话中，我们看到了一个和蔼可亲的总理。他的一言一行无一不透露着温和的形象。以中国人特有的习惯——拉家常来拉开序幕，给广大的网友们一种亲切、宽松的气氛，也拉近了与网友们的距离，让网友们意识到这只是在和一位平易近人的老人家聊天。特别是温总理谈到他自己相信妈妈的话，妈妈教他的是最朴素的道理时，很多网友感同身受。

当网友问到"扔鞋事件"时，温总理也作了一个非常精彩的回答，"你们可能不知道，我在的那个音乐厅，台上的灯光都对着我，我的眼前是黑的。扔上来的东西我不知道是什么，不管是鞋，还是危险物品，我都会坚定不移的。"这充分展现了一个大国总理的外交风范，在任何情况都临危不乱，以沉着冷静的头脑处理一切突发事件。

借助网络这个推手，让我们有机会与温总理在线交流，亲身感受到温总理的智慧与勇气。温总理不管是对"您在家还做饭吗"这种简单的问题，还是有关中美关系，房价和股市的波动，劳保、医疗、农民工子女问题，灾后重建问题等都做出了认真的答复。即使有的答复在近期无法做到，温总理也给出了一个很好的保证，让网友安心。这种真实的力量是传统媒体难以做到的。

虽然只有短短两个小时的交流时间，但是温总理内心的坚强和外在的儒雅通过在线交流充分地展示在民众面前。借助网络，温总理的个人魅力得到了传递，给网友留下了温和可亲的个人形象。

通过网络互动，温总理在公众心目中成功推广了自己的个人形象。他通过上网与网友交流，让网友尽可能发动公众参与到这项活动中，成功实现了和公众的双向沟通。在网络互动方法上，温总理以自己的言行证明了自己的能力。他向公众展示了一个愿意倾听民众心声的总理，一个与民众时刻生活在一起的总理。通过网络，我们看到了温总理的个人魅力和处事态度。

温总理在网络的广泛传播中，以自己独特的方式吸引了无数公众的关注。并在网络的推动下，与公众心心相连地交谈，与公众面对面地解答问题，与公众真切地交流心声，从而使公众感受到了温总理真实和诚恳的心。[①]

三刻拍案

拍案一 "天仙 MM"走红的网络造势

三个月前，她只是一个在四川省阿坝州理县羌寨过着平静生活的普通姑娘；三个月后的今天，她成为无数网友追捧的偶像。随着名气的上

① http://www.china.com.cn/2009lianghui/node_7062205.htm。

升，她不仅成功地担任了理县的旅游形象大使，还以6位数的身价签下了四川“天府热线”的形象代言人。

更久以前，她曾以在演艺厅、酒吧、火锅店跳民族舞为生。然而现在，她成了电视台、广告商、电视剧制片商眼中的“香饽饽”，各种演出邀约纷至沓来……

她有三个名字，原名尔玛依娜，在成都演出时名叫余红艳，在网上有个更美丽的名字——“天仙 MM”。这个美丽的网名不是她自己取的，因为成名以前她几乎不上网。这一切的转变都源于一个被称为“网络推手”的人——杨军。

2005 年 8 月，在一次旅游中，杨军无意间遇见一位名为尔玛依娜的羌族姑娘，并被这位姑娘深深地吸引。在经过这位羌族姑娘的同意后，杨军为其拍下一组照片，并将这位羌族姑娘的照片以《单车川藏自驾游之：惊见天仙 MM?!》为帖名发布在一个汽车论坛上，这一帖子迅速引起了许多网友的关注。

接着，杨军一次又一次地走进羌族，从不同的角度拍下这位羌族姑娘的生活照并上传到论坛上。由于点击量和跟帖量节节高攀，引起了论坛管理者的重视，他们还专门开设了一个名为“天仙 MM”的讨论版，并邀请杨军做其版主。

“网络推手”杨军成功地推出“天仙 MM”，使得她在短短的 3 个月内成为一个网络红人。特别值得一提的是，杨军有效地利用了论坛进行炒作，通过论坛，将尔玛依娜清纯、美貌和擅长舞蹈的个人形象传入公众的视野中。一方面杨军借助论坛的超高人气，使得“天仙 MM”的论坛空间瞬间传播开来，网络曝光率和知名度迅速攀升，进而让这位羌族姑娘一夜成名。另一方面杨军利用论坛的互动性，成功地实现论坛的聚众网友的能力，使得网站帖子点击数在一天内竟超过了 10 万次。

“网络推手”杨军运用网络论坛推出“天仙 MM”是一个精心策划的过程。首先是论坛发帖。把尔玛依娜的照片发布到自己熟悉的汽车论坛上，并且一次又一次地走进羌族，拍下尔玛依娜的生活照片持续性地发布到论坛上。其次是及时地和论坛版主沟通，得到版主的认可，随后组织写手炒作。在具体的炒作技巧上，他们强调话题的引导和放大，甚至制造正反双方的争议，使话题持续升温，并不断引起话题热点。最后是接受记者的采访，进行舆论和媒体的造势与宣传。

点评

从“天仙MM”网络走红的过程来看，网络推手成功地采用网络传播的方法进行个人形象的塑造。网络的图像材料能够更全面、生动、鲜明地提供信息，增强信息传播的可信度。成功的图像材料，再配有生动、引人注目的帖子，使得“天仙MM”的个人形象独具魅力。我们可以看到网络推手成功地利用了网络论坛这一交流平台。一方面，在网络论坛里，网友可以畅所欲言，针对一个特定的话题进行讨论，每个人将自己的意见写成文章（帖子）张贴在网络论坛里或者响应其他人的帖子。另一方面，可以借助网络论坛炒作的知识性、趣味性、公平性的优势，不断地发表自己的观点，与网友进行交流。另外，在网络论坛的交流过程中，处于虚拟的环境，能避免和别人产生不必要的正面冲突和尴尬局面等，网友就可以演变成任何角色对网络红人进行自由地评价，网络推手也可以从中了解网友的想法，以此作为策划的依据。杨军正是抓住这一优势，不间断地把“天仙MM”的照片上传到网络论坛，持续较长的时间对“天仙MM”进行宣传，引起网友的广泛关注和高频率点击，使其名气不断上升。所以，对于网络推手来说，抓住网络论坛就等于明确了行为动向。

杨军打造网络奇迹的公关策略用一句话来概括就是：通过网络论坛推出网络红人，并把这种形象传播给大众，让大众留下深刻的印象。确切地说，就是将网络红人传播给大众，以引起大众的兴趣，从而形成对该网络红人的一种总体认知，并对其进行炒作。①

拍案二　马云——沉默是金

阿里巴巴集团总裁马云在汶川地震发生后遭遇到了“慈善危机”。网络上在一篇名为《马云在此次地震中仅捐款一元钱》的帖子中列举出马云的捐款言论：“对那些荧光屏下的慈善捐款，我觉得每次捐一块钱就够了”“我要大力提倡捐一块钱的风气，不要总是把善心、爱心和捐款金额挂

① http://old.jfdaily.com/gb/node142/node200/userobject/ai1130259.htm。

起钩来”,从而引发了众怒。一时间,《王石、马云们该为灾区捐多少钱》的“逼捐”文章迅速被转载于各大网络论坛,马云被列入“为富不仁”的行列中,个人形象也受损。值得庆幸的是,马云并没有学习王石,没有与当时处于绝对激愤状态的网友们争辩,没有抬出理性的论据为自己辩护,而是保持着沉默,任由“疯狂”的网友们发泄自己的不满情绪。

在保持沉默后,马云快速地实施个人形象维护的措施。5月19日,阿里巴巴集团以公司名义对网络上的负面评价做首次回应,称当时集团已经捐款200万元,他个人在地震当晚即捐款100万元。13日上午,公司已经将首批捐款495万元(包括以集团名义捐赠的200万元和员工捐款)交由“壹基金”调拨使用;同时告知公众集团正在进行第二步的赈灾计划。此次回应最重要的一点是澄清了“一元论”,表明马云的言论是2006年10月16日在一次特定时间特定场合的旧话,不能代表阿里巴巴和马云对“5·12”汶川大地震的意见。5月20日,阿里巴巴集团高调发表声明,称集团再次向地震灾区捐赠2500万元。网民随即发出道歉,进而对其转为正面评价。5月22日,阿里巴巴集团向所有的会员发出一封信,再次澄清自己,并简略向大家叙述了马云及员工的行动,言辞诚恳谦虚,此后网络上的负面评价几乎全部消失。

在维护个人形象的过程中,马云并没有脱离阿里巴巴,“善言”的马云保持着令人赞叹的缄默,而由企业出面澄清谣言,表现出强大的团队协作精神,使公众的敌意迅速消弭。

点 评

马云的成功之处在于:在舆论风暴中,负面评价原本只针对马云个人,但由于他的知名度和对企业的巨大象征意义,因此,他充分考虑利用阿里巴巴集团来维护自己的形象。当公众出现争议甚至批评时,阿里巴巴集团保持沉默不仅可以有效转移外界的敏感性注意,还显示了一种对误解进行抵制的态度,更重要的是,沉默可以以静制动、以逸待劳,以便在合适时机做全面的有策略的解释,从这个意义上说,沉默是金。另外,当马云看到对自己不利的帖子的时候,不是马上采取回帖子的方式进行反驳维护自己的形象。因为他深知一旦卷进发帖、回帖的旋涡中，这件事就越来越复杂。不得不感叹，马云是个智慧的沉默者！[①]

拍案三　姚晨通过微博传递快乐

2009年9月微博刚兴起时，姚晨就在新浪上开了微博，以平均每天6条的速度更新，粉丝随之猛涨，达到487万人，坐上粉丝数量第一的宝座，成了“微博女王”。

姚晨利用微博助力公益事业。她通过“你加我一个关注，我代你捐一角钱”的活动，募到了超过13万元人民币，并悉数捐给了中国红十字基金会。2010年4月，姚晨成为“拥抱妈妈30秒”公益活动的形象代言人，6月她出任了联合国难民署中国区代言人，她还代言了2010年亚洲熄灯两小时活动……不仅是“代言”公益，姚晨还身体力行，担任联合国爱心大使奔赴马尼拉探访城市难民、探访玉树灾区、出席“淹没于城市”图片展览、探访新公民学校等，把她标志性的灿烂笑容带到需要温暖的地方。

在姚晨成了“微博女王”之后，她也开始清晰自己的定位。姚晨自己表示：“我希望通过‘围脖’尽量传递一些快乐，还有一些需要帮助的微博，我都会一一转发。因为现在我的粉丝很多，可以第一时间让更多人看见，伸出援手。”姚晨说，自己很少在微博上暴露负面情绪，原因在于，“我经常会看到一些留言说，‘累了一天，打开你的微博还是一下子笑了’，这是我想看到的。我其实什么也做不了，我能让粉丝们一笑，也就够了。”对于多次参与转发爱心微博等活动，姚晨告诉记者：“作为公众人物，你必须有责任感，你肯定不能说没用的话，或者自个儿在那里倾倒情绪垃圾。而应该想想，你在这个平台上能给人带来点什么。”

从《武林外传》中正直、爽朗的郭芙蓉到《潜伏》中正义、爱憎分明的翠平，再到《非诚勿扰2》中仗义、独立的芒果，姚晨不仅把银幕上一个个正面角色诠释得淋漓尽致，还在现实“江湖”中展现着侠肝义胆。在演艺事

① 段弘：《多言公关与沉默公关——以“5·12”汶川大地震中遭遇网络意见的王石和马云为例》，载《公关世界：上半月》2008年第11期，第47—48页。

业上，姚晨向大众展现了一个铲奸除恶的侠女形象，在微博上姚晨通过做慈善公益向大众展现了现实中的快乐助人、有责任感、心地善良的邻家女孩形象。

点评

多数明星都试图在公众面前塑造一个和蔼可亲、谦虚谨慎、热衷慈善的形象，这种形象具有很高的认同度，但是言行一旦有所偏差，他们将遭受到更多的非议。博客和个人网站的应用为明星提供了一个与影迷之间直接交流的机会。姚晨通过微博，让公众可以了解到她的生活细节，由此对她产生一种别样的亲密感。①

回味隽永

从上述案例可以看出，公众人物在塑造个人形象上不是仅局限于媒体传播，现在也在网络上广泛地应用开来。公众人物在借助网络塑造个人形象的技巧上有以下几点值得学习。

第一，充分运用网络信息多元化，通过网络信息中的博客、视频、网络论坛、个人网站等多媒体技术展现个人形象，特别是通过媒体组合的应用和精彩的内容引起大众强烈的感观刺激和互动参与的欲望，给大众留下深刻的印象。特别是博客的使用，人们通过博客进行简易、快速地彼此打量，互相阅读，构建起一种新人际关系，并依托这个关系尽可能多地网罗信息。如此之大的公众点击率，如此之高的受众关注程度，致使各界名人

① http://tech.sina.com.cn/i/2011-02-12/14285170384.shtml。

也纷纷加入“博客”行列。名人依靠在现实生活中的名气，可以迅速积攒大量的人气和极高的访问率，并成为传统媒体关注的焦点。

第二，充分利用网络的互动性、即时性，让自己的形象在短时内得到最好的传播效果。网络不仅可以平等地发布信息，还可以平等地开展讨论。关于这个世界的所有话题，都可以在电子论坛里找到，并随时参与发表意见。例如，新闻组作为互联网上个人向新闻服务器投递电子函件的集合，可以随时把网民的文章或帖子向世界范围公布。在电子公告板上，用户则可以就不同的主题下贴帖子，参加讨论。这些网络论坛的帖子在一定程度上使得名人的个人形象更为清晰。例如，比尔·盖茨成功地利用Twitter和世界各国的网友密切交流，很好地传播了自己慈善的个人形象，成功实现了和公众的双向沟通。在网络上还可以利用实时讨论的聊天室功能。在聊天室里，人们就可以汇聚一堂，各抒己见。就如温总理坐在演播室同海内外的所有中国人畅谈一样，网民可以向温总理提出自己的想法，温总理也可以通过网民的意见了解民情。

第三，可以充分利用网络的个性化。公众名人可以依照自己不同的需求，发布不同的信息，在受众心中留下不同的个人形象。首先，公众人物可以借助网络更加主动地掌握话语权，发表真实感受，不用担心自己的观点被误解或断章取义。其次，公众名人通过网络有了直接和公众对话的机会。最后，公众名人通过博客发布自己的消息，当某些新闻有悖于事实的时候，公众名人可以利用博客、网络论坛、视频这些平台来澄清事实、发表声明，以维护其公众形象。

后　记

伴随着网络影响力的日益增大，传统的企业商战逐步演变为日益激烈的网络大战。在网络环境下，信息的传播速度快，内容和信息量的增长数百倍于传统媒体环境。在这样的环境下，企业如何灵活运用各种公共关系手段应对相应的事件，协调企业与传媒、公众的关系，塑造企业形象，这成了影响企业生存与发展的关键要素。为此，我们结合特点环境下的实践需要，编写了《网络公关》。通过形象的案例评述，以期能为网络公关活动的开展提供参考和帮助。

在本书的编写过程中，精心收集了网络公关活动较新、较典型的案例，尤其是兼顾中外，融汇古今，通过案例活动的分类、对比、点评、总结和归纳，力求理论和实践的紧密结合。同时，我们还参考了大量的论文和一些专著，借鉴和学习了相关研究的精华和学术成果，在此深表感谢和敬意。

本书由福建师范大学陈一收担任主编，薛洪娟、黄珍华担任副主编。参编人员及其具体分工如下：福建师范大学黄晓慧撰写第一篇和第二篇，福建师范大学倪洁撰写第三篇和第四篇，福建师范大学薛洪娟撰写第五篇和第六篇，福建师范大学李玉燕撰写第七篇和第八篇，福建师范大学何闽撰写第九篇和第十篇，福建师范大学黄珍华撰写第十篇和第十一篇，福建师范大学简伟雄撰写第十三篇和第十四篇，福建师范大学徐晶晶撰写第十五篇和第十六篇，福建师范大学陈艺斌撰写第十七篇和第十八篇，陈一收撰写第十九篇、第二十篇和第二十一篇，福建师范大学许远萍撰写第二十二篇。全书由副主编薛洪娟、黄珍华统稿，最后由主编陈一收审阅定稿。

由于我们水平有限，书中不足之处在所难免，诚恳地期待专家学者的指导，欢迎广大读者批评指正。

编者

2013 年元月